HARTMUT VON HENTIG

Die Wiederherstellung der Politik

Cuernavaca revisited

ERNST KLETT VERLAG STUTTGART
KÖSEL-VERLAG MÜNCHEN

ISBN 3-466-42202-7

Printed in Germany
Druck: Ernst Klett, Stuttgart

Meinem Vater gewidmet

INHALT

VORWORT

Krisis — das heißt eigentlich Scheidung, Entscheidung, Zuspitzung, der Punkt, an dem sich etwas klärt. Währungskrisen, Bildungskrisen, Nah-Ost-Krisen, Wirtschaftskrisen, die Krisen, die unsere heutige Gesellschaft heimsuchen wie alte Gläubiger, scheinen das Gegenteil zu sein: dauerhaft, undurchschaubar und obendrein automatisch. Wir können sie nicht nur nicht mehr steuern, sie stehlen uns auch den letzten Rest unseres Selbstvertrauens und die Zuversicht in die Kraft der Vernunft.

Auf die Kulturkrise ist man geneigt, mit Kulturkritik zu antworten. Weil wir mit der Welt, wie sie jetzt ist — wuchernd, abstrakt, gewalttätig — mit den Mitteln, die wir jetzt anwenden — Produktion, Pädagogik, Planung — nicht fertig werden, weichen wir in Erinnerungen aus oder in Utopien. Einst *hat* man sie doch bewältigt, und — wäre es anders — man *könnte* sie bewältigen; nur wie sie *ist,* geht das nicht.

Vor 200 Jahren forderte Jean Jacques Rousseau seine Zeitgenossen auf, ihre kompliziert, erdrückend, widersinnig und nichtsnutzig gewordene Kultur zu verlassen und zu einem einfachen Leben zurückzukehren. Seine Vorstellung davon gewann er durch Verneinung der Leiden und Torheiten seiner Gesellschaft. Aber „Zurück zur Natur" war schon im 18. Jahrhundert die falsche Antwort; im 20. ist sie nicht nur ein Irrtum, sondern auch unehrlich: man weiß ja, daß man von der Produktivität der technischen Zivilisation lebt. Rousseau konnte Perücke und Seidenstrumpf und sogar seine Uhr ablegen und gleichwohl nützlich und widerspruchslos in seiner Gesellschaft weiterleben. Er konnte die Wissenschaft seiner Zeit verachten und gleichwohl die Selbsterkenntnis seiner Zeit tief beeinflussen. Die „Natur", zu der *wir* zurückkehren — Reformhaus, Neukost, Freizeitpark, do-it-yourself, FKK, Holz-Leder-Bast-Möbel, Steingut- und Emailletopf-Mode, das Camping auf der Waldwiese und der Urlaub an der einsamen Küste einer exotischen Insel — diese „Natur" ist dagegen selbst ein Kunstprodukt, ein Parasit auf einer gewaltigen technisch-industriellen Apparatur, die um so unkontrollierter weiterläuft, je perfekter wir unsere Ausflüchte vor ihr gestalten. Unsere Wissenschaften könnten wir vermutlich nur durch Wissenschaft abschaffen und jeden-

falls nur um den Preis unserer Existenzform. Das „einfache Leben" setzt heute große, komplizierte Aufwendungen voraus. Askese allein verändert nichts. Von einer bestimmten Dichte der Beziehungen an muß Spontaneität durch Institutionen geschützt werden, braucht die Freiheit strengere Regeln, fordert die Unmittelbarkeit im Einzelnen mehr Mittel im Ganzen.
In Amerika, das reich und in der Krise am weitesten fortgeschritten ist, gibt es heute eine Jugend, die die Universitäten und die Fabriken, die Warenhäuser und die Büros, die Laufbahnen und die Parteien verwirft. Sie geht in die kanadischen Waldtäler und versucht, in Kommunen das vorgestellte Glück einer vorindustriellen Zeit zu finden. Wer dorthin gelangt, mag glücklicher werden. Aber für wie viele kann das gelten — für wie viele Amerikaner? Von Indern und Malaien und Chinesen gar nicht zu reden. In unserem kleinen Europa, wo heute noch viele Menschen ihre Bergdörfer verlassen, um in die „reiche" Stadt im Tal zu ziehen, können wir sehen, was aus dem Auswandererland „Natur" wird: auf den Almen wachsen die Urwälder zusammen oder die Feriensiedlungen der Städter; wir bringen die Stadt- und Industriekultur, in und von der wir leben, auch dorthin mit, wohin wir vor ihr fliehen. Und das gilt für alle „natürlichen" Verhältnisse, die wir aus der Zivilisation heraus wiederaufsuchen oder wiederherstellen: freie Lernumwelten, autarke und gemischte Produktionsgemeinschaften, sensitivity-Gruppen, Wohnkollektive, Projektstudien, Illichs offenen Erkenntnismarkt.

An die Stelle der Aufforderung „Zurück zur Natur" — in welcher Form auch immer — setzte ich in diesem Buch die Aufforderung „Zurück zur Politik". Denn es ist in erster Linie die *Politik,* die wir unter der Hand an die großen, sich verselbständigenden Systeme — Verwaltung, Industrieproduktion, Wissenschaft, Markt und Kapital — zu verlieren beginnen. Unter Politik verstehe ich die Verfügung über unsere gemeinsamen Mittel mit Hilfe gemeinsamer beweglicher Regelungen. Daß die Zeitungen voller Politik sind, daß wir in einem politischen Zeitalter zu leben meinen, daß es fast keinen Lebensbereich mehr gibt, den man nicht „politisiert" und das heißt: in dem nicht heftig der Anspruch auf Anspruch, auf Machtanteile für die „Betroffenen" erhoben wird — dies könnte geradezu der Ausweis für den Verlust der Politik sein: wir fühlen uns als Opfer, nicht mehr als Subjekte.

Die in diesem Buch gemeinte Politik ist eine alte, mühsam errungene und immer neu zu verwirklichende abendländische Lebensform: die Selbstbestimmung des einzelnen durch Mitbestimmung in der Gemeinschaft. „Alt“ heißt nicht, daß unsere Bemühungen um sie „restaurativ“, romantisch, nostalgisch seien. Das Wort „Wiederherstellung“ wird gebraucht nicht wie in „die Wiederherstellung einer zerstörten gotischen Fassade“, „... eines alten Brauchs“, „... einer preisgegebenen Staatsform“ — also einer einmal gewesenen Sache oder eines einmal gehabten Zustands —, sondern wie in „die Wiederherstellung der Stromversorgung“, „... einer Telephonverbindung“, „ ... der Gesundheit“ — also einer notwendigen Funktion.

Die Forderung, die Politik — oder die Möglichkeit der Politik — wiederherzustellen, wendet sich zugleich gegen die andere Ausflucht: in die Utopie — dagegen, daß wir unsere gegenwärtigen gesellschaftlichen Probleme alsbald in pädagogische Aufgaben und Hoffnungen für die Zukunft verwandeln. Es scheint mir der Augenblick gekommen zu sein, in dem der Pädagoge nicht mehr alles dienstfertig und schuldigst übernehmen darf, was ihm die Gesellschaft aufträgt, sondern energisch abweisen muß, was man aus Bequemlichkeit und fälschlich von ihm verlangt. Er hat das Kind nicht in allem auf die Welt vorzubereiten, wie sie nun einmal ist, sondern umgekehrt den Erwachsenen — um des Kindes willen — die Forderung zurückzugeben: „Verändert *ihr* eure Welt, so daß man das Kind nicht total verwandeln, nicht total erziehen muß!“ Wer, wenn nicht er, sollte so reden!

Wenn es zutrifft, daß auch die Krise, in die die pädagogischen Anstrengungen der Gesellschaft geraten sind, mehr mit ihrem Entwicklungsgrad als mit ihrer ideologischen oder gesellschaftspolitischen Richtung zu tun habe, dann lauten die *pädagogischen* Fragen:

— Wieviel der offenbar notwendigen Anpassung der Menschen an ihr rationalisiertes, interdependentes, investitions-intensives System kann und darf durch pädagogische Maßnahmen im Kindes- und Jugendalter vorgenommen werden?

— Welche offenbar notwendigen Veränderungsspielräume und Distanzierungsvorgänge muß man durch Maßnahmen auch schon im Kindesalter und Jugendalter sichern?

— Was und wieviel der Selbstbestimmungs-Chancen darf man dem Leben, der Umwelterfahrung überlassen und wie hätte diese Umwelt dann auszusehen?

— Soll und kann die Schulpädagogik durch einen radikal erweiterten Begriff von Curriculum — nämlich so, daß ein Curriculum ein Stück Leben repräsentiert — zu einer allgemeinen Sozialisationspädagogik werden, oder soll vielleicht die Sozialpädagogik, die sich bis heute um die Opfer der mißlungenen Familien- und Schulpädagogik kümmert, ihren therapeutischen Charakter abstreifen und zu einer allgemeinen „Pädagogik durch veränderte Umwelt" für alle werden? Eine „veränderte Umwelt" aber bedeutet vor allem ein verändertes — politisches, selbstbestimmtes, soziales — Leben der Erwachsenen.

Wie können Erwachsene ihre Selbstbestimmung und Sozialität wahrnehmen in einer Welt übergreifender, von Sachzwängen, Automatik und Komplexität bestimmter Systeme? Die Aufforderung, die Politik in der Industriegesellschaft wiederherzustellen, setzt voraus, daß man sie prinzipiell auch heute für möglich hält — daß man also eine Theorie oder Erklärung dafür hat, was ihr im Wege steht, was den Verlust verschuldet. Die Gefahren der industriellen Arbeits- und Lebensform sind von ihrem Anfang an gesehen oder beschworen und jedenfalls auf sehr unterschiedliche Weise analysiert und interpretiert worden. Die älteren Theorien von der „Entfremdung des Menschen durch die kapitalistische Produktion", vom „Unbehagen in der Kultur", von der „Verwalteten Welt", vom „Eindimensionalen Menschen", und von der „Einsamen Masse" haben inzwischen eine originelle Fortsetzung in Ivan Illichs radikaler Kritik an der verschulten und produktionsbesessenen Gesellschaft gefunden. Seine Analyse ist weniger systematisch und darum weniger dogmatisch als die seiner kulturkritischen Vorgänger. Aber obwohl sie die Fremdbestimmung in ihren alltäglichen Formen aufdeckt — in der Pflichtschule, im Autoverkehr, im städtischen Wohnsystem, in unserer Medizingläubigkeit, in den Meßzwängen unserer Wissenschaften und Behörden —, gibt sie den Menschen doch die Zuversicht nicht zurück, die diese suchen. Sie kehren auch aus Cuernavaca, wo Illich lebt und lehrt, enttäuscht zurück, weil es selbst dort Ordnungen, Belehrung und Herrschaft gibt und keine befreienden revolutionären Taten. Auch das CIDOC, Illichs Institut, ist in erster Linie eine *Schule* — eine Schule, in der gelehrt wird, was man anderswo tun solle.

Der Forderung von Ivan Illich nach „Entschulung der Gesellschaft" habe ich vor zwei Jahren die Forderung nach „Entschulung der Schule" gegenübergestellt. Inzwischen hat Illich selber dem Ruf nach de-schooling den Ruf nach re-tooling folgen lassen — eine Aufforderung, die Mittel, mit denen wir unsere Welt meistern, neu zu verteilen, und zwar so, daß die Menschen ihr Leben in kleineren Einheiten wirklich selbst bestimmen können. Aber Illich sagt nicht, wie man zu der von ihm entworfenen convivial society, der geselligen Gesellschaft, gelangt. Er sagt nicht, daß sie in erster Linie eine politische Gesellschaft sein muß.

In diesem Buch untersuche ich, wie sich die eigentümlichen Strukturen der technischen, verwalteten, verschulten Gesellschaft zu den Strukturen einer wirklich politischen Gesellschaft verhalten. Weder die Wissenschaften als solche, noch eine behavioristisch perfektionierte Erziehung, noch die Ausschüttung von mehr Freizeit, noch die Stärkung der als Staat verfaßten Regierungsmacht, noch komplizierte Mitbestimmungsregelungen oder die bloße Autonomisierung gesellschaftlicher Subsysteme werden uns die Möglichkeit der individuellen und gemeinsamen Selbstbestimmung wiedergeben, sondern allein die Wiederherstellung eines überschaubaren, erlebbaren, veränderlichen Lebensverbandes. Man könnte auch sagen: wir müssen zur Polis fortschreiten, die als neue Möglichkeit vor uns liegt — sofern es uns gelingt, sie auf unsere Beziehungen hin abzuwandeln. Wir werden unseren ganzen zivilisatorischen Scharfsinn auf die Frage verwenden müssen, wie wir unsere politisch-sozialen Verhältnisse vereinfachen, die Selbstbestimmungseinheiten verkleinern, die Entscheidungen verantwortbarer machen — also Politik ermöglichen, deren Verlust wir — fürchte ich — noch nicht einmal wahrgenommen haben.

Die Aufforderung, die Politik in der Industriegesellschaft wiederherzustellen, enthält keine Angaben über die konkreten Verhältnisse, in denen wir „dann“ leben sollen, sondern vornehmlich Anregungen für ein Verfahren, durch das Menschen bereit und fähig werden könnten, es mit Unvorhergesehenem aufzunehmen und das Vorhergesehene nicht für Schicksal zu halten. Das macht die Forderung zunächst weniger anziehend als manche ihrer Rivalen, findet aber — hoffentlich — auch nicht den fast automatischen Widerstand, auf den die vielen materiellen Entwürfe für eine neue Welt treffen.

In diesem Buch geht es um das, *worum* es ihm geht: um die Frage der politischen Verwirklichung einer prinzipiellen Kritik. Es trägt deshalb selbst die Merkmale, die es der Gesellschaft ansinnt: Vereinfachung und Vorläufigkeit. Sie sind zugleich Verfahren und Ziel dieser Schrift.

Zu den *Vereinfachungen* dieses Buches gehört z. B. die Vermeidung von Fachsprache und spezialisiertem Standpunkt und die exemplarische Behandlung der verschiedenen miteinander konkurrierenden Lösungsmodelle: deschooling, retooling, Aufklärung, Abrichtung, Freiheit durch Freizeit, mehr Staat, weniger Staat, Demokratisierung.

Zur *Vorläufigkeit* gehört z. B., daß ich Argumente aus Ivan Illichs neuem Buch Tools for Conviviality[1] behandle, ohne die endgültige Fassung gelesen zu haben. Zu dem Zeitpunkt, zu dem dieses Manuskript in den Satz geht[2], ist Illichs Buch auch in den USA noch nicht erschienen. In deutscher Übersetzung wird es vermutlich erst im Frühjahr 1974 vorliegen.

Weder der Vorläufigkeit noch der Vereinfachung ist es zuzuschreiben, daß manche wichtigen und sichtbaren Positionen nicht behandelt werden, z. B. diese:

— Unsere Krise müsse man mit einer *Steigerung unserer Leistungen* beantworten; Wachstum habe uns zwar die Umweltkrise beschert, aber doch nur, weil es ein ungleiches, auf bestimmten Gebieten hemmungsloses, auf anderen gehemmtes Wachstum war; aber Wachstum allein könne auch die Mittel hervorbringen, mit denen die Folgen von schon produzierten Verhältnissen, Anlagen und Ansprüchen, aufzufangen und die Bedingungen für erträgliche Verhältnisse für alle zu schaffen wären; die zusätzlich erwirtschafteten Mittel müßten der Verhinderung oder Neutralisierung der ungewollten Nebenwirkungen dienen; der Umbau unserer Welt werde aufwendiger und mühsamer sein als der Aufbau — und daß es mit *einem* Umbau getan sei, dürfe niemand erwarten; freilich müsse, wenn man mehr Leistung fordere, Leistung neu definiert werden: Schutz, Ausgleich, Vorbeugung und vor allem nicht-kommerzialisierbarer Gemeinnutz würden notwendig dazu gehören.

— Unsere Krisen seien Krisen des kapitalistischen Systems der privaten Gewinnmaximierung; auch dort, wo sogenannte sozialistische Gesellschaften in Schwierigkeiten geraten, seien diese — auf Grund der Unabgrenzbarkeit der Verhältnisse und des Nachhalls der Geschichte — durch die bürgerlich-kapitalistischen Verfah-

[1] Ivan Illich: Tools for Conviviality, New York 1973 (Harper and Row).

[2] Teil I dieses Buches ist im Frühjahr 1972 geschrieben worden; das Ganze war Ende April 1973 abgeschlossen.

ren und Werte verursacht; die Krise dieses „Herrschaftssystems" werde immer wieder als Krise der einzelnen Institutionen der Industriegesellschaft — Wissenschaft, Technik, Wirtschafts- und Finanzordnung, Bildung etc. — ausgegeben; ein bloßer Umbau durch Fortsetzung des privatwirtschaftlichen, besteuerbaren Wachstums werde die Krise nur erhöhen; es gehe vielmehr um eine Umverteilung und *Umstrukturierung der Besitz- und* damit sozialen und politischen *Machtverhältnisse,* die ihrerseits eine Veränderung der Interessen und des Bewußtseins hervorbringen; das Umschalten vom Auto zum Schienenverkehr und zu Illichs mechanischem Esel, von der Raumfahrt zum Bildungswesen, vom bäuerlichen Familienbetrieb zur mechanisierten Nahrungsmittelproduktion ändere an der Krisenursache nichts, die in dem Widerspruch zwischen privatem Konsum und Verfügungsmöglichkeiten einerseits und gemeinsamen arbeitsteiligen Produktionsverfahren und Interdependenzen andererseits liege und dauernd Entfremdung, Irrationalität und Gewalt erzeuge.

— Unsere Krisen seien Systemkrisen. Komplexe Systeme, z. B. Gesellschaften, seien um so dauerhafter und freier von Krisen, je fähiger sie seien, Störungen in sich auszugleichen, statt sie zu unterdrücken; in diesen delikaten Selbstausgleich dürfe man nicht durch Willensakte eingreifen, um sie (angeblich) zu „korrigieren"; man komme damit dem selbsttätigen Balanceakt zuvor — im Zweifelsfall zugunsten eines partikulären Interesses, für das man einen gesamtgesellschaftlichen Standpunkt in einer gesamtgesellschaftlichen Theorie beanspruche; man dürfe also auf die Krise nicht mit dirigistischen Maßnahmen reagieren; man müsse vielmehr verstärkte Anstrengungen zur (Wieder-)*Herstellung des freien Marktes* machen; dieser sei gewiß nicht ohne Härten für einzelne Personen oder Gruppen, aber die Härten, die er ihnen zumute, kämen ihnen auf dem Umweg über das Gemeinwohl zugute, das dann jedenfalls nicht durch die Mächtigeren bestimmt werde; das, was den Einzelnen dazu bringe, das öffentliche Wohl zu fördern, obgleich er nur seinen eigenen Vorteil suche, müsse unerkannt bleiben — eine invisible hand [1] —, weil es sonst dem Mißbrauch durch denjenigen ausgeliefert sei, der sein Gesetz beherrsche;

[1] Adam Smith: The Wealth of Nations, New York 1937 (Modern Library), S. 423.

würden z. B. die Ressourcen knapp, würden sie auch teurer; würden sie teurer, so würden sie auch weniger verbraucht; wir hätten nur noch nicht gelernt, daß es eine gute Ordnung ohne Härten nicht gebe.

Diese Positionen werden in diesem Buch nicht behandelt, obwohl sie deutliche Alternativen zu dem hier aufgestellten Programm der Wiederherstellung der Politik sind. Ich habe sie ausgelassen, weil mir hierzu die nationalökonomischen Kenntnisse fehlen. Es kommt hinzu, daß auf diesem Gebiet die Argumente am weitesten auseinanderklaffen, so daß nicht nur Kennerschaft überhaupt, sondern eine besonders *gute* Kennerschaft nötig wäre, sie zu ordnen und zu bewerten. Mein Plädoyer für Politik als Selbstbestimmung ist jedoch nicht von ihnen abhängig. Umgekehrt münden alle nationalökonomischen Fragen ihrerseits bei der Frage nach der politischen Verwirklichung in einer Lage, die durch den Verlust von Selbstbestimmung gekennzeichnet zu sein scheint und mehr der normativen Handlungsmodelle als der beschreibenden Theorie bedarf.

In der bisherigen Geschichte ist Politik vornehmlich eine Sache von professionellen Herrschern, Beamten oder Revolutionären gewesen, und auch die Demokratien haben — mit Ausnahme der radikalen direkten Demokratie der griechischen Stadtstaaten — die Herrschaft der Herrscher nur begrenzt, geteilt und kontrolliert aber nicht durch Selbstbestimmung und Mitbestimmung abgelöst. Weil in unserer durch Funktionssysteme gekennzeichneten und bestimmten Welt Herrschaft immer seltener unvermittelt und kaum noch personal auftritt, wird jene Ablösung nicht nur immer schwerer, sondern auch immer weniger als solche gewollt. Ja selbst wenn es gelänge, die Herrschaft der Herrschenden abzuschaffen, blieben die Systemzwänge, wären wir nicht frei, wäre Politik nicht wiederhergestellt. Autonomie und Partizipation sind über ihre staatsrechtliche Bedeutung hinausgewachsen; in einer überkomplexen, automatischen, abstrakten Welt sind Selbständigkeit der Arbeit und Beteiligung an den Entscheidungen ein elementares Lebensbedürfnis — elementarer als in Zeiten, in denen die Tätigkeiten ihren Sinn unmittelbar offenbarten, selbst wenn sie unfrei waren. Demokratisierung — also die Vermehrung von Selbstbestimmung des Einzelnen durch Vermehrung der Mitbestimmung in der Gemeinschaft — darf nicht nur die Aufhebung der Herrschaft von Menschen über Menschen intendieren, sondern auch und vor allem die Wiederherstellung der Herrschaft des Menschen über seine Mittel. Diese beiden Aufgaben und Absichten sind nicht ohne weiteres identisch.

Der Übergang aus dem Zustand der Entfremdung und Ohnmacht in die Möglichkeit der Politik aber kann weder durch Resolution noch durch Revolution erfolgen — solange der Status quo mehr verspricht als der Umsturz und die danach doch wieder notwendigen (neuen) Institutionen die alte Fremdbestimmung durch Sach- und Systemzwänge implizieren. Politik kann gegen die überwältigenden Grundtatbestände der industriellen Zivilisation erfolgreich nur sein, wenn sie zugleich das System wandelt, das sie steuert. Das — so scheint mir — kann nur durch Subsysteme gelingen, die im Gesamtsystem Funktion und Ansehen und also schon etwas Macht haben und die das Gesamtsystem darum aus sich selbst heraus verändern können. Dem Gesamtsystem, das sehr viel mehr Macht hat, sind die Subsysteme gleichwohl überlegen, weil und sofern sie eine Identität haben: sie können sich selbst bestimmen, nicht in erster Linie weil sie bestimmen können, sondern weil sie ein „Selbst“ sind. Wie eine Gruppe ein politisches Selbst gewinnt oder versäumt, davon handelt dieses Buch.

Bielefeld, den 1. Mai 1973 Hartmut von Hentig

I. CUERNAVACA REVISITED

Wem Erinnerungen lieb sind, darf nicht zurückkehren — wer lernen will, muß es. Cuernavaca — ein Jahr danach — war beides: Bestätigung und Enttäuschung, Erweiterung und Zurücknahme, alte Anfechtung und neue dazu. Es war vor allem Anlaß zu kritischer Selbsterfahrung: Die Bücher aus und über Ivan Illichs Ideenbörse, Lernmarkt, Entschulungsparadies haben Wirkungen getan und Reaktionen ausgelöst; sie haben damit die Probleme verschärft, nicht indem sie Tatsachen verändert haben, sondern das Bewußtsein von ihnen. Dem galt es standzuhalten.

Der erste Eindruck vom CIDOC (Centro Intercultural de Documentacion): alles ist gepflegter, ordentlicher, bürgerlicher geworden; es wird noch weniger verwaltet als früher — aber gründlicher; der Zaun ist höher, die Bewachung des einen Eingangs ist lückenlos, jeder Besucher hat einen Lichtbildausweis, in Plastik eingeschweißt; das Publikum ist im Durchschnitt älter, internationaler und einheitlicher zugleich; es sitzt noch immer — mexikanisch bunt gekleidet — am Mittwoch vormittag zu Illichs Füßen, aber man verfehlt sich mehr, als daß man sich streitet; man will einen Anführer und Anfeuerer, einen Lehrer und Guru — und man bezieht Publikumsbeschimpfung, die unverstandenen Abwehrgesten eines Mannes, der eigentlich arbeiten will. Vor allem aber: man begegnet auf Schritt und Tritt unzufriedenen Menschen — unzufrieden mit der Welt, mit der verschulten, verschmutzten, „verkehr"ten Verbrauchergesellschaft, mit sich selbst, mit Ivan Illichs Lehre und Institut — und miteinander. Und das auf einem der schönsten Flecken der Erde, auf dem alle Besucher in ungewohntem Maße geneigt sind, das Leben zu genießen!

Was ist der Grund für diesen Wandel? Ist auch diese Hoffnung schon wieder verwelkt, noch ehe sie ganz erblüht ist? Wie verhält sich das zu meiner eigenen Vermutung, „Cuernavaca" werde in wenigen Jahren eine Art Warenzeichen für ein pädagogisches Prinzip geworden sein — wie „Summerhill" und „Jena-Plan" und „Barbiana"? Was die letzte Frage betrifft: Summerhill wird wohl A. S. Neill kaum überleben, Peter Petersens Schule ist längst tot, und Barbiana hat es überhaupt nur drei Jahre lang gegeben. Aber die Ideen dieser Einrichtungen werden die Menschen weiter beschäftigen, weil sie eindeutig, ein-

fach und fundamental waren — nicht weil sie in dauerhafte Institutionen eingegangen sind.
Illichs CIDOC war im übrigen nicht als Basis und Modell seines Programms gedacht, es sollte diesem nur nicht flagrant widersprechen: man kann die Entschulung nicht an einer förmlichen Schule lehren! Wenn also das CIDOC enttäuscht, dann könnte das sehr wohl die Schuld falscher Erwartungen sein.

1. Das CIDOC heute

Daß das CIDOC heute schon auf dieselben Beobachter so anders wirkt als vor einem Jahr, hat eine Reihe von Gründen:
1. Das CIDOC hat seinen wichtigsten Auftrag erfüllt und nimmt ihn deshalb nicht mehr wahr. Als es vor über zehn Jahren gegründet wurde, ging es in erster Linie darum, die Entwicklungsmission des nordamerikanischen Katholizismus von Lateinamerika abzuwehren — in Illichs Metapher: die alte Religion von der neuen (der Bildung) zu trennen. Man hatte sich als Ausbildungsstätte für kirchliche Entwicklungshilfe etabliert, um sie „umzufunktionieren", wie man heute sagt. Wer jetzt als katholischer Christ aus den USA nach Lateinamerika geht, um zu helfen, wird sich nicht mehr auf die Einheit von Heil und Schulbildung berufen können. In dem Maß, in dem das CIDOC hierfür gesorgt hat, ist es immer weniger Ausbildungszentrum und immer mehr eine Begegnungsstätte geworden. Wer Begegnung für wissenschaftliche und politische Arbeit hält, täuscht und enttäuscht sich hier selbst.
2. Die Anordnung des CIDOC ist im Laufe des letzten Jahres gestrafft, auf das Grundkonzept von Illichs Vermittlungsdiensten (networks) hin radikalisiert worden: Man hat das Gelände geschlossen, um im Inneren den freien Lern- und Lehrmarkt um so uneingeschränkter verwirklichen zu können. Das CIDOC hat heute endgültig nichts mehr mit den „Qualitäten" der Kurse — Thema, Verfahren, Größe, Kombination, Kosten — zu tun. Jeder — ob Dozent, Student, Schlachtenbummler oder Reporter — muß eine Jahreskarte für 50 Dollar kaufen (wodurch Dauerbesucher bevorteilt, Kurzbesucher abgeschreckt werden); hinzu kommen pro Woche 8 Dollar zur Deckung des jeweiligen Aufwands für Verwaltung und Instandsetzung; Personen aus armen Ländern (also prinzipiell der ganzen Dritten

Welt, soweit sie nicht einer großen Organisation angehören) zahlen nichts für ihre Jahres- oder Wochenkarte[1]; der CIDOC-eigene Sprachkurs kostet 120 Dollar und hat, seit es am Ort Konkurrenz gibt, seinen pädagogischen Stil ganz unamerikanisch verhärtet; den Preis der einzelnen allgemeinen — nicht sprachlichen — Kurse bestimmen die Veranstalter und geben ihn im Katalog bekannt; vor Beginn jedes Kurses haben die Dozenten Gelegenheit, sich und ihr Vorhaben vorzustellen — dazu sind täglich die Stunden von 11.00 bis 12.00 Uhr und von 13.00 bis 14.00 Uhr offengehalten; die dann folgende erste Sitzung des Kurses ist frei, in der zweiten Sitzung soll der Veranstalter kassieren; es gibt jeden Tag etwa 6 bis 8 zweistündige Kurse, von denen sich immer einige überschneiden.

Die Wirkungen dieser Regelung sind anders als die Absichten. *Gemeint* ist, daß jeder auf eigene Verantwortung lehrt und lernt und daß die Institution ausschließlich die Gelegenheit dazu vermittelt. Die Dienste des CIDOC werden durch Geld — Verwaltungsgebühren — neutralisiert: CIDOC, eine der „revolutionären" Zentren dieser Welt, nimmt im eigenen Inneren nicht Partei! Will es freier Lernmarkt sein, kann es sich nicht in die Hände von Beteiligten, Parteigängern, Missionaren begeben. Nichtbeteiligte, Menschen ohne Mission aber kann man nur mit Geld halten. Der Stab wird geradezu für seine Neutralität bezahlt.

Aber Geld *ist* nicht neutral, zumal nicht an einem Ort, an dem man es nicht verdienen, sondern, wie den US-Dollar in Cuernavaca, nur verbrauchen kann.

Die *realen Folgen* sind also a) für den Lernenden: Er muß, um überhaupt herausfinden zu können, wie schlecht die innerhalb des Krals angebotenen Veranstaltungen sind und daß er vielleicht an gar keiner teilnehmen will, erst einmal 58 Dollar zahlen (von seiner langen und teuren Anreise abgesehen) und fühlt sich weder wirklich „frei" in seiner Wahl, noch ist er dem bösen Kapitalismus entronnen. Mehrere tausend Kilometer von allen Alternativen zum CIDOC entfernt, eingeschränkt auf die vorhandenen Angebote, an seinen beträchtlichen Einsatz festgenagelt, kommt er sich „trapped" — wie in der Falle — vor.

Die Folgen sind b) für den Lehrenden: Er muß sich als sein eigener

[1] Das CIDOC hat während der letzten zwei Jahre in zunehmendem Maße als Treffpunkt für Südamerikaner gedient, die sich in ihren eigenen Ländern nicht treffen können.

Büttel betätigen und darüber hinaus ständig anderer Leute (oder die eigene) Großzügigkeit strapazieren — insofern nämlich, als er die beschränkten Arbeitsbedingungen (Zeit, Raum, Klientel und meist auch das interessierende Thema) mit pausenlos wechselnden Rivalen oder Kollegen teilt. Die Hörer finden sich unschuldig hin- und hergerissen oder nutzen dies gehörig aus. Von meinen rund 35 Hörern haben sich nur 17 in die Liste eingetragen und 8 zögernd bis zum Ende ihren Beitrag gezahlt — 2 von ihnen in voller Höhe. Es mag für den Lehrer heilsam sein, seine geistige Leistung in dieser Form selbst einschätzen und am „Erfolg" kontrollieren zu müssen. Aber letztlich wird mehr seine Urbanität oder seine Bedürftigkeit gemessen. Eine wirkliche Leistungskonkurrenz entsteht nicht. Im Gegenteil: Im Schutz des 58-Dollar-Zaunes sammelt und hält sich viel Mediokrität zu niedrigen Preisen, bei beliebig anspruchsloser, wechselnder und kleiner Hörerschaft und mit, sagen wir: einer „Seßhaftigkeit", wie sie selbstbewußte Leute nicht aufbringen. In der Tat, Lehrer und Lernende, die etwas auf sich halten, werden dadurch vertrieben.

3. Es fehlte in diesem Jahr — von Illich abgesehen — ein Mann von der Statur Paul Goodmans: Anarchist und Poet, Moralist und Sonderling und in ganz Amerika bekannt; seine Bücher und Reden haben auch non-professionals gelesen; an ihm beißt man sich einen Zahn aus; für ihn steigen die Studenten morgens über den CIDOC-Zaun, bevor die Wärter da sind; Leute, wie er sie anzieht, schlafen auch unter einem Busch, brauchen sich nicht zu waschen und „pumpen" sich freimütig drei Pesos von einem Fremden fürs Frühstück — wenn sie sich dadurch den Eintritt ersparen. Im vorigen Jahr war Goodman da. Kein Wunder, wenn diesmal das Publikum weniger aufregend, braver, spießiger war — wenn Cuernavaca wie eine Mischung aus Aspen und Alpach wirkte. Kein Wunder, wenn Illich mit diesem Publikum öfter die Geduld verlor und den Humor.

4. Das Thema des vorigen Jahres war „Alternative in Education" — nicht ganz neu, aber mit Illich und Reimers Schlagwort von der Abschaffung der Schule hinreichend radikal und unklar, um Erwartungen zu erwecken. Inzwischen ist Illichs Buch ein Weltbestseller und Reimers Buch ein Collegetext geworden. Man kann alles überall schwarz auf weiß haben. Das Wort „de-schooling" (auch als Verhunzung der englischen Sprache angeprangert) ist so geläufig oder wird so durchschaut wie „herrschaftsfreier Raum", „repressive Toleranz" und „klassenlose Gesellschaft". Wer etwas auf sein revolutionäres Be-

wußtsein hält, bleibt listig zu Hause und übt sich in der großen Verweigerung — auch gegenüber dieser allzu schnell réussierenden Lehre.

5. In die Bresche, die das „de-schooling“ geschlagen hatte, waren in diesem Jahre alle exotica gesprungen, die sich in diesem Zusammenhang denken lassen: Kurse über Yoga, I Ging, Naturnahrung, Gestalt-therapy, Chinesische Kulturrevolution, Neues Theater und so fort. Entschuler aus Deutschland und Frankreich, Chile und Peru, China und Kanada trugen ihre Varianten vor. John Holt bekannte sich zu „Smart City“ (einem Stadtprojekt, in dem Bürger alles — gleichsam mit den Marcuses und den Buckminster Fullers zusammen — von vornherein richtig machen: selbstbestimmt, human, rational und „ökologiebewußt“, und andere predigten das einfache und reine Leben in abgelegenen Waldtälern. — Abermals kein Wunder, wenn sich Illich irritiert von denen abwandte, die er nicht gerufen hatte und die sich doch so ausdrücklich zu ihm gerufen fühlten.

2. Illich heute

Der wichtigste Grund freilich für die Frustration am CIDOC war Illichs spürbares eigenes Disengagement. Ich glaube nicht, daß es ihm bei der Umorganisierung des CIDOC wirklich um eine Radikalisierung der Idee, des Marktmodells ging, sondern um die Möglichkeit, sich auf die eigene Arbeit zurückzuziehen: auf die Verarbeitung der Wirkungen, die er selbst ausgelöst hat und die ihm Probleme zurückbringen, die nicht vorhersehbar waren. Alles weist darauf hin, daß es um sehr viel mehr als um de-schooling geht, daß die umfassenderen Aufgaben im Politischen und im Philosophischen liegen. Der Lernmarkt ist keine Garantie, sondern allenfalls eine Illustration des Prinzips von der Notwendigkeit und Wirksamkeit *freiwilligen* Lernens. Im Grunde läuft es bei Illich auf die Abschaffung nicht allein der Pflichtschule, sondern des Bildungskapitalismus hinaus, des Privateigentums „Wissen“, der Verzunftung allen Lernens und Lehrens und damit auf eine Entprofessionalisierung unserer Gesellschaft überhaupt. Für diese Aufgabe ist das CIDOC zu klein oder zu groß und jedenfalls zu oberflächlich und zufällig. Illich hat am letzten Tag meines Aufenthaltes seine wöchentliche öffentliche Antwort- und Fragestunde aufgegeben — die große Illich-Show, die vor einem Jahr noch finanziell notwendig war (die halbe amerikanische Kolonie kam dazu angefahren und zahlte fünf harte Dollar pro Platz!); er wird überhaupt nur noch zeitweise da sein; er hat mit seinem Buch genug Geld verdient, um sich leisten zu können, was er eigentlich immer schon wollte — sich fünf Jahre zurückzuziehen und über die Voraussetzungen und Konsequenzen seiner Vorstöße und unserer Krise nachzudenken. Ich könnte mir vorstellen, daß er längst ein kleines Lehmhaus in einem der abgelegenen romantischen Dörfer der Umgebung gekauft hat, um das dort zu tun. Aber das CIDOC aufzulösen und seinen mexikanischen Freunden und Mitarbeitern die Existenzgrundlage zu entziehen, dazu ist er noch nicht bereit. Ja, einstweilen verteidigt er mit mutwilliger Überzeugung das Modell, nach dem Lehrende und Lernende einander in dieser Welt frei wählen sollen, das Prinzip, daß es keinerlei Pflichtveranstaltungen in der Bildung geben dürfte, die Forderung, daß jede Diskriminierung von Menschen auf Grund von Schulbesuch, Prüfung und abstrakten Tests rechtlich geahndet werden müsse. Er meint, er habe selber deutlich genug vor den Folgen einer überhasteten Abschaffung der Schule gewarnt. Er wehrt sich energisch gegen die große Umarmung durch Reformer, unzufriedene Lehrer und Studenten, opportunistische Politiker, Arbeitgeber und den Supreme Court. Aber auf die Frage, was denn den Unterschied ausmache zwischen dem liberalistisch-kapitalistischen Markt, den er selbst für unfähig hält, unseren Güterbedarf sinnvoll zu regulieren, und seinem eigenen „Lerngüter"-Markt, bleiben die Antworten unbefriedigend, ja, widersprüchlich: *dort* will er Schranken setzen für die Art und Menge dessen, was zum Verbrauch angeboten wird, hier rechnet er mit der Vernunft oder Urteilsfähigkeit der Verbraucher und lehnt jede Regulierung ab; *dort* herrsche teils verschleierte, teils zynisch offene Willkür — oder unbegründetes, unkontrolliertes Wachstum —, *hier* soll es eine prästabilisierte Harmonie geben zwischen Angebot und Nachfrage; *dort* werde der Mächtigere immer mächtiger, *hier* werde sich Gerechtigkeit einstellen; *dort* werde Lernen zur Ware gemacht — und *hier*, wo die Lehrer hinterher den Hut herumreichen müssen, etwa nicht?

Zu vieles ist unausgedacht geblieben; Illich hat sich zuwenig Zeit genommen, mit Freunden und Fachleuten die eigenen Erfindungen durchzuspielen; er hat vor allem zuwenig Gelegenheit gehabt, einzelne Argumente preiszugeben, ohne seine Klientel zu verwirren und seinen Gegnern Triumphe zuzuspielen. Er ist ein Gefangener seiner

Wirkungen; man hört seine Schlagworte, nicht seine Zweifel und Zwiespältigkeit. Er benutzt Statistiken, an die er selber nicht glaubt, verbreitet Hoffnungen, die er nicht hegt, gibt „Erfolge" an, die ihn unberührt lassen, ja ängstigen müßten. Skeptisch nach seinen vorjährigen Prophezeiungen gefragt, antwortet er: es gebe inzwischen Zehntausende von freien Lehrinstituten in den USA; akademische Cafés, private Lernvermittlungsdienste, Anzeigen von Lerngelegenheiten im Branchenverzeichnis der Telefonbücher, die Öffnung der „öffentlichen" Bibliotheken für beliebige Studiengruppen hätten sich bewährt; die Gerichte hätten im Falle Griggs oder Serrano schon gegen die Berechtigungsklauseln entschieden ... Aber wie frei sind freie Lerninstitute? Wenn es bei ihnen weniger drop-outs gibt (wie lange noch?) — heißt das, daß sie das freie Lernen verwirklichen oder nur, daß sie subtileren, unentrinnbareren Zwang ausüben? Was bedeuten ein paar Kinderläden, Diskutierkneipen, öffentliche Ateliers gegenüber dem Mammut Schule, dem Mammut Universität, dem Mammut formalisierte Berufsausbildung? Und was nützen Gerichtsentscheidungen, wenn es keine Jobs gibt [1], oder die Jobs unsinnig sind, oder keiner die Entscheidung sucht?

Der freie Lernmarkt des CIDOC ist ein persönliches Problem von Ivan Illich: Er muß sich zugeben, daß die Menschen dorthin kommen, weil *er* dort lehrt, weil *er* interessante Mitdozenten anzieht — und daß, wenn beides aufhört, sein Lernmarkt nicht mehr funktionieren wird. Was bleibt, sind eine wirksame und strenge Sprachschule und eine Stätte für Streithähne und Wichtigtuer. Schon rebelliert das Publikum: hier dürfe es eigentlich gar keine „Lehrer" geben, alle hätten etwas Wichtiges zu sagen, keiner solle das Recht haben, Geld zu nehmen, keiner bestimmte Stunden und Räume beanspruchen dürfen. ... Aber allein, damit alle dies hören können, muß einer da sein — z. B. Illich —, um den sie sich freiwillig versammeln. Dieser aber nimmt sich das Recht, das er auch jedem anderen gewährt: seine Schüler nach eigenem Belieben zu wählen und seine Bedingungen nach eigenen Kriterien zu stellen.

[1] Vgl. hierzu Ivar Berg: Education and Jobs, The Great Training Robbery, New York 1971 (Praeger). Zu der allgemeinen These, daß die Schulreform nichts gegen die Chancenungleichheit — die ökonomische und soziale Benachteiligung bestimmter Schichten und Bevölkerungsgruppen — vermag, vgl. die Untersuchung von Christopher Jencks et al.: Inequality, A Reassessment of the Effect of Family and Schooling in America, New York 1972 (Basic Books).

Das Angebot an Lehre wird immer notwendig geringer sein als die Nachfrage: weil es einen zusätzlichen Aufwand, eine Investition gekostet hat. Man muß seinen Gegenstand selber gelernt, seinen Kurs vorbereitet, ein gutes Stück Erfahrung gemacht haben. Wenn diese Lehrer nun nicht nur am CIDOC, sondern — nach Illichs eigener Vorstellung — überall in der Welt das Recht haben sollen, Schüler zurückzuweisen, dann wird Wissen oder Lehrbares vollends zu dem, was es gerade nach Illich schon allzu sehr ist und nicht sein sollte: a produced scarcety, eine künstlich hergestellte Mangelware. Gegenwärtig kommt hinzu, daß die meisten Lehrer noch mit Hilfe öffentlicher Mittel ausgebildet worden sind. Den Stars unter ihnen ist das in Cuernavaca auch direkt vorgehalten worden: sie kassierten Honorare für Weisheiten, die sie auf Kosten des Steuerzahlers erworben hätten.

Illich nimmt — als Lehrer — für sich in Anspruch, „ungerecht“ sein zu dürfen. Seien öffentliche Mittel und Gerechtsame im Spiel, könne man ihn zur Rechenschaft ziehen. Er sei dann sichtbar verantwortlich. Das öffentliche Bildungssystem sei im übrigen nicht weniger ungerecht als er, es verschleiere diese Ungerechtigkeit nur durch die Mechanik und „Notwendigkeit“ seiner Maßnahmen und verhindere darüber hinaus, daß irgend jemand dafür belangt werden könne. Ich halte diese Behauptung nicht für falsch, aber für irreführend: „öffentlich“ ist das Bildungssystem, nicht damit alle es gemeinsam bezahlen, sondern damit alle es gemeinsam kontrollieren, und das heißt, es gerecht machen. Nicht die „Öffentlichkeit“ des Schulwesens ist schuld an seiner Ungerechtigkeit und erdrückenden Unfreiheit, sondern die Tatsache, daß es sich um eine Scheinöffentlichkeit handelt. Mit anderen Worten: *Wir alle* müssen ständig für die Kritik und Korrektur der Schulen sorgen und nicht erst für die Kritik und Korrektur ihrer Folgen. Einer Lösung, die gleich mit den Gerichten beginnt, mißtraue ich. Diese sollten eine ultima ratio sein, wenn die Politik, zu der jeder einzelne verpflichtet ist, an ihr Ende gekommen ist. Aber um Politik zu lernen, brauchen wir öffentliche Schulen.

Illichs Rat klingt nach „pecca fortiter“: Wenn Ungerechtigkeit schon nicht zu vermeiden ist, dann laßt uns unverstellt und ohne Feigheit sündigen. Dem würde man wohl gerne zustimmen, wenn seine eigene Analyse des Bedingungssatzes dem nicht widerspräche. Das öffentliche Bildungswesen steht nicht im Dienst der überindividuellen Vernunft, sondern der Unvernunft eines inzwischen allmächtig gewordenen Produktionssystems. Und dieses Verhältnis, meint Illich, kann man aufheben. Der Möglichkeit, es zu tun, gilt ja sein ganzer Kampf. Dazu muß er zunächst die Verbindung zwischen der offenkundigen Kapitalisierung von Bildung und dem Industrialismus aufweisen. Die Geschichte der öffentlichen Bildungsanstalten seit der Zeit des Absolutismus gibt ihm recht. Die Förderung der Volksbildung zur Förderung der staatlichen Manufakturen zur Förderung des Handels und Gewerbes im merkantilistischen System, die Einführung der allgemeinen Schulpflicht durch alle Industriestaaten im Laufe des 19. Jahrhunderts, die rationalisierten Formen, in denen sich Bildung seither vollzieht: die Jahrgangsklassen, die Fächer, die Leistungseinheiten mit nota, pensum, credit und debit — dies alles deutet auf eine Abhängigkeit der Bildung von den Bedürfnissen einer besonderen Wirtschaftsform hin. (Illich selbst führt die Materialisierung der Bildung auf Comenius und dessen alchemistische Vorlieben zurück!) Vollends zeigt sich diese Abhängigkeit in der kapitalartigen Akkumulation von Berechtigungen. — Hinweise auf die alte ägyptische Hierokratie oder das chinesische Mandarinentum dürften Illich kaum stören, sondern ihn nur ganz allgemein bestätigen: Wissen wird stets in den Formen ausgeteilt, die der wahren Herrschaftsstruktur der jeweiligen Gesellschaft entsprechen — einer Priester- oder Beamten- oder Manager- und Produzentengesellschaft.

Aber die alten Griechen sollten ihn stören, deren Anspruch, Herrschaft durch Politik zu ersetzen, wir übernommen haben. Die Sophisten konnten Bildung auf dem Markt von Athen verkaufen, weil Bildung in der demokratischen Polis lebensnotwendig geworden war. Von Industrialismus — in welchem Sinn auch immer — war man damals weit entfernt.

Demokratie hat stets nur (relativ) gleiche Chancen garantiert. Im Rahmen dieser Chancen mußte man selbst zusehen, wie man zu Gleichheit oder gar Vorteil kam — mit Kenntnissen und Klugheit. Und die waren erst recht gefordert, wenn es einem um das Wohl der Polis ging! In einer Demokratie — und zumal einer radikalen und direkten wie der athenischen, in der das Volk selbst, ohne Vertreter, die Entscheidungen traf zu jedem Fall nur einmal und „bis zum Sonnenuntergang" — herrschen diejenigen, die am besten reden können. Die Demagogen sind die Oligarchen der Demokratie. Und was sie können, kann man lernen! Sie haben die einschlägigen Kenntnisse, sie haben sich in der Argumentation geübt, sie wissen, wie man seine

Wirkungen kontrolliert, sie verführen oder schüchtern ein durch ihre Bildung — und „herrschen" so in einer Polis, in der „Herrschaft" abgeschafft ist.
Auch ein Illich „herrscht" in seinem CIDOC durch seine reiche, disziplinierte europäische Bildung, die er um so geringer achten kann, je sicherer er sie hat. Wo immer man Herrschaft auf Grund von Gottesfurcht, Gewalt oder Geld aufgehoben hat, tritt Bildung einen Teil ihres Erbes an. Will man auch diese Herrschaft nicht, muß man Bildung allgemein machen: die Gegenwehr durch Bildung mobilisieren. Rousseau, der die Gesellschaft auf einen freien Vertrag aller Individuen gegründet wissen wollte, sah voraus, daß die Freiheit der Vertragschließenden einer spezifischen Ungleichheit erliegen würde, die durch Gesetze nicht abzuschaffen sein würde: Menschen haben eben eine ungleiche Einsicht in die Möglichkeit, das System zu mißbrauchen. An dieser Stelle steht sein Oxymoron: daß der Bürger zur Freiheit gezwungen werden müsse — zum Bewußtsein und Gebrauch seiner Freiheit. Man kann es nicht den Individuen überlassen, wie frei sie sich dünken und sich dabei in die Verfügung anderer begeben. Es muß — um der Freiheitlichkeit des Gemeinwesens willen — jeder über seine Souveränität wachen, seine Meinung einbringen, Kritik an seinem eigenen Bewußtsein, an seiner gesellschaftlichen Lage üben. Dies kann und muß man lernen: früh und in Gemeinschaft mit den anderen, die füreinander das Problem konstituieren. Allgemeine öffentliche Bildung ist also ein Kind der Politik. Daß sie dann von einer Wirtschaftsform vereinnahmt worden ist, ist eine andere Sache.
Illich nimmt solche Einlassungen auf, aber er hat wenig Anlaß, auf sie zu reagieren: er lebt als Europäer mit amerikanischem Paß in Mexiko; er hat keine Familie; er ist für kein Gemeinwohl verantwortlich; er hat es nur mit Erwachsenen zu tun, die man hier und jetzt überzeugt oder nicht. „Erziehung" als das Einstehen für die Seinsweise eines anderen Menschen ist ihm fremd, ein Greuel.
Er denunziert also die offensichtlich unheilige Allianz von Produktionssystem und öffentlichem Schulwesen und ignoriert die notwendige Allianz von freier Gesellschaft und gemeinsamer Bildung.
Die Vermutung, seine Argumentation hänge mit seiner persönlichen Lage zusammen, ist ihm gegenüber geäußert worden, und er hat sie nicht zurückgewiesen. Daß Illichs Denken über alledem unpolitisch werden könnte, muß freilich niemand befürchten. Auch sein Disenga-

gement am CIDOC ist nur Ausdruck eines Engagements an einer weiteren politischen Aufgabe, die er vermutlich im Rahmen dieser Institution nicht wird leisten können. Er muß sich entweder ein kleines Max-Planck-Institut zulegen (nicht größer als das Starnberger von C. F. von Weizsäcker) oder sich von jeder Institution lösen: für sich denken und schreiben. Das letztere gäbe ihm die Narrenfreiheit, die er sich wünscht, aber es würde ihn auch des unmittelbaren Publikums berauben, das er als Person braucht — nur gerade jetzt nicht. Schule und Entschulung, auf die er gläubig oder zweifelnd angesprochen wird, interessieren ihn nicht mehr für sich, sondern in einem weiteren, schwierigen Kontext, den er selber noch nicht beherrscht und der seine „selbstgewählten" Hörer überfordert. Kein Wunder — zum letzten Mal —, daß die Frustration am CIDOC allseitig ist.
Ein im Januar und Februar dieses Jahres (1973) abgehaltenes Seminar hat die ersten gesammelten Reaktionen auf Illichs neuen Gedankenansatz gebracht [1]. Die „working papers" machen die Runde. Viele sind kritisch. Die Mehrzahl ist deutlich von Illich angeregt und befruchtet. „Limits" und „tools" aber sind Sachprobleme und werden die Geister auch jenseits von CIDOC und abseits von Illich beschäftigen. Das Problem ist nicht mehr nur, ob Illich recht hat oder nicht, sondern das Problem ist das *Problem.*

3. Das Problem heute

Das große Problem unserer Zeit ist die Komplexität der Verhältnisse, in denen und von denen wir leben. Wir verfügen über so vieles, aber nicht über seine Folgen. Zu vieles hängt mit zuviel anderem auf unübersehbare Weise zusammen. Mittel und Maßnahmen, mit denen wir der Schwierigkeiten A, B, C Herr werden sollten, haben uns die Probleme X, Y, Z beschert. Mit jeder neuen Erfindung werden die Lasten offenbar nur neu verteilt. Irgendwer hat einen zeitweiligen Vorteil vor einem anderen. Rechnungen macht und schreibt heute der Computer. Aber ob der Apparat, der meine Telefongebühren notiert und addiert, sich irrt oder nicht, werde ich nie nachprüfen können;

[1] Unter Dutzenden von kleineren Einzeldokumenten, die am CIDOC für die einzelnen Veranstaltungen oder aus ihnen entstehen, ist vor allem die Lektüre des Sammelbandes: Seminar on "Tools for Conviviality" — Working Papers, CIDOC Cuaderno No. 1025 (Januar/Februar 1973) lohnend.

die Abrechnungen meines amerikanischen Buchhändlers kann ich, seit sie in der Form von Lochkarten ausgestellt werden, nicht einmal lesen. Die Mühe, die die Post oder Kroch's & Brentano's sich sparen, schieben sie mir zu und ich meiner Bank. Das mag ökonomischer sein und im ganzen auch vernünftiger — aber nur unter einer Voraussetzung, von der wir wissen, daß sie nicht zutrifft: daß die Menschen das System verstehen, ihm vertrauen und auch vertrauen dürfen. Die unterstellte und nicht eingelöste Rationalität bringt die teuflischste Irrationalität zustande. In der Häufung der nicht eingelösten Rationalitätsansprüche entstehen Entmündigung, Entfremdung, Entmenschlichung, und das bedeutet nicht nur persönliche Angst, Verwirrung und Unglück, sondern gesellschaftliche Katastrophen. Die Wahrnehmung der schon seit langem „produzierten" Zerstörung unserer Umwelt lehrt uns Auschwitz, Biafra, Vietnam neu verstehen: Dies alles geschieht, wenn die Menschen die Kontrolle über die Systeme verlieren, die sie sich gemacht haben — Denksysteme, Wirtschaftssysteme, Herrschaftssysteme, Waffensysteme ... In Indochina benutzte die amerikanische Kriegsmaschine amerikanische Soldaten — so empfanden es immer mehr von ihnen —, und genau diese Perversion macht auch ihren Mißerfolg aus. Das deutlichste und unheimlichste Zeichen hierfür sind die Mordanschläge von amerikanischen Soldaten auf amerikanische Offiziere (das sog. fragging, das neben dem Heroin zum größten Problem der Truppe geworden war) [1].

Dummheit, Bosheit, Egoismus gibt es zu allen Zeiten, aber nicht immer sind die Menschen so wehrlos — nicht immer sind die Opfer so willige oder unwissende Komplizen ihres Unheils. Wir haben die „Systeme" selber erfunden, um daraus Vorteile zu ziehen, und das tun wir auf der einen Seite auch; die Verbindung zu dem Übel, das uns auf der anderen Seite erwächst, sehen wir nicht — oder wir schieben ein anderes System dazwischen: mehr Schulen, mehr Impfungen, mehr Versicherungen, mehr Radar, mehr TÜV — mehr Therapie und mehr Prophylaxe. Aber verschärfte Gesetze über die „Emission" von Abgasen und Abwässern und eine strengere „Vermüllung" lösen das Problem der Umweltverseuchung auf die Dauer nicht. Sie schieben es „außer Sicht und in die Zukunft" [2]. Die einzige

---

[1] Vgl. Eugene Linden: Fragging and other Withdrawal Symptoms, The Demoralization of an Army, in: Saturday Review vom 8. 1. 1972, S. 12 ff.

[2] Ivan Illich: Anglo American Law and a Convivial Society, CIDOC Dokument I/V 72/7 S. 5

langfristige Antwort auf dieses Problem ist eine weniger hemmungslose, weniger aggressive Umwandlung von Natur in dauerhaften Abfall. Die Ursachen liegen im System selbst und werden darum nicht angetastet.
Daß viele Menschen inzwischen begreifen, daß die Aggregate von Mitteln, die die Komplexität unserer Welt vermindern sollten, sie in ihrer Gesamtheit vermehren (oder Möglichkeiten ausblenden, die uns wichtig waren), macht die Lage nicht besser, im Gegenteil: Das Unbehagen in der Kultur ist, seit Sigmund Freud es vor einem halben Jahrhundert analysiert hat, genau um das von ihm eingebrachte Bewußtsein gestiegen. Die Einsicht in unsere „Schuld" wird damit selber zu einem Teil des Problems: Wir müssen fortan auch noch mit unseren Ausweichmechanismen fertig werden, mit Drogen und ritualisiertem Protest, mit science-utopia und Lust am Untergang, mit der Flucht ins einfache Leben und der Flucht in die Krankheit, in die Neurose, in die Aggression — mit Illich und Anti-Illich.
Bisher gab es zwei relativ robuste Antworten
— mehr Entlastung durch Institutionen, technische Anlagen, Verfahren
— mehr Lernen, also bessere Ausnutzung der Fähigkeiten des Menschen.
Beide Antworten waren aneinander gebunden. Die eine hat immer die andere nach sich gezogen. Heute beginnen die Menschen zu zweifeln, ob sie diesen Wettlauf mit ihren eigenen Geschöpfen durchhalten — nicht nur als einzelne, sondern auch als Gesellschaft. Sie horchen darum auf, wenn von einer dritten Antwort die Rede ist: von der Beschränkung.
Um die Möglichkeit einer solchen Beschränkung kreisen Illichs Gedanken: Es müsse möglich sein, das wilde Wuchern der Einzelsysteme auf Kosten der Qualität unseres Lebens im Ganzen zu unterbinden — die Auswüchse und Verkehrungen der Medizin, des Verkehrs, des Städte- und Wohnungsbaus, der Verwaltung, der Rechtsordnung. Die Schule war nur Illichs erstes, verblüffendstes Beispiel. In einer Zeit überwältigender Lerngläubigkeit mußte es am meisten schockieren und konnte es das Grundproblem bloßlegen: das Problem des zum Selbstzweck gewordenen Wachstums.
Spricht man von sozialer Gerechtigkeit, Bildungschancen, Frieden, Mitbestimmung und dergleichen, beziehen die Menschen alsbald ihre gewohnten ideologischen Positionen: sie erhoffen sich das Heil ent-

weder vom Sozialismus oder vom Liberalismus, oder vom Nationalismus (und das Unheil vom jeweils anderen). Aber sie sehen nicht, daß sie alle die eine grundlegende Ideologie teilen — die Ideologie vom notwendigen wirtschaftlichen, technischen und wissenschaftlichen Wachstum. Westliche Theoretiker halten sich daran, weil die Bedürfnisse der Menschen unendlich seien; östliche Theoretiker, weil Wachstum den historischen Fortschritt manifestiere. Alle geraten in Panik, wenn die Wachstumsrate ihrer jeweiligen Produktion gegenüber anderen Ländern oder anderen Produktionszweigen oder anderen Betrieben zurückfällt.

Wachstum hieß einst: mehr von dem bekommen, was fehlte — mehr Essen, mehr Wohnraum, mehr Verbindungen, mehr Sicherheit, mehr Erkenntnisse. Aber nun erfahren wir nicht nur die Ammenweisheit, daß es auch ein Zuviel gibt:

— zuviel Güter erzeugen zuviel Abfall
— zuviel Verkehr verstopft den Verkehr
— zuviel Schule macht lernmüde oder neurotisch oder rebellisch
— zuviel Sicherheit erzeugt Arroganz oder Aggression und zerstört die Maßstäbe für Sicherheit;

wir erfahren nicht nur, daß „Wachstum" häufig nur die Produktion eines kostspieligen und überflüssigen overkill für eine bestimmte Art von Problemen bedeutet, während andere ungelöst bleiben; sondern wir erfahren auch, daß Wachstum heute heißt: *die Abhängigkeit* der Arbeit, des einfachen Lebensunterhalts, der sozialen Stabilität *von einer Fiktion der Käufer,* von der Fiktion, sie müßten „mehr" haben. Diese Abhängigkeit ist durch ein System erzeugt worden, das Produktivität produzieren sollte — aus Angst vor den Folgen der menschlichen Faulheit — und gerade nicht Zufriedenheit mit einem nach bleibendem Maßstab „guten Leben".

Diesseits aller Gesellschaftsphilosophie sieht das so aus:

Das Bruttosozialprodukt einer wirtschaftlichen Einheit muß zunehmen, damit die Arbeiter auch bei abnehmendem Arbeitsaufwand noch absorbiert und die steigenden öffentlichen Ausgaben bezahlt werden können; dazu wiederum muß der Verbrauch zunehmen und dazu wieder die Investition, an der, so oder so, die Arbeitsplätze hängen. Kosten sind versäumte oder nicht genutzte Gewinne, sind notwendige nächste Investitionen. Und was uns dieses Wachstum kostet, können wir nicht einmal feststellen, weil wir die Ausgaben, die wir zur Abwehr oder Milderung von ungewollten Nebeneffekten

des Fortschritts aufwenden, auf das Bruttosozialprodukt draufschlagen, statt es davon abzuziehen. Es gibt ganze Industrien, die von Lärmschutz und Luftreinigung, von Verkehrsschäden und Schulversagen, von gestörter Gesundheit und gestörten Gemütern leben. Und was sind — in dem Zusammenhang — das Militär, die Rüstung, der gewaltige Verteidigungshaushalt? — „Nebenkosten" des Fortschritts! Was fehlt, ist eine Berechnung der sozialen Lasten, die durch das Wirtschaftswachstum entstehen. In vielen Fällen dürften sie schon heute höher liegen als der erzielte wirtschaftliche Gewinn.
Der von ihrer Produktivität bestimmten Gesellschaft stellt Illich eine von der Geselligkeit bestimmte entgegen, die „convivial society", deren Maßstab der autonome und schöpferische Umgang von Menschen miteinander und mit ihrer Umwelt — der natürlichen und der geschichtlichen — ist.
„Convivial" ist dabei nicht dasselbe wie „social". Die Güte der geselligen Gesellschaft geht nicht aus dem Gegensatz gerecht / ungerecht oder herrschaftsfrei / herrschaftlich hervor — aus der Alternative von öffentlicher oder privater Verfügung über die Produktionsmittel —, sondern aus dem Gegensatz von Produktivität und Geselligkeit selbst. Nach Illich nimmt die Freude am Zusammenleben mit der Zunahme des Verbrauchs ab: je größer das Automobil, um so geringer die Neigung, einen Anhalter mitzunehmen. Und das dürfte wohl in sozialistischen und antikapitalistischen Ländern gleich sein! In dem Maß, in dem das System auf die Unendlichkeit des Konsumbedarfs eingestellt ist, wird es die geselligen Bedürfnisse verfehlen. Wenn man beim wöchentlichen Großeinkauf im Supermarkt gefrorenes Gemüse jeder Art zu jeder Jahreszeit aus aller Welt kaufen kann, wird es frisches Gemüse vom Nachbarn nicht mehr geben. Man büßt nicht nur einen Genuß ein, sondern einen wichtigen und natürlichen Kontakt.
Der Grund dafür, daß Illich aus der gängigen Gegenüberstellung von Fortschritt und Rückschritt, von Reichtum und Armut, von Demokratie und Autokratie ausbricht, ist, daß sie von der wichtigsten Prüfung ablenkt — von der Prüfung unserer sozialen Glücksvorstellung. Illich stellt zwei Möglichkeiten zur Wahl: das Glück des Konsumenten und das Glück des Konviventen. Und so naiv seine Beispiele auch anmuten mögen — daß es diese Wahl gibt und daß es notwendig ist, sich zwichen beiden Glücksvorstellungen zu entscheiden, verdeutlichen sie nachdrücklich.
Illich läßt sich ungern in die Nähe von Platon bringen, den er zu

denjenigen zählt, die die Pädagogik total gemacht haben. Aber in diesem Punkt stimmt er mit ihm nolens volens überein: daß das gute Leben keine Ware ist und nicht „produzierbar“. Es ist vielmehr selbst eine Weise, in der Polis, also politisch zu leben. Politik — die dazugehörige Kunst — besteht nicht einfach darin, das Vorhandene so oder so zu verteilen, sondern gemeinsam zu erörtern und zu bestimmen, was für uns „gut“ ist: unter einer klimatisierten Plastikglocke zu leben, die uns Buckminster Fuller wegen der Umweltverseuchung, der Übervölkerung, der Erschöpfung der Rohstoffe irgendwo in der Arktis aufstellen will, oder unter selbstverordneten Beschränkungen des Wachstums von Bevölkerung, Wirtschaft und Synthetik.

Man wird diese Vorstellung von Politik faschistisch oder totalitär nennen; liberale Politik habe nicht Schranken des Guten aufzurichten, sondern mündigen Bürgern die freie Wahl ihrer Güter zu sichern. Wer so redet übersieht, daß auch solche Politik Schranken setzt: zum Schutz eines bestimmten Gutes — der Produktivität. Und dieses droht nun, alle anderen zu ersticken.

Politik bestimmt nicht nur das gute Leben; sie muß es auch ermöglichen. Die convivial society kann zustande kommen, wenn wir uns den Preis klarmachen, den wir für den Mythos vom notwendigen Wachstum zahlen, und uns von daher Beschränkungen auferlegen. Die Umweltverseuchung ist hier unser bester Lehrmeister; der Verkehr, die Medizin, die Verwaltung, die Schule sind kaum schlechtere. Außerdem hängen sie alle zusammen und können, wenn überhaupt, nur zusammen verändert werden.

Kaum hat man freilich die Forderung nach Beschränkungen erhoben, stellt sich die Frage nach der Beschränkung der Beschränkungen. Wie *wenige* Kinder zu haben können wir uns leisten? Wie *langsam* zu fahren ist sinnvoll? Welche Operationen sollten die Ärzte *nicht versuchen?* Und so fort.

Illich gelingt die Kritik im Einzelfall. Mit dem Prinzip tut er sich schwer. Zeitweise sitzt er bestimmten Modellen auf, z. B. dem der Homöostase. Das heißt: es gebe eine funktionsgerechte Balance zwischen Sache und Mensch, zwischen Umwelt und System, ja, zwischen dem, was ein Mensch selber tun kann, und dem, was „institutionalisierte Werkzeuge“ für ihn tun müssen. An ihrer Störung sei die Balance zu erkennen — oder es sei zu erkennen, daß wir die Funktion nicht bedacht und bestimmt haben. Ein See etwa habe Millionen Jahre gelebt; er habe Tausende von Jahren menschlicher Kultur ausgehalten; eines Tages ersticke er, sterbe er, „kippe er um". Man könne nicht vorhersagen, wann und wodurch das komme. Aber wenn es geschehen sei, könne man unter den zahlreichen Faktoren und Konjunkturen von Faktoren die schuldigen ermitteln.

Auch in anderen Bereichen — einschließlich der vom Menschen gemachten — erfahren wir an den Folgen, was wir falsch gemacht haben: worin die ökologische Balance liegen könnte. Da wir schon dauernd von solchen Folgen heimgesucht werden, können wir wenigstens negativ reagieren. Wenn Schulen versprechen, die Kinder glücklich zu machen, ihre Interessen zu wecken, ihre Individualität zu stärken, und es kommen unglückliche, gelangweilte Konformisten heraus; wenn die Schulen behaupten, ihre „Schulung" sei der sichere Schlüssel zu einem menschenwürdigen Job, Erfahrung und Statistik dies aber täglich widerlegen[1]; wenn die Schulen von den Eltern als Bewahranstalten für ihre Kinder benutzt werden, die Kinder aber in hellen Scharen entlaufen; wenn die Schulen Bildung verbreiten sollten und in eben diesem Prozeß eine Mangelware daraus machen — dann helfen keine Einzelreparaturen, sondern die Homöostase des ganzen Systems Schule ist gestört: dann ist, wie Illich sagt, eine „Inversion", eine Umkehrung der Institutionen fällig. Gegen die monopolistische Schule müssen Lernvermittlungsdienste eingerichtet werden; gegen die sozialisierte, bürokratisierte Krankenversorgung müssen die anderen Quellen der Gesundheit angeschlagen werden; gegen die zunehmende Schamanisierung der Rechtsprozesse müssen die Prinzipien des common law mobilisiert werden. Die Forderung nach „Inversion" ist an die Stelle der Forderung nach „Abschaffung" getreten. Balance entstehe durch Gegengewicht. — Ist das genug, um sie selbst zu etwas Gutem zu machen?

Die „Umkehrung" hat immer etwas mit der Möglichkeit zu tun, das Ziel anders zu sehen und zu setzen. „Beschränkung" allein wäre eine unzureichende Maßnahme. Die anderen notwendigen Veränderungen heißen bei Illich de-monopolization (Auflösung der Monopole), de-professionalization (Entzunftung der Tätigkeiten), de-coding (Entschlüsselung der Erkenntnismittel), re-tooling (Veränderung und Umverteilung der Instrumente). In der Tat geht es fast immer darum, die *Verabsolutierung* eines Teilsystems rückgängig zu machen, die sich im Schutze der Systemkomplexität vollzogen hat. Illich nennt die verab-

[1] Vgl. oben. S. 24, Anm. 1.

solutierten Teilsysteme „radikale Monopole“: die Herrschaft nicht eines Produzenten, sondern einer Produktart. Ein radikales Monopol hat z. B. das Auto für den Verkehr (und bestimmt damit das Leben in der Stadtkultur), die Schulbildung für das Lernen, die approbierte Medizin für die Heilung. Und diese Monopole zu brechen ist deshalb so schwer, weil die Gesellschaft in ihrer gegenwärtigen Form von ihnen abzuhängen meint und sie stützt.

Weil es sich hier nicht um die üblichen Wettbewerbsprobleme handelt, sondern um Verengungen des Systems selbst, genügen auch die „klassischen“ Antworten nicht, die man für die üblichen Wirtschaftsmonopole ausgedacht hat: Überführung in die öffentliche Hand (sie kommt einer Verschärfung des Monopols gleich), Verbraucherschutz und Warentest (sie stärken letztlich das Vertrauen in das fragliche Produkt), freie Kooperative (sie dienen ausschließlich den Interessen des Verbrauchers, nicht denen des Nicht-Verbrauchers, der vom radikalen Monopol — z. B. dem Auto — ebenso betroffen ist).

Illichs neues Programm (es ist vorläufig noch ein Denk- und Forschungsprogramm): die Wahl des Guten statt der Güter, die Einstellung des telos auf dem Homöostaten der convivial society, die Beschränkung des „Wachstums an sich“, die Entmonopolisierung und Entprofessionalisierung — dieses Programm wäre nicht vollständig ohne die Forderung, Tätigkeiten, die zu einer Ware (commodity) geworden sind, in Tätigkeiten zurückzuverwandeln. Housing, learning, healing, moving, contesting sind im Englischen immer beides, Nomen und Verb. Im Deutschen müssen wir trennen und spüren dann deutlich den Abstand zwischen Bildung und lernen, Wohnung und (be-)wohnen, Verkehr und verkehren, Recht und rechten — und auch, daß nur die Nomina gesellschaftliche Bedeutung haben, die Verben etwas Altmodisches, Privates bekommen. In der Aufforderung zum re-tooling der Gesellschaft steckt nicht nur eine Auflehnung gegen die Alleinherrschaft des Sachverstandes, sondern auch gegen die passive und kollektive Rolle, die dem Menschen in so vielen seiner engsten eigensten Bereiche angewiesen wird.

Was das alles auf sich hat, erkennt man am ehesten am Beispiel. Ich will im folgenden Abschnitt kurz vorführen, was Illich — parallel zur Problematisierung der Einrichtung Schule — zur Problematisierung der Medizin, des Verkehrs, des Wohnungs- und Städtebaus und des Rechts sagt.

4. *Das Beispiel Medizin*

Im Sommer des Jahres 1971 wurde am CIDOC ein Seminar über „Alternativen zum Gesundheitsdienst“ abgehalten. Es war ein erster Nachfolger und zugleich ein unmittelbarer Passer zu dem Seminar „Alternativen in der Bildung“, durch das Cuernavaca so plötzlich in aller Welt bekanntgeworden ist. Im Katalog stand:

> „Die moderne Medizin vermehrt die Macht der Ärzte (health professionals) und der ärztlichen Einrichtungen. Sie konzentriert die Heilungs-Mittel (healing tools) in den Händen einiger weniger, die ihre teuren Dienste denen zukommen lassen, die in dieser Welt ohnehin am meisten privilegiert sind. Gibt es eine Alternative dazu? Können wir die Wissenschaft dazu benutzen, eine gesündere Umwelt zu schaffen, und die Heil-Mittel zu etwas machen, was jedermann selbst anwenden kann?“

Der erste Teil der Ankündigung ließ plumpe Angriffe auf den Ärztestand und das Gesundheitsestablishment befürchten; der zweite Teil versprach, entweder sehr schwierig oder sehr dilettantisch zu werden, und geriet jedenfalls sehr grundsätzlich — grundsätzlicher, nachdenklicher und darum um vieles radikaler als z. B. die Artikelserie, mit der DER SPIEGEL im Jahre 1972 Mißstände im deutschen Gesundheitswesen anprangerte. Die Kritik, die DER SPIEGEL übte, würde, wenn beherzigt, genau zu dem führen, was man in Cuernavaca zu fürchten gelernt hat: die totale Professionalisierung des Gesundheitswesens, die lückenlose Erfassung der „Krankheit“, die absolut gerechte Verteilung der Dienste, die Perfektionierung von Prophylaxe und Therapie bis zur buchstäblichen Beherrschung unseres Befindens.

In Cuernavaca fragte man nach den Kriterien für Krankheit und Gesundheit; nach den unterschiedlichen Ansprüchen und Ressourcen, die Menschen in verschiedenen Teilen der Welt in dieser Hinsicht haben; nach der wirklichen, möglichen, wünschenswerten Rolle der medizinischen Wissenschaft und Technik; nach den anderen Quellen der Gesundheit und dem Grad ihrer Nutzung und Nutzbarkeit. Man sprach sogar über die Strategien der Veränderung — also über praktische politische Konsequenzen, die aus den gewonnenen Einsichten zu ziehen seien.

In diesem Frühjahr griff man vor allem die Frage nach den alternative sources of health auf. Experten brachten neuartige Statistiken ein, Vergleichszahlen aus Entwicklungsländern, erste Berichte über damit verbundene Experimente. Gesundheit haben wir nicht „von Natur" und vom lieben Gott, und, wo diese uns vernachlässigt haben, bekommen wir sie auch nicht in erster Linie von den Ärzten. Gesundheit, die nicht bloß Verhinderung bekannter und benannter Krankheiten ist (ein sterilisiertes Leben unter ärztlicher Aufsicht), nicht verlängertes Leben (wie lang soll es dauern?), nicht ein idealisierter Urzustand (die besitz-, angst- und anspruchlose Existenz des Rousseauschen Wilden) und auch nicht eine sozial-kybernetische Abstraktion (ein Teil des Ausgleichspotentials der Gesellschaft insgesamt), Gesundheit, die vielmehr einfach subjektives Wohlbefinden und objektive Funktionsfähigkeit im jeweiligen Lebenszusammenhang meint, kommt wenigstens aus vier Quellen:

— aus einer Art Selbstgesundung: durch Bewegung und Ruhe, maßvolles Essen und Trinken, Vermeidung von Giften (man raucht z. B. nicht oder wenig);
— aus gegenseitiger Hilfe: der Sorge für Familie, Nachbarn, Arbeitskollegen; der gegenseitigen Bestätigung, Ermutigung und Befriedigung (z. B. der sexuellen); der Freundlichkeit und Redlichkeit, die die Ausflucht in die Krankheit unnötig, die Selbstbeteiligung an ihrer Überwindung möglich machen;
— aus zuträglichen Umweltsbedingungen: reiner Luft, reinem Wasser, frischen, nicht denaturierten Nahrungsmitteln, Schutz vor Lärm, erfreulichen Wohnverhältnissen; aber auch aus sinnvoller und gesicherter Arbeit, einer Lebensgemeinschaft ohne Angst, Schuld, Aggression und fundamentale Widersprüche;
— aus medizinisch-diagnostischen und medizinisch-therapeutischen Informationen, Mitteln, Fertigkeiten und Einrichtungen.

Von diesen vier sind objektiv die ersten drei die bei weitem wichtigeren Quellen — in Industrieländern wie in sogenannten Entwicklungsländern. Nicht einmal die Immunisierungsmittel haben eine annähernd so große Bedeutung für die Gesundheit wie die Ernährung, die sozialen Lebensverhältnisse, die Umweltbedingungen. Gleichwohl wenden wir der vierten Quelle die größte Aufmerksamkeit und die meisten Gelder zu: wir machen sie zur eigentlichen Spenderin der Gesundheit.

An ihr kann Illich nun die Notwendigkeit seiner fünf Maßnahmen oder Prinzipien unmittelbar demonstrieren:

— Es gibt eine Konsolidierung von Ärzten, Krankenhäusern, pharmazeutischer Industrie, Versicherungen und medizinischer Wissenschaft, die ein sachwidriges (die Gesundheit nicht förderndes) Monopol auf die Gesundheitsdienste haben und die Angst und Unkenntnis der Menschen für ihre Macht und ihren wirtschaftlichen Vorteil ausbeuten; dieses gilt es zu *entmonopolisieren* — durch Herstellung und Erfindung von Mitteln zur Selbstdiagnose und Selbsttherapie; durch Übernahme der nichtmedizinischen abhängigkeitsstiftenden Beratungsfunktionen des Arztes durch andere Personengruppen; durch kompetente und unerschrockene Entlarvung der Pseudopharmaka, ihrer Nutzlosigkeit und der absurd hohen Preise der Arzneimittel überhaupt; durch die entschlossene Abwehr des unter Präsident Johnson vorgelegten Krankenversicherungsplans;

— es gibt eine unnötige, wiederum sachwidrige Verzunftung der Heilkunst, die der Laie in weiten Bereichen selbst ausüben könnte und die es zu *entprofessionalisieren* gilt — durch Ausschöpfung der anderen drei Quellen der Gesundheit, durch Aufhebung des Lizenz- oder Approbationszwangs, durch Entschulung der medizinischen Ausbildung;

— es gibt eine schädliche Abschirmung der Herrschaft der Mediziner durch Mystifizierung und Komplizierung ihrer Tätigkeiten, die man also gründlich *de-kodieren* und damit der öffentlichen Verfügung und Kritik zugänglich machen sollte — durch Auflösung der absichtlich und jedenfalls unnötig unverständlichen Fachsprache, durch Entzauberung der Arztrolle, durch Dezentralisierung der Monstrekliniken und durch eine gleichzeitige Re-integration der extrem spezialisierten Klinikwissenschaften;

— es gibt unnötig große und kostspielige Apparate, unnötig langwierige und teure Ausbildungsgänge, eine unnütze Gesundheitsbürokratie, deren Potential es anders aufzuteilen gilt *(re-tooling)* — durch Entwicklung von Selbsthilfe-Mitteln (health tool kits), durch Einrichtung einer spezifischen Krisenmedizin, durch Preisgabe aller Maßnahmen, die Gesundheit als Ergebnis systematischer öffentlicher Routine-Prävention erscheinen lassen, als Versorgungsanspruch;

— es gibt empörende Ungerechtigkeiten in der medizinischen Betreuung, die, solange die Mittel beschränkt sind, nur durch die *Festlegung von oberen Grenzen* ihrer Anwendung gemildert werden können; wenn man für jeden Bürger ein Mindestmaß an medizinischen Dienstleistungen bereitstellen will, dann wird man das nur durch das gleichzeitige Festsetzen eines Höchstmaßes — eines upper limit — leisten können; Herztransplantationen, eiserne Lungen, Jahrzehnte dauernde und gänzlich ungewisse Entziehungskuren oder Psychoanalysen sind nicht nur eine Frage des persönlichen Aufwands („wie teuer ist mir meine Gesundheit?"), sondern der beschränkten Forschungs- und Leistungskapazität der Gesellschaft, sinnvoller Prioritäten und gemeinsamer Wertmaßstäbe („wozu soll dies alles dienen?").

Es ist deutlich, wie Illich hier — wie im Falle der öffentlichen Pflichtschule — an einer „Inversion" der für radikal falsch gehaltenen Entwicklung arbeitet. Er will nicht reparieren, sondern „umkehren" in der transitiven wie in der intransitiven Bedeutung des Wortes. Daß ihm dies den Vorwurf eines romantischen Reaktionärs eintragen wird, muß ihn nicht stören, seit die ökologische Krise die Kategorien „Fortschritt" und „Rückschritt" sinnlos gemacht hat. Stören muß ihn, wenn man ihm nachweisen kann, daß er den alten Reaktionären in die Hände arbeitet, daß sein Programm zu wenig ändern kann, weil es nicht politisch genug ist.

Unabhängig davon wird man fragen, ob seine Forderungen nicht zu *radikal* sind — ob uns solche Radikalität bekommt: Wie sollen die Menschen plötzlich das „Umgekehrte" von dem verstehen und wollen, was sie bisher getan haben? Und vor allem muß man fragen, ob seine Forderungen *total* genug sind — ob sie deutlich machen, was sich noch alles ändern muß, damit sich auch dieses ändern kann. Weil dies Illichs eigenes Programm ist — die Homöostase des gesamten Systems und nicht die Reform einzelner Institutionen —, wird er sich daran messen lassen müssen. Hier, im Verhältnis zu unserer historischen Existenz, nicht in den einzelnen Thesen, lauern die beunruhigendsten Schwierigkeiten und Widersprüche.

Auch wenn es einmal gelänge, das Monopol der Spezialisten (in diesem Fall der Ärzte) abzuschaffen, so würde es sich doch immer neu einstellen. Wie die entschulte Gesellschaft immer wieder Formen der systematisierten und institutionalisierten Lehre hervorbringen wird (nur eben von einer anderen Art), so wird auch die entprofessionalisierte und gemein gemachte Heilkunst — ja, sie vor allem — immer wieder an Expertengruppen zurückfallen (nur eben von einer anderen Art) — und dies zwangsläufig, solange wir arbeitsteilig leben. Selbst wenn eines sozialistischen Tages alle Tätigkeiten allen offenstehen, wenn sie gesellschaftlich und ökonomisch gleichwertig, ausgeglichen und konstant sind, so werden doch — hoffentlich! — unterschiedliche Menschen mit unterschiedlichen Eignungen und Neigungen noch unterschiedliche Befriedigung in ihnen finden: Es wird solche geben, die lieber Maschinen reparieren oder Gärten pflegen als sich selbst. Und weil zugleich die Ansprüche an die Heilkunst so unbegrenzt sind wie die Möglichkeiten zu leiden und den Tod zu fürchten, gibt es weder für den Fortschritt der Medizin noch für die Macht ihrer Experten eine plausible, geschweige denn eine natürliche Grenze.

Das Leben ist nur für Dichter, Moralphilosophen und Fanatiker nicht das höchste Gut. Alle anderen Menschen wollen es sich buchstäblich „um jeden Preis" erhalten, weil es für sie — mit Recht — die Voraussetzung für alles ist, was sie sonst noch begehren könnten. Sie werden also zu dem gehen, der ihnen Heilung und — noch einmal — ein längeres Leben verspricht, gerade wo sie selbst nichts mehr dazu tun können. Daß auch die Ärzte ihnen in solchen Fällen meist nur „Versprechungen" machen können, mindert deren Macht nicht, es konstituiert sie: Die Wahrheit will man nicht hören, wo es um Vermutlich-Weiterleben *oder* Tod geht, und es etwas Drittes nicht gibt.

Illich tadelt, daß die Medizin vom Heilen von Krankheit über die Erhaltung des Lebens zur Leugnung des Todes fortschreite. Aber ist das vermeidbar, wenn man im doppelten Sinn des Wortes das Vermögen dazu hat [1]? Upper limits kann man allen Möglichkeiten setzen, nicht aber — oder doch nicht dauerhaft — der Erkenntnis und dem Erkenntniswillen.

Antwortet diese Erkenntnis auf die elementarste Angst — vor dem Tod — und die elementarste Bedrohung — durch den Schmerz —, wird man sie und ihre Anwendung nicht hindern können. Antwortet sie obendrein auf die Folgen eines gesellschaftlich verschuldeten Zustands, darf man sie nicht hindern, solange jener Zustand nicht beseitigt ist.

Unser Leben dauert immer länger oder, was dasselbe ist: die Zahl der sehr alten Menschen nimmt zu. Aber das geschieht nicht allein aufgrund der Fortschritte in der Medizin, sondern aufgrund der allgemein veränderten Lebensbedingungen. Der Mensch stirbt heute nicht mehr am Ende einer die Kräfte erschöpfenden und das Selbstbewußtsein erfüllenden Lebensarbeit, er erreicht vielmehr eines Tages die

[1] Vgl. das Grimmsche Märchen vom Gevatter Tod.

sogenannte „Altersgrenze", wie die Gesellschaft die willkürlich gesetzte „Arbeitsgrenze" nennt, und lebt von da an ein durch äußere Aufgaben und Erwartungen ungeschütztes Leben auf den Tod zu. Für die Mehrzahl der alten Menschen werden ihre zunehmenden Beschwerden zur einzigen Verbindung mit der Gesellschaft. Wollen sie nicht nur versorgt, sondern auch umsorgt sein, müssen sie krank sein. Sind sie krank, schulden wir ihnen Erleichterung, denn sie tragen doppelt schwer daran.

Die „Interviews mit Sterbenden", die Elisabeth Kübler-Ross [1] aufgezeichnet hat, zeigen u. a., daß oft die Krankheit die letzte Sperre gegen den Tod ist. Sie zeigen freilich auch, wie inhuman es gelegentlich sein kann, diese Schranke nicht zu durchbrechen, mit dem Patienten nicht über ihren bevorstehenden Tod zu reden und ihnen statt dessen — durch alle möglichen Mittel — mit ihren Schmerzen auch das Bewußtsein von ihrer Lage zu nehmen. Ein solches Bewußtsein darf man ihnen freilich nur zumuten, wenn man mit ihnen ausharren kann. Die bloße Verweigerung der Mittel macht gar nichts besser — vor keiner göttlichen und gesellschaftlichen Vernunft. Man sollte auch nicht meinen, diese Verweigerung könne indirekt zur Beseitigung der falschen gesellschaftlichen Zustände führen. Wieviel müßte sich in unserer Welt ändern, damit Menschen wieder zu Hause alt werden und unter dem Beistand der Ihren einen befriedeten Tod sterben können! Wieviel mutwillige Dysthanasie müßten wir über die Menschen bringen, bis die schleichende Euthanasie, die wir ihnen heute bereiten, überflüssig wird! Auf wieviel Selbsttäuschung müßten wir uns einlassen, um den abstrakten Unterschied zwischen notwendiger Schmerz- und Krisenverhütung und „sinnloser" Lebensverlängerung praktisch zu machen!

Illich rechnet uns vor, daß 90 % der Maßnahmen und Mittel, die man auf unheilbare Krankheiten (terminal diseases) anwendet, keine Deckung in der Wissenschaft finden. Davon abgesehen, daß es in der Logik „unheilbarer Krankheiten" liegt, daß es keine „erprobten" Mittel für sie gibt, sind die 10 % nachweislich wirksamen Mittel auch einmal ungewiß gewesen. Ein Skandal wird es, wenn man nachgewiesen hat, daß ein Mittel unter keinen Umständen (nicht einmal psychologisch) helfen kann, und es doch — um des Profits willen — eingesetzt wird. Aber das ist ein anderes Problem, nicht eines der

[1] Elisabeth Kübler-Ross: Interviews mit Sterbenden, Stuttgart/Berlin (Kreuz-Verlag) 1971, 2. Auflage

upper limits, sondern der Betrugsparagraphen im Strafgesetzbuch oder einer öffentlichen Kontrolle der Arzneimittel oder gar der Verstaatlichung ihrer Produktion.

An öffentliche Kontrolle freilich glaubt Illich nicht, so wenig wie an die ausgleichende Gerechtigkeit sozialer Einrichtungen. Er fürchtet ihre Korruption und ihren s. v. v. Egoismus mehr noch als die Ausbeutungstendenzen der privaten Wirtschaft. Ein staatlicher Arzneimittelkonzern — ob er gute oder schlechte Medikamente herstellt — wäre ein Monopol und schon darum Illichs Vorstellungen zuwider. Die öffentliche Pflichtversicherung, meint er, laufe auf eine Pflichttherapie hinaus. Es sei wie mit den anderen staatlich verteilten Segnungen: eines Tages werden sie zum Mittel der Repression. Wer sich auch dann noch, nachdem der Staat für die entsprechenden Gelegenheiten gesorgt hat, nicht genügend Bildung aneignet, wer sich nicht den offiziellen Untersuchungen und Behandlungen unterwirft, wer langsamer Auto fährt, als die Norm vorsieht, wer keine vorschriftsmäßige Wohnung hat, ist asozial und kann zur Sollerfüllung gezwungen werden.

Und doch ist die öffentliche Krankenversicherung nicht nur ein Mittel zur gerechteren Verteilung des Gesundheitsdienstes — daran zu zweifeln hat man sogar guten Grund —, sie könnte auch das Mittel sein, sich von jener Verbrauchervorstellung zu befreien, die Illich so besonders mißbilligt. Indem nur jeder für den gleichen Betrag einen beliebig hohen Anteil an den Hilfen der Medizin haben kann, wird er endlich frei entscheiden können, ob er sie wirklich will oder nicht und was und wieviel von ihnen.

Die Sozialistin Miriam Wassermann hat in ihrer Kritik [1] an Illichs „Entschulung der Gesellschaft" das alte Argument von der notwendigen Sättigung wieder vorgebracht: Man müsse den benachteiligten oder unterdrückten Schichten Zugang zu den Gütern der Mittelklasse verschaffen, auch wenn man wisse, daß sie falsch und trivial seien — sonst würden diese Güter nie entlarvt und behielten ewig Macht über die Gemüter der Armen.

[1] Miriam Wassermann: Deschooling Society: The Respectable Revolution, in: New Politics, IX, 3 (1972), S. 90; mit ähnlichen Argumenten hat vor Jahren Jürgen Habermas die Kritik von Helmut Schelsky am Rahmenplan des Deutschen Ausschusses zurückgewiesen: Pädagogischer „Optimismus" vor Gericht einer pessimistischen Anthropologie, in: Neue Sammlung 4/1961, S. 277 f.

Zu jenen zweifelhaften Gütern gehört die ärztliche Behandlung. Soll sie nicht als begehrenswertes kostspieliges Gut, sondern als leidige Aushilfe kenntlich sein, empfiehlt sich das alte chinesische System: Man zahlte dem Arzt nicht für seine Behandlung, sondern für die eigene Gesundheit; wurde man krank, stellte man die Zahlung ein — denn dann war sein Rat offenbar schlecht gewesen. Dem Arzt lag daran, möglichst selten gerufen zu werden.

Das meiste, was Illich und seine Freunde zur Medizin sagen, leuchtet mehr ein, wenn man es auf die Entwicklungsländer bezieht als auf Industrieländer. In Entwicklungsländern ist Gesundheit nicht eine unbestimmte Zone zwischen nicht verhinderten Krisen, „Kassenkrankheiten", Zivilisationsschäden, psychogenen und soziogenen Behandlungsbedürfnissen, unvernünftigen Gewohnheiten und unbegrenzter Lebensverlängerung — sie läßt sich in der Form von handfesten operationalen Zielen definieren. Lower und upper limits haben dort einen konkreten Sinn. Man kann begründete Prioritäten aufstellen; es geht darum

— die Kindersterblichkeit herabzusetzen
— chronische Leiden, durch die die Arbeitsfähigkeit gemindert wird, zu bekämpfen
— den Menschen zu ermöglichen, auch nach dem 40. Lebensjahr, wenn sie schwere Arbeit nicht mehr verrichten können, in ihrer Gemeinschaft nützlich zu sein.

Hier hat auch Illichs Sekpsis gegenüber hochentwickelter medizinischer Technologie ihr volles Recht. Ein medizinisches Computer-System, das auf die ganze Komplexität der Faktoren reagiert, aus denen sich Gesundheit und Krankheit zusammensetzen, ist schon bei uns bedenklich, weil es sich der Kontrolle, der Korrektur, dem Mitdenken und Mitempfinden entzieht; es ist vollends sinnlos, wo es nur sehr wenige und einfache Mittel gibt und große Unterschiede in der Fähigkeit, sich ihrer zu bemächtigen und zu bedienen.

Was auch immer an Illichs Argumenten nicht oder nur für andere Verhältnisse stimmt, für uns bleibt sicher dies:

— daß die *Entmündigung* gegenüber dem eigenen Befinden uns nicht gut tut: wir beteiligen uns nicht aktiv an der Erhaltung unserer Gesundheit und kämpfen nicht für eine bekömmliche Umwelt, solange die Verantwortung beim Arzt liegt, solange die Gesundheit eine käufliche oder sozialisierte Fertigware ist;
— daß wir zu *gegenseitiger Hilfe* unfähig werden und unser Leben

dadurch weiter sterilisieren, es noch anfälliger machen für private und kollektive Neurosen. Was geschieht, wenn ein anderer heute neben uns auf der Straße einen epileptischen Anfall bekommt? Wir erschrecken — wir wissen, daß wir nicht wissen, „was man hier tun muß" — wir überlassen ihn seinem Krampf — wir lernen auf diese Weise nie, „was man wenigstens tun könnte" — wir helfen nicht nur nicht, wir verlernen das Bedürfnis, helfen zu wollen;

— daß die ärztliche Versorgung eines jener *radikalen Monopole* zu werden droht, zu denen es keine Alternative gibt: etwas, was unser Leben zwanghaft und fundamental bestimmt wie der Autoverkehr; etwas, wovon wir einseitig abhängig werden. Untersuchungen über die Gesundheit von Armen in armen Ländern im Vergleich zu Armen in reichen Ländern decken diese Abhängigkeit auf: die Kindersterblichkeit z. B. nimmt bei den letzteren stetig zu; in der Unterschicht der reichsten Nation (der USA) hat sie die Durchschnittswerte der ärmsten Länder erreicht: weil man zugleich auf solche Versorgung angewiesen ist *und* sie sich nicht leisten kann;

— daß die vorherrschende professionalisierte präventive Medizin uns zu *Dauerpatienten* macht und dabei *Kosten* verursacht, die in keinem Verhältnis mehr zu den wirklichen und notwendigen Leistungen stehen, ja Scheinbedürfnisse und Scheinsicherheiten produziert, die Illich rundheraus ein „nationales Placebo" nennt; monatliche Untersuchungen vor der Geburt, monatliche Untersuchungen nach der Geburt, Schuluntersuchungen, betriebliche Untersuchungen, öffentliche Reihenuntersuchungen begleiten unsere Existenz und bestätigen doch nur die allgemeinen Verhältnisse, in denen wir leben; sie erhalten im wesentlichen die Statistik und das Gesundheitswesen bei guter Gesundheit, erhöhen den Verbrauch von Zahnpasta und Einlegesohlen und beruhigen das öffentliche Gewissen.

Warum soll Medizin nicht „präventiv" sein? Ist das nicht geradezu das Beste, was wir von ihr überhaupt erhoffen können? Was ist gegen die Frühdiagnose von Krebs einzuwenden, wenn man dann noch helfen kann? Was hat die Zahnpasta verbrochen? Hat sie nicht vielmehr verhindert, daß wir mit 15 Jahren den Mund voller Plomben haben und mit 40 Jahren zahnlos sind? Schaffen Einlegesohlen nicht Erleichterung für den, der sie braucht?

Auf diese und viele ähnliche Einwände derer, die die Segnungen der Medizin erfahren oder die alten Zeiten in der Erinnerung bewahrt haben, in denen Frauen im Kindbett starben, Seuchen die Bevölkerung ganzer Landstriche auslöschten und Meisterwerke an den Kopfschmerzen ihrer Schöpfer scheiterten — auf diese Einwände gibt es drei grundsätzlichere Antworten:

Erstens: Nichts gegen die gedachten Maßnahmen und Mittel, solange sie nicht in falsche Sicherheit wiegen, die wirkliche, dauerhafte Gesundung, nämlich die Korrektur unserer Lebensweise verhindern und auf diese Weise zu Mitteln der Herrschaft werden. Es ist möglich, daß bestimmte Zahnpasten etwas enthalten, was meinen Zähnen besser bekommt als bloße Schlämmkreide oder Wasser, davon abgesehen, daß Zahnpasta in der Regel besser schmeckt. Aber es ist sicher, daß sogenannte Naturvölker ohne Zahnpasta bessere Zähne haben als wir und daß es auch bei uns mehr darauf ankommt, was wir essen oder zu essen vermeiden und wie oft wir die Zähne putzen, als daß wir dabei Zahnpasta verbrauchen. Gingen wir barfuß (zumindest in unseren Wohnungen) und gingen wir überhaupt mehr, Einlegesohlen würden für die meisten von uns überflüssig.

Kurz, in vielen Fällen wenden die ärztlichen Hilfen die Ungesundheit weniger ab, als sie sie aushaltbar machen. Diese Antwort richtet sich also gegen eine zunehmende Abhängigkeit des Menschen von einem medizinischen System. Wer diese Argumente für ein Zeugnis von Übermut und Unreife hält und die ganze Sorge für übertrieben, der sehe sich die „Bill of Rights" der American Hospital Association an, die kürzlich veröffentlicht worden ist. Die zwölf Paragraphen zum Schutze des Patienten wären nicht erlassen worden, wenn sie nicht nötig wären. Die ersten sechs lauten:

1. Der Patient hat ein Recht auf sorgfältige und respektvolle Versorgung.
2. Der Patient hat das Recht, vom Arzt vollkommene Information über seine Diagnose, Behandlung und Prognose zu erhalten, und zwar in einer Form, von der zu erwarten ist, daß der Patient sie gut versteht.
3. Der Patient hat das Recht, von seinem Arzt vor Beginn irgendeiner Maßnahme oder einer Behandlung so informiert zu werden, daß er diese hinreichend beurteilen und ihr zustimmen kann („informed consent").
4. Der Patient hat das Recht, eine Behandlungsart abzulehnen,

soweit das gesetzlich zulässig ist, und über die medizinischen Folgen seiner Handlungsweise unterrichtet zu werden.

5. Der Patient hat das Recht auf Berücksichtigung seiner Privatsphäre, soweit es seine eigene ärztliche Versorgung betrifft.
6. Der Patient hat das Recht, zu erwarten, daß alle Mitteilungen und Aufzeichnungen, die seine Gesundheit betreffen, vertraulich behandelt werden.[1]

Zweitens: Medizin hat Nebenwirkungen, wie wir alle wissen. Diese Nebenwirkungen erreichen oft den Grad einer selbständigen Krankheit. Viele Nebenwirkungen kennen wir nicht oder erkennen sie erst zu spät. Wir kennen sie um so weniger, je mehr Medikamente für verschiedene Leiden vorhanden sind und je mehr von ihnen gleichzeitig und unabhängig voneinander angewendet werden.

Auf einen stationär behandelten Patienten wirken oft nicht weniger als dreizehn Arzneimittel ein. Bei ambulanter Behandlung sind es vielleicht weniger, können dafür aber auch schlechter kontrolliert werden. Und um diese Kontrolle geht es hier vor allem — nicht darum, wie die pharmazeutische Industrie die Begleiterscheinungen vorwegnehmen kann. Diese Kontrolle *kann* der Medizin immer weniger gelingen, je mehr sie sich ausdehnt und je weiter im voraus sie vorsorgt. Gerade die „Vorsorge-"(und eben nicht präventive)Medizin setzt Mittel ein, die über lange Zeit hinweg wirken und dann mit anderen akut eingesetzten Mitteln in Konflikt geraten.

In einer von Medikamenten schon so abhängigen Kultur wie der unseren eine Arzneimittelfurcht zu erzeugen, wäre unverantwortlich. Aber es wäre auch unverantwortlich, nicht davor zu warnen, daß es uns mit der Medizin bald so gehen könne wie mit dem Verkehr oder der Schule: die Abhängigkeit vom System erzeugt die Komplexität des Systems und die Komplexität die Paralyse der Kontrolle. Je vollständiger die Arzneitherapie, um so vollständiger muß die Aufsicht des Arztes über den Medikamentenhaushalt seiner Patienten sein. Wir wissen aber, daß das Gegenteil der Fall ist — daß Spezialisierung und Massenbetrieb die Übersicht, Kontinuität und Verantwortlichkeit der ärztlichen Versorgung immer mehr aufheben. Diese Antwort richtet sich also gegen die Vermehrung der Komplexität.

Drittens: Es ist schwer, von der Kultur abzusehen, in der wir leben. Kulturen sind in der Geschichte geworden; sie werden nicht gemacht;

[1] Zitiert nach einem Bericht in der Frankfurter Allgemeinen Zeitung vom 17. 1. 1973

wir können sie darum auch nicht einfach aufheben — wir können nicht nach Arkadien zurück. Und gerade diejenigen, die Arkadien noch näher sind als wir, wollen von dort weg. — Illich und jeder, der so argumentiert wie er, ist darauf angewiesen, mit einem neuen, von uns nur schwer einnehmbaren Bewußtsein zu rechnen. Das gelingt ihm durch seinen Umweg über die Lage der sogenannten unterentwickelten Länder. Illich fängt nicht damit an, uns eine drastische Reduktion unseres Gesundheitsdienstes zu empfehlen (er verhindert zunächst nur, daß es in der falschesten Form erweitert wird). Er beginnt mit einem Programm für die Dritte Welt. Für sie will er die therapeutischen Maßnahmen, die sich *jetzt* — unter den gegebenen Verhältnissen — in der jeweiligen Bevölkerung anwenden lassen, zum Maßstab machen für das, was Ärzte dort überhaupt können sollen; tut man das, kann man z. B. intelligente Laien in einigen Monaten dazu ausbilden — in Wurmkur und Tetanusspritze, in Desinfektionsmaßnahmen und einer Grobdiagnose von fünf bis zehn geläufigen Krankheiten — und der Bevölkerung umfassend und wirksam helfen. Mein eigener spontaner Einwand dagegen war, daß wir selbst nach diesem Prinzip das Mittelalter nie verlassen hätten. Damals „genügten" im wesentlichen drei Maßnahmen: Amputationen, Aderlaß und Ausbrennen. Aber Illich dürfte mit Recht sagen: Nichts hindere jene Laienärzte, an ihrer Praxis weiter zu lernen, ihre Beobachtung zu schärfen, ihre Erfahrungen auszutauschen und zu kumulieren — immer in direkter Beziehung zu den Möglichkeiten der Heilung, die es an Ort und Stelle wirklich gibt. Dies werde jenen Völkern erlauben, beidem zu entrinnen — dem Fatalismus und dem Glauben an die Wunder einer Medizin, die sie nicht haben, nicht zahlen und nicht machen können. Wenn der Satz richtig ist, daß jede Kultur nur an den Krankheiten leidet, die sie kennt, könnte jener Zustand, gemessen an dem unseren, der leidlosere sein.

Wird Illich etwas ausrichten? Wird er genügend Teilsysteme, die sich alle gegenseitig stützen, ausfindig machen und aufbrechen und so das Ganze verändern? Ist das Gesundheitssystem dazu geeignet — ein Bereich, in dem die Bedürfnisse der Menschen so irrational, so systembedingt, so korrumpierbar sind? Schon Platon hat — ebenso überzeugend wie vergeblich — die ärztliche Kunst kritisiert, die den Menschen „stets in der Angst hält, daß er krank sei" (Pol. 407); er hatte — sehr niedrige! — upper limits gesetzt (Abführmittel, Brennen und Schneiden) und den Menschen in seinem Staate eine gesunde, ertüchtigende Lebensweise vorgeschrieben. In einer so denaturierten Welt wie der unseren wäre auch das eine sehr komplizierte und wenig natürliche Vorschrift. Ja Platons Staat beweist vor allem eins: daß man die gesamte Lebensordnung ändern muß, um auch nur einen Teil von ihr zu verbessern. War „Asklepios also ein Staatsmann?" „Ja", bestätigt Sokrates dem Adeimantos.

5. Die Voraussetzungen der Voraussetzungen und die Folgen der Folgen

Ivan Illich ist sich bewußt, worauf er sich eingelassen hat: Wer die Komplexität unserer Verhältnisse aufheben und die Werkzeuge unseres Lebens wieder an die einzelnen verteilen will, muß selbst zunächst komplexer denken, als das System uns sonst nahelegt oder zumutet. Darum will Illich auch Zeit und Abstand gewinnen. Das Bild von der Homöostase, die es zu finden gilt, der Balance von Mensch und Umwelt, gibt nicht die Lösung an, sondern ist selbst das Problem. Welcher Zielwert läßt sich denken? Wo sind die Konstanten? — Illich laboriert mit gegebenen Grundmaßen: dem Maß des Menschen im Verhältnis zum Maß der Erde; der Dauer seines Lebens im Verhältnis zu den Tätigkeiten, die er darin tun kann; der Zahl der Menschen im Verhältnis zu den Resourcen der Natur. Aber in der vom Menschen gemachten Welt sind alle diese Verhältnisse schon gestört. Wie viele Tätigkeiten konnte man vor 100 Jahren tun und wie viele heute? Wie viele Menschen konnten vor 200 Jahren „von der vorhandenen Natur" leben und wie viele heute? Nichts ist einfach, alle Voraussetzungen haben Voraussetzungen, alle Folgen wiederum Folgen.

Kehren wir zu der Gesundheitslehre zurück, die Illich empfiehlt. Will man gesund und selbsttätig leben, muß man z. B. den *Verkehr* ändern. Illich kümmert sich auch um ihn. Wir können nicht mehr zu Fuß zu unserem Arbeitsplatz gehen (oder reiten oder mit dem Fahrrad fahren). Dazu sind die Wege zu weit, und die Wege sind notwendig weit, weil die Arbeit spezialisiert und die Arbeitsmittel an bestimmten Stellen konzentriert sind: es müssen immer viele Menschen in einem Zusammenhang arbeiten, und so verdrängen sich ihre Wohnungen gegenseitig aus der Nähe des Arbeitsplatzes. Außerdem wollen die Menschen — dies ist eine Folge ihrer Arbeitsweise und des

Verkehrs — „für sich“ wohnen und einen Garten haben. So werden aus Städten Wohngebiete, die Wohngebiete werden sehr groß und die Wege sehr lang. Aber auch wo sie kurz sind, kann man nicht zu Fuß gehen, ohne von den Autos verdrängt, vergiftet, gefährdet zu werden. Die Zeit, die die Menschen auf ihre Fortbewegung verwenden, nimmt mit der „Mobilisierung“ der Gesellschaft zu, nicht ab — jedenfalls, meint Illich, überall dort, wo die Stundengeschwindigkeit der Fahrzeuge 35 Stundenkilometer überschreitet: in den USA ist diese Zeit länger als in Polen, in Polen länger als in Brasilien. Und die Kosten, die die Fortbewegung verschluckt, steigen nicht nur um ein Tausendfaches (von Schuhsohlen zu Autos), sie müßten zu der Zeit hinzugeschlagen werden, die man für die Fortbewegung verbraucht, man hat sie ja durch Arbeit verdienen müssen. In den USA gibt eine Familie ein Sechstel eines Durchschnittseinkommens für den Verkehr aus. Hinzu kommen die öffentlichen Ausgaben: z. Z. wird ein Siebtel bis ein Achtel unseres Bundeshaushalts vom Verkehr verschluckt; es ist der größte Posten nach Verteidigung und Sozialleistungen, und dabei steckt der gesamte kommunale Verkehr in den Haushalten der Städte!

In zwei Staaten Mexikos hat Illich eigene Untersuchungen angestellt: in beiden hatte sich weniger als 1 % der Bevölkerung jemals schneller als mit 18 Stundenkilometern — also mit der Geschwindigkeit eines trabenden Esels — fortbewegt. Der größte Einzelposten im öffentlichen Haushalt aber geht in den Bau von Autostraßen. Mit einem Bruchteil dieses Geldes könnte ein Netz von einfacheren Zwischenwegen ausgebaut werden, die für den von Illich geforderten „mechanischen Esel“ genügen — ein Fahrzeug, das nicht mehr als 35 Stundenkilometer fährt und die Lasten an die größeren Verbindungsstraßen transportiert. Hier sollen also upper limits *in die Produkte*, die Fahrzeuge und Fahrbahnen, eingebaut werden. Der Maßstab ist nach Illich: die Geschwindigkeit, die die größtmögliche Zahl der Personen, die Fahrzeuge benutzen müssen, die geringste Zeit im Straßenverkehr hält. Illich setzt sie in den großen Städten bei 20 bis 30 Stundenkilometer an.

Dem Laien kommen alsbald umgekehrte Vorstellungen: davon, wie der Verkehr sich dann vollends verstopfen werde, weil er nicht mehr schnell genug fließen kann. Müßte nicht vielmehr die *Zahl* der zugelassenen Fahrzeuge beschränkt werden, wenn man dieses Problem meint (und nicht primär das der Sicherheit und der kommerziellen

Redlichkeit)? Und widerspricht hier nicht die Idee des re-tooling durch den mechanischen Esel der Kritik an dem privaten Automobilverkehr und seinem „radikalen Monopol"? Alle Privatautos waren einmal solche dienstbaren „mechanischen Esel" und sind nun in ihrer Gesamtheit eine öffentliche Plage. In den USA vollzieht sich der Personenverkehr zu rund 90 % mit dem Privatauto, zu rund 6 % mit dem Flugzeug, zu 2 % mit dem Bus, zu weiteren 2 % mit der Bahn, in der BRD zu 75 % mit dem Privatauto, zu 12 % mit dem Bus, zu 8 % mit der Bahn, zu 2 % mit dem Flugzeug (nach Strecke pro Person berechnet). Beide Länder wären besser dran, wenn sie, wie Mexiko, das öffentliche Verkehrssystem großzügig ausbauten, also ein öffentliches Monopol schafften. Eine Busfahrt kostet in Mexico City 10 Pfennige, die Busse kommen in großer Zahl und fahren überall hin. Aber auch dort beginnt der zunehmende private Reichtum die Vernunft des öffentlichen Systems zu zerstören. Das öffentliche System wiederum hängt vom privaten Reichtum ab. Seine Vernunft ist nie autonom. Sie erhebt sich kaum über die Verhältnisse, die sie ordnen oder ändern soll.

Da erläßt sie zum Beispiel Gesetze, durch die die *Wohn-Verhältnisse* erträglich gemacht werden sollen, und macht sie nur vollends unerträglich. Heute bauen in Mexiko die meisten Menschen ihre Behausungen selbst. Zahlen darüber gibt es nicht. (Sogar in den USA waren im Staate Massachusetts im Jahre 1945 noch 30 %, im Jahre 1971 fast 20 % der Häuser von den Besitzern erbaut — eine Tatsache, die dem Europäer geradezu unglaubwürdig klingt.) In dem Maße, in dem sich die Menschen in den Städten zusammenballen, die Zahl der Stockwerke und die Preise für den Quadratmeter steigen, wird das Selber-Bauen unmöglich und müssen zugleich Mindestanforderungen — an die Sicherheit und sanitäre Ausstattung — erfüllt werden. Man führt Standards und Kontrollen ein. Sollen die Gesetze gerecht sein, und das heißt: für alle gleich gelten, wird auch in Mexiko housing aus einem Verb, einer selbstbestimmten Tätigkeit der Menschen zu einer Fertigware. Diese Fertigware stellt derjenige am erfolgreichsten und billigsten her, der über eine housing-Industrie verfügt. In Mexiko würde ein offiziell genehmigtes Mindest-Haus sieben mittlere Jahreseinkommen verschlingen oder, wenn es gemietet wird, das gesamte Einkommen. Zwischen 50 und 80 % der Menschen, die heute in Mexiko „leben", könnten dort hinfort nicht mehr „wohnen". Darüber hinaus berichtet Illich von Untersuchungen, die zeigen, daß die

Menschen in den Hütten glücklicher sind als in den Wohnungen mit Regierungsstandard. Die Befragungen beweisen zwar nicht, was sie zu beweisen behaupten (daß die neuen Wohnstandards unglücklich machen), wohl aber, wie jedes die Folge von allem ist. Denn mit dem Wohnstandard ist wieder ein anderer Lebenszusammenhang verbunden, eine andere Lebensweise — in der Stadt, mit abhängiger geregelter Arbeit, Konkurrenzkampf und -angst, sozialer Isolierung, hohen Preisen, Verführungen, Versagen, Frustrationen.

Lernen, Heilen, Verkehren, Wohnen — sie alle sollten selbstbestimmte Tätigkeiten des Menschen sein, und Illich will uns die Werkzeuge dazu wieder in die Hand geben, er will uns umrüsten auf eine nachindustrielle Kultur, noch bevor die industrielle Kultur uns ganz verdorben hat. Schulen, Krankenhäuser, Automobilverkehr, Wohnungsbau — sie alle sind standardisierte, unentrinnbare, von uns nicht mitbestimmte Waren geworden. In ihnen sind Funktionen institutionalisiert und binden uns an sie. Jacques Ellul [1] fordert dagegen, daß wir Werte institutionalisieren, und Illich folgt ihm darin: upper limits heißt nicht nur Grenzen, sondern auch Werte setzen. — Aber sie werden, fürchte ich, die Grundstrukturen nicht ändern, sie erzwingen keine „Inversion". Die geforderte Umkehrung ist nicht die von einer produktiven zu einer geselligen Gesellschaft, der Umschlag von einem Zustand in einen anderen; gefordert ist die Umwandlung von einer unpolitischen Gesellschaft in eine politische, von automatischen Entwicklungen in einen bewußten, verantworteten Prozeß: Es geht um das politische re-tooling des Bürgers — mehr als um die vorgängige Begrenzung törichter Formen der Herstellung und des Konsums. Ihnen kann der politisch gewordene Bürger dann selber begegnen.

Dieser Möglichkeit kommt unter Illichs Ansätzen der letzte am meisten entgegen: seine Aktivierung der Grundgedanken des anglo-amerikanischen *Common Law* [2].

Das Common Law unterscheidet sich vom Bürgerlichen Recht durch

---

[1] Jacques Ellul: The Technological Society, New York 1967 (Alfred A. Knopf).

[2] Common Law ist die übliche Bezeichnung für das in England entwickelte Recht, das — im Unterschied zum römischen Zivilrecht und zum Kirchenrecht — nicht kodofiziert ist und in dem die Urteile auf Grund von Gewohnheit und Gerichtstradition, also von Präzedenzfällen, gefunden werden.

zwei Eigenschaften, die sich zum politischen re-tooling des Bürgers eignen:

— es ist auf kontinuierliche Auslegung angewiesen; durch den ständigen Vergleich des vorliegenden Falles mit voraufgehenden ähnlichen Fällen hält es das Bewußtsein vom Zusammenhang der Einrichtungen und Vorstellungen wach und wird — der Idee nach — nie zu einem Ding an sich

— es ist ein Parteienrecht, d. h. es geht nicht darum, daß *dem* abstrakten Recht Genüge getan wird, sondern zwei Streitende suchen vor dem Gericht die schiedliche Lösung ihres Falles — sie suchen *ihr* Recht. Das gilt auch für den Strafrechtsprozeß. Der Staatsanwalt ist darum Partei, und die ganze äußere Anordnung des Gerichts entspricht dieser Idee. In den Präzedenzien, die der Richter heranzieht, steckt ein Stück praktischer Vernunft, die sich ihrerseits in dieser Weise gebildet hat.

Das Recht erscheint also nicht als oberster Wert, als schon vorhandene und nur aufzuschlagende Lösung. Es muß hier und jetzt hergestellt werden, und das Common Law stellt dazu ein Instrumentarium zur Verfügung.

Natürlich gibt es auch in den USA und in England ausformuliertes Recht — Gesetze, die die Legislative dazu gemacht hat. Aber solche Gesetze können dort auch auf Initiative eines betroffenen Bürgers geschaffen oder geändert werden. Die Wirklichkeit ist immer ein wenig anders als die Theorie und schwieriger — aber wenn diese nicht verwirklicht wird, ist das die Schuld der Bürger. Ralph Nader, der amerikanische Verbrauchertribun, hat diese Rechtsform benutzt, um völlig neue Arten von Beschwerden vor Gericht zu bringen — und hat Erfolg damit.

Politisch und dynamisch ist das Common Law auch insofern, als mit jeder neuen Rechtsprechung altes Recht ersetzt werden kann — indem z. B. ein Gericht sich ausdrücklich nicht darauf beruft, weil sich die Verhältnisse geändert haben.

Die Behauptung der juristischen Mitkämpfer von Illich, das Common Law sei auch einfacher als das Ius Civile, stimmt allerdings jeden skeptisch, der auch nur im Kino ein englisches Gericht erlebt hat. In Skandinavien steht das Bürgerliche Gesetzbuch neben der Bibel und dem Kochbuch im Regal jeder Familie, ein gar nicht so dicker, übersichtlicher Band, in dem man vor seinem Prozeß nachschlägt, was man zu erwarten hat. Auch ohne Kommentar bekommt man einen ungefähren Begriff davon. Über die Präzedenzfälle verfügt nur der erfahrene Jurist. Und weil dies so ist, hat doch wieder nur derjenige eine Aussicht, seinen Fall zu gewinnen, der sich einen guten Anwalt nehmen und einen Prozeß von längerer Dauer durchhalten kann. Kenner geben zu: Bench (die Richter) und Bar (die Anwälte) produzieren mehr Recht als nötig und gut.

Die Lösung wird bei kleineren Gerichten liegen, die „näher am Fall" sind, und bei einer größeren Zahl von Richtern, die weniger überlastet sind — mögen sie auch weniger gründlich ausgebildet sein. Auch das wäre eine wiewohl bescheidenere Form von re-tooling.

Re-tooling heißt, die Komplexität unserer Apparate auflösen zugunsten direkterer Instrumente. Peter Berger erzählte in Cuernavaca von einer Rechtsform in einem der neuen afrikanischen Staaten: die örtlichen Gerichte wurden zu Bezirksgerichten zusammengezogen, um größere Objektivität und „Ordnungsgemäßheit" zu garantieren. Ein auf diese Weise zum Bezirksrichter avancierter alter Dorfrichter war verzweifelt: „Woher — wenn ich die Leute nicht mehr kenne — soll ich denn wissen, ob sie die Wahrheit reden?!" Das ist es: Kennen wir die Leute, sind wir nicht objektiv, aber wir wissen, was wir von ihnen zu halten haben. Kennen wir sie nicht, brauchen wir Zeugen; Zeugen müssen wir vereidigen, weil wir auch sie nicht kennen; brauchen wir Eide, brauchen wir Gesetze zum Schutze des Eides ... und so fort bis hin zum Lieben Gott: ein ganzes System, das wieder nur Experten verstehen und verwalten können.

Wieso vertraut Illich just auf diese Einrichtung? Illich meint zunächst: Wenn man viel ändern wolle, brauche man einen Fixpunkt, etwas Unveränderliches, im Verhältnis zu dem sich Fortschritt und Sinn der Veränderung erkennen lassen. Daß Illich just das Rechtswesen dazu ausersieht, ist eine Folge einfacher Subtraktion: mit der Kirche hat er gebrochen; die Schule hält er für eine säkulare Form von Kirche; die Wissenschaft hat sich dem Meßwahn ergeben und bringt nur neue Kombinationen der eingegebenen Daten hervor — Urteile sind jedenfalls von ihr nicht zu erwarten; die Staatsverwaltung ist korrumpiert durch die industriellen Verfahren; der freie Markt ist machbar geworden; die Wirtschaft gibt es überhaupt nur noch als Austrag der Industrie, und diese ist selbst das Übel, das es zu bekämpfen gilt — die um der hohen Investitionen und der standardisierten Methoden willen zu schierem Wachstum verdammte Produktion. Es bleibt also das verfaßte Recht.

Außerdem haben die amerikanischen Gerichte in der letzten Zeit Urteile gesprochen, die das Monopol der Schulen zu brechen geeignet scheinen, die Urteile in den Streitfällen *Griggs vs. Duke Power Co.* und *Serrano* vs. *Paiest.* Firmen dürfen danach weder jemanden wegen fehlender Schulbildung zurückweisen, wenn er über die Qualifikationen zu dem betreffenden Job verfügt, noch ihn schlechter behandeln als einen, der diese Schulbildung vorweisen kann. Das hat Illich für die Gerichte und ihre Brauchbarkeit als Instrumente der Veränderung eingenommen. Amerikaner erzählen mir freilich, dies seien keine bedeutenden Siege: die genannten Urteile registrierten nur, was längst übliche, wenn auch nicht allgemeine Praxis sei.

Illich spricht heute mehr als vor einem Jahr von der Notwendigkeit *politischer Entscheidungen.* Aber er sagt wenig oder nichts zu den Verfahren und dem politischen Apparat, durch die diese Entscheidungen, und zu den Mächten, gegen die sie möglich werden sollen; er sagt auch nichts über Veränderungen des Systems — über Mitbestimmung, Räteverfassung, Formen direkterer Demokratie oder gar Revolution, obwohl diese Wörter am CIDOC eifrig kursieren. Man hat im Gegenteil den Eindruck, als fasse er sein Programm der „institutionellen Inversion“, der upper limits, des re-tooling, der verschiedenen Entflechtungsmaßnahmen, die zur „geselligen Gesellschaft“ führen sollen, als ein radikaleres Gegenmodell zum politischen Umbau auf.

Seine Rivalen hierbei sind auf der einen Seite Ralph Nader, auf der anderen Seite Buckminster Fuller — die beiden ebenfalls außerhalb des politischen Apparates arbeitenden Konter-Revolutionäre der technischen Zivilisation. Beiden wirft er vor, die Industriekultur aushaltbar zu machen, statt sie — als einen Irrtum — zu überwinden. Beide, der Kämpfer für Autos, die sicher sind, die Luft nicht verpesten und nicht mehr kosten als nötig, und der „Technosoph“ und unermüdliche Erfinder immer neuer Alternativen zum Auto (Magnetkissenbahnen, Luftdrucktunnels, Personen-Laufbänder) verführen nur dazu, die industrielle Verfassung unserer Institutionen weiter zu verfestigen, uns weiter zu spezialisieren, unsere Hoffnung auf mehr Technik, mehr Bildung, mehr Sicherheitsmaßnahmen zu setzen, den Glauben diesmal an den *wahren* Fortschritt durch *wahres* Wachstum wiederherzustellen.

Illich dagegen stellt uns offen vor die Frage: ob wir die Industriegesellschaft wollen. Er will sie nicht. Er will eine in überschaubare Einheiten gegliederte, verständliche, handwerkliche, selbstbestimmte Welt. Wäre er nicht Christ, er wäre vielleicht sogar Manichäer. Lebte er nicht schon in Cuernavaca, er zöge in ein noch abgelegeneres Dorf. Hätte dies einen praktischen Sinn, er riete auch anderen dazu. Er ist kein Thoreau und schon gar nicht ein Maschinenstürmer; er erhofft sich einen Teil des re-tooling gerade durch geeignete technische Erfindungen und durch technische Netzwerke, die jedermann zugänglich sind wie das Telefon oder ein entsprechendes Computersystem. Aber er verkündet auch öffentlich nach einer Rückkehr aus Chicago: dies sei sein letzter Flug mit einer Düsenmaschine gewesen — weil er solche Maschinen für unnütze, ja schädliche Auswüchse der industriellen Produktivität hält. Nun, inzwischen ist er wieder geflogen, und wenn er weiter politische Wirkungen tun will, wird er auch weiterhin fliegen müssen!

Illich, das muß man noch sagen, ist nicht gegen Institutionen. Auch seine „Vermittlungsdienste" sind Institutionen. Aber Institutionen sollen, wie die Produktionsmittel bei Marx, niemandem Vorrechte und Verfügung über andere geben.

Zur Verhinderung der Herrschaft von Menschen über Menschen hat man im Abendland die Demokratie erfunden. Marx hat dann gezeigt, daß es „unpolitische" Herrschaft gibt, der die Demokratie nicht beikommt. Die Demokratie wird selbst von den Besitzverhältnissen bestimmt, über denen sie errichtet ist. Und beides wiederum — so erfahren wir seither — hängt von den Produktionsverfahren und den damit verbundenen Verbrauchsformen ab. Aber auch diese sind vielleicht so allmächtig und unabänderlich nicht, wie sie scheinen. Auch sie bringen ihr unvermutetes und ungewolltes Korrektiv hervor. Sie machen den Menschen widerborstig, wo sie ihn allzu unbekümmert mißachten — sie machen ihn nicht nur stumpf und willig. Die Zukunft der Kahns muß nicht eintreffen: Wenn die mechanisierten Wäschereien fortfahren, uns alle Knöpfe von den Hemden zu reißen, waschen wir sie wieder selber; wenn die vorgekochten, tiefgefrorenen, wiederaufgewärmten Gerichte der Massenküche nicht schmecken, machen Studenten kleine Restaurants auf mit höchst individuellen Menüs; wenn wir den ganzen Tag — meist vergeblich — telefoniert haben, schreiben wir abends doch lieber wieder Briefe; wenn alle Leute Serienfilme am Fernsehschirm sehen, warten wir auf den einen — ganz anders gemachten — Film in der „Lupe"; wenn die Autos in der

Innenstadt das Auto unmöglich gemacht haben, richtet man Fußgängerzonen ein; wenn die Anfahrt zum Flugplatz länger dauert als die ganze Reise, fahren kluge Menschen wieder mit der Bahn oder bleiben zu Hause ... Wir werden dafür Zeit haben, weil wir das andere nicht mehr wollen. Auch dies gehört zur Homöostase.

Für Illich ist solche Zuversicht schon reiner „Naderism". Nie stößt man so unmittelbar auf Illichs wahre Überzeugung, wie wenn man Hoffnung auf Re-form und Selbstkorrektur äußert: dann trifft einen mitleidige Verachtung. Menschen, die wie er auf „Durchbrüche" setzen, dürfen an andere Möglichkeiten nicht glauben. Sie sind Pessimisten um einer einzigen Erwartung willen.

Eines Abends — Susan Sontag war zu Besuch — sprachen wir von Illichs Prophezeiung, daß die Schulen bald und von allein zusammenbrechen würden. Ich sagte, es sehe eher so aus, als ob die Alternativen zusammenbrächen — die Tausende von free schools z. B.! Susan Sontag sagte: „Was wollen Sie noch? Die Schulen *sind* längst zusammengebrochen. Natürlich nicht die Gebäude, die im Wert von 80 Milliarden Dollar in der Landschaft stehen, und nicht der Unterricht, den Millionen von Lehrern an -zig Millionen Pflichtschüler erteilen, und ohne den sie brotlos würden. Aber es sind keine ‚Schulen' mehr!" Und dann folgte eine ebenso nüchterne wie niederschmetternde Schilderung von Zuständen an New Yorker Schulen. Derartiges habe ich bei keinem der brillanten, harten und zynischen Kritiker bisher gelesen. Es gebe keine high school in der Stadt — „keine einzige!" wiederholte sie —, in der nicht Lehrerinnen vergewaltigt worden seien; „Schule" finde gleichsam um dieses Problem herum statt; keine Konferenz, keine pädagogische Maßnahme, keine öffentliche policy, die nicht davon berührt, nein, beherrscht sei. Oder: Man treffe zu keiner Zeit ein Kind auf dem Hof oder im Korridor, das nicht mit einem Laufpaß bewaffnet sei, der festhalte, woher es seit wann wohin gehe. Oder: es gebe keine Schule, an der nicht laufend schwerer Drogenmißbrauch vorkomme — oft gehe es um Heroin bis hinunter zu den Achtjährigen. Oder: es gebe in New York allein XXX — es folgte eine Zahl, die ich vergessen habe, sie lag zwischen Regiments- und Divisionsstärke — truant officers, Schulbeamte, die eigens dazu angestellt sind, die Schulschwänzer wieder einzufangen. Und so fort.

Man *will* danach gar nichts mehr sagen. Man *wird* vielleicht sagen, dies sei New York und nicht Amerika. Man *muß* auch sagen, dies sei die Gesellschaft und nicht die Schule. Aber niemand *kann* mehr sagen, wie man das „reformiert".

Wir haben dann das Spiel gespielt: Angenommen, diese Welt sei so heillos krank — krank zum Tode und nicht zur Rettung —, wie leben wir dann? Würden wir

— das, was sie uns an Schönem bietet, nutzen und genießen — mit gutem Gewissen! —, solange es geht; oder
— ihren Untergang beschleunigen wollen — human, solange wir es in der Hand haben und weil das Ende ja später um so schrecklicher sein muß; oder
— leben und unsere Pflicht tun wie bisher, als käme der Untergang nicht, als gelte es doch noch, ihn zu verhindern?

Susan Sontag, Illich und ich haben uns alle drei für die letzte Lösung entschieden — aber sie bedeutete für jeden etwas anderes. Für Susan Sontag war sie die ästhetisch befriedigendste; für Illich war sie, was ja jetzt schon für ihn ist: eine Absage an „Erwartung" (und damit an Pessimismus wie Optimismus gleichermaßen) zugunsten von „Hoffnung" (der Zuversicht im Angesicht des eschaton); für mich war sie der Rückgriff hinter die Hypothese — eine Form zu sagen, daß ich die Unvermeidlichkeit des Untergangs nicht glaube.

In Illichs Cuernavaca habe ich *meine* Rechtfertigung erlebt: eine amerikanische Familie mit drei Kindern von sieben, acht und elf Jahren, die kein Zeitalter und kein Kontinent so hat hervorbringen können wie das heutige Amerika: frei und vernünftig, bewußt und unbefangen, kindlich und aufgeklärt, sich selbst gehörend und allen anderen zugewandt, glücklich in ihren gesunden Körpern und glücklich in ihrer geistigen Welt, die die Schule nicht zerstört, sondern offensichtlich erhellt und bereichert hat. Dazu eine Mutter, die ihrerseits ein Produkt der amerikanischen Schule war und die diese Kinder *so* hat werden lassen.

In meinem Bielefeld bin ich *Illichs* Rechtfertigung begegnet: einem gescheiten, tüchtigen, fleißigen Ingenieur von 32 Jahren, der nicht lernen und arbeiten kann, was er will, weil ihm ein Stück Papier, ein Abiturzeugnis fehlt. Sein Fall ist in den zwölf Monaten, in denen ich ihm zu helfen suche, nicht besser geworden. Auch hier denke ich: Wenn alle bisherigen Reformen *dies* nicht haben ändern können — was haben sie dann genützt? Wer kann dann noch auf sie hoffen? — Nun, nur der, der gründlicher reformiert als die heutigen Reformer und der sich politischer verhält als Ivan Illich.

II. DIE WIEDERHERSTELLUNG DER POLITIK IN DER INDUSTRIEGESELLSCHAFT

„Wiederherstellung“ heißt Restauration. Man tut gut daran, sich diese Bedeutung des Wortes klarzumachen, bevor man es weiter benutzt. Man tut auch gut, sich zu fragen, wieviel von dem Wiederherzustellenden es früher, wann und von welcher Art tatsächlich gegeben hat und ob man just *das* wiederhaben will. Und darauf wiederum ließe sich leichter antworten, wenn man vorher herausgefunden hätte, wie es zu dem angeblichen Verlust gekommen ist und was man sich dafür eingehandelt hat.

Dies alles will ich hier nicht verfolgen. Ob es die von mir gewünschte „gemeinsame bewegliche Regelung gemeinsamer Angelegenheiten“, die ich „Politik“ nenne, wirklich einmal gegeben hat, ist nicht so wichtig wie, daß Menschen sich eingebildet haben, solche Politik zu treiben, daß sie es gewollt, daß sie darüber nachgedacht und daß sie sich Vorstellungen gemacht haben, die ihre Einrichtungen und Lebensformen bis heute bestimmen. Es ist vor allem wichtig, daß sie jetzt zu spüren beginnen, daß sie jene Vorstellungen inzwischen nicht mehr erfüllen — nicht etwa nur, daß wieder einmal einzelne andere die Politik machen, obwohl sie ihnen allen zusteht, sondern daß offenbar *keiner* sie in dem eben geforderten Sinn macht: die Regelungen sind nicht beweglich, sie gelten nicht „unseren“ Angelegenheiten und werden nicht gemeinsam vorgenommen. Wir — so spüren die Menschen — sind vielmehr Objekte von Entwicklungen, von „Trends“, von Langzeitplänen, deren Daten immer schon festliegen, von Strukturen, die doch niemand mehr ändern kann, und plötzlichen Umbrüchen, die „wieder einmal“ niemand vorhergesehen hat. Wer das Zunehmen von Bürger- und Wählerinitiativen, die Ablösung der organisierten Außerparlamentarischen Opposition (APO) durch fast tägliche spontane Proteste oder Akte der Selbsthilfe von unabhängigen Einzelgruppen, das Auf-die-Straße-Gehen von sonst biederen Bürgern als Zeichen einer Belebung der Politik deutet, dürfte Ursache und Wirkung verwechseln: Weil die „gemeinsame bewegliche Regelung gemeinsamer Angelegenheiten“ in den gesellschaftlichen Großstrukturen nicht funktioniert, brechen die Menschen in solche Aktionen aus. Gerade daß diese Art von Politisierung die Politik wiederherzustellen vermag — wie man oft hört —, muß man bezweifeln. Sie wird viel zu schnell ihrerseits von den Großstrukturen absorbiert. Demonstrationen, Beteiligung, Widerstand sind je in ihrer Weise nützliche und begrüßenswerte Erscheinungen in unserer jungen Demokratie — aber sie sind nicht Zeichen einer politischen Wende! Sie werden nicht nur alsbald Gegenstand von wissenschaftlichen Untersuchungen und damit zu etwas statistisch Berechenbarem, auf das sich das System einstellen kann, sie werden — in bester pädagogischer Absicht — hergestellt:

„Die bisherige Erfahrung hat gezeigt, daß es, um in der Bundesrepublik Menschen für Ziele anzusprechen und ihre Mithilfe zu ihrer Verwirklichung zu gewinnen, nicht genügt, sich allein auf den moralischen Appell oder auf die Wirkung des guten Beispiels zu verlassen. Dazu bedarf es vielmehr *sorgfältiger, exakt geplanter* und systematischer Vorarbeiten, die es nicht unterlassen dürfen, die Chancen der Verwirklichung unter den Bedingungen der gegenwärtigen Verhältnisse und unter den Aspekten künftiger Entwicklungen genau zu untersuchen ..." [1]

Und so wird eine „Arbeitsgemeinschaft für Bürgerinitiative" gegründet, die solche Vorarbeiten von oben herab in Gang bringen soll. „Mittel zur Ingangsetzung ... wurden bereits beantragt." Ich halte dies nicht einmal für „Manipulation", die doch ihrerseits einen politischen Willen voraussetzt und Ausdruck einer nicht unwesentlichen Form von politischer Macht wäre. Nein, ich halte dies schlicht für naive und hilflose politische Kosmetik — für eine Rationalisierung des unpolitischen Zustands, in dem wir uns befinden, und damit für seine Bestätigung. Das beantragte Geld kommt — wenn nicht von staatlichen Instanzen — so doch von Stiftungen. Ich will deren Nützlichkeit bei der Öffnung und Erweiterung von Spielräumen nicht unterschätzen, aber da sie selbst von den spezifischen Überschüssen der umstrittenen wirtschaftlichen und staatlichen Großstrukturen leben, werden sie Veränderungen an diesen Strukturen nur „aus Versehen" finanzieren.

Nicht also Belebung der Politik, sondern Frustration durch ihre Abwesenheit scheint mir die richtigere Deutung der sporadischen öffentlichen Unruhen. Die Frustration *muß* groß sein in einer Zeit, in der der Anspruch auf Politik in jeder Grundschulklasse gelehrt, von den

---

[1] Friedrich Minssen: Die Arbeitsgemeinschaft für Bürgerinitiative, in: Partizipation, Aspekte politischer Kultur, Opladen 1970 (Westdeutscher Verlag), Reihe Offene Welt Nr. 101, S. 170 f.

Massenmedien — wie oberflächlich auch immer — täglich verkündet wird und die Botschaft davon bis in die letzte afrikanische Hütte gelangt ist, in einer Zeit zumal, in der wir mehr Mittel zur Politik, mehr Kenntnisse über sie und sogar mehr Zeit für sie haben als je zuvor.

Politik ist das Gegenstück zu „Herrschaft". Sie kann und wird sich der Herrschaft bedienen (worunter dann institutionalisierte, legitimierte und kontrollierte Macht zu verstehen ist). Aber wo Herrschaft selbst das bestimmende Prinzip ist, gibt es in meinem Sinn keine Politik, sondern nur Verwaltung, Ausführung, Dienst — und Privatsein. Als solche ist Politik das Mittel der Selbstbestimmung und Mitbestimmung im Rahmen einer Gemeinschaft, sei es von Individuen oder von Gruppen oder von ganzen Völkern. Sie ist „bewegliche" Regelung dieses Verhältnisses im Gegensatz etwa zum Recht oder auch zur Moral, die sehr genaue inhaltliche und instrumentale Festlegungen vornehmen und dauerhaft sein sollen. Politik hat — das ist gleichsam ihre „Binnenstruktur" — stets mit Entscheidung zu tun, die im Angesicht von Macht oder Ohnmacht bei unvollständiger Kenntnis der Situation und der in ihr wirksamen Faktoren und — eng damit verknüpft — unter Zeitdruck gefällt werden muß.

Man kann diese Definition leicht überprüfen, indem man ihre formalen Elemente erst einzeln und dann zusammen durch Beispiele ersetzt.

Ob ich einen roten oder blauen Schlips umbinde, ist zwar eine *Entscheidung,* aber zunächst keine politische: weil keine Macht im Spiel ist. Will ich mich damit freilich öffentlich zu einer Gruppe bekennen, kann daraus etwas Politisches werden — vorausgesetzt, diese Gruppe habe etwas mit den „gemeinsamen Angelegenheiten" zu tun und sei nicht etwa nur ein Verein zur Befriedigung der Lust am Kegelspielen.

Vollständige Kenntnis aller Faktoren und Folgen hebt in den meisten Fällen den Entscheidungscharakter der Handlung auf. Weiß ich genau, welche Folgen das Umbinden des roten Schlipses in dieser Lage hat, ist die Frage nicht mehr, ob ich ihn umbinde oder einen anderen, ich muß vielmehr nur wissen, ob ich die gewußten Folgen beabsichtige. Aus Entscheidung wird das sichere Aufsuchen des gemeinten Sachverhalts in meinem Bewußtseinsbestand — eine Abruftechnik.

Gibt es keinen *Zeitpunkt,* bis zu dem die noch ungewisse Handlung eingeleitet sein muß, kann ich die möglichen Folgen beliebig lange prüfen (und werde es vermutlich tun, wenn viel davon abhängt; wenn nicht, kann ich würfeln, und das heißt: entscheiden, daß *ich* nicht entscheiden will). Die eigentlich geforderte Entscheidung wird unter der Hand zur „Wissenschaft". Der Zeitfaktor ist freilich nicht immer sichtbar. Mich jetzt einer Partei zu nähern könnte auch dann „politisch" sein, wenn ich den Zeitpunkt völlig frei gewählt habe. Der Faktor der Zeit kann gleichwohl insofern wirksam sein, als ich nicht weiß, ob mein Beitritt morgen noch nützt oder ich ihn morgen selber noch will. Das heißt, er kann „negativ" im Spiel sein.

Ein offensichtlich politischer Akt wie der Abschluß der Ostverträge im Jahre 1972 zeigt dagegen, wie jedes Teilstück der Definition zutrifft. Er könnte auch als Hinweis für die These dienen, daß Politik in dem geschilderten Sinn noch am reinsten in den Außenbeziehungen der Völker vorkommt.

Wenn dies denn Politik heißen mag, dann handelt der größere Teil der neuen Kulturkritik — und auch Illichs Programm — nicht nur nicht davon, sondern rechnet auch nicht damit, daß diese Politik, sei es als Widerstand gegen, sei es als Instrument für solche Programme, einsetzbar ist. Und doch wollen die meisten von ihnen auf die Wiederherstellung von Selbstbestimmung und Mitbestimmung im Rahmen unserer verschiedenen gesellschaftlichen Lebenseinheiten hinaus. Es scheint nun, daß diese Selbstbestimmung [1] in einer von Systemzwängen beherrschten technischen Zivilisation in der Tat plötzlich keinen „politischen" Gegner mehr hat. Sie muß nicht wie einst im Humanismus und in der Reformation als Befreiung vom Dogma, einem hierarchisch verwalteten Kollektivgewissen und der sich darauf gründenden politischen Macht gesucht werden; sie muß nicht, wie in der Französischen Revolution, als Aufhebung der absoluten Staatsmacht verwirklicht werden; sie muß nicht, wie in der marxistischen Dauerrevolte, die Veränderung und Auflösung der falschen Besitz- und Produktionsverhältnisse betreiben; Selbstbestimmung muß vielmehr heute gegen den automatisch gewordenen Fortschritt selbst antreten, gegen die zum System zusammengewachsenen Mittel unseres Lebens mitsamt ihrem Überbau: Bürokratie und Berechtigungswe-

[1] Weil Selbstbestimmung von beiden die stärkere Kategorie ist und „Mitbestimmung" als eine ihrer Erscheinungs- oder Verwirklichungsformen aufgefaßt werden kann, nämlich wenn das Selbst eine Gruppe ist, spreche ich einstweilen abkürzend nur von ihr. Später wird Mitbestimmung ausdrücklich behandelt. (Vgl. unten S. 153 ff.)

sen, Produktivismus und Positivismus, Programmierung und Standardisierung, Meßwahn, Geschwindigkeitswahn, Sicherheitswahn, Schulungswahn ...

Alle Formen der Selbstbestimmung haben ihre Vorbereitungszeit gehabt und sind am Ende durch eine Art Revolution — eine heftige krisenhafte Erschütterung des Systems — Realität geworden. War diese Selbstbestimmung da, organisierte sie sich neu und zeitigte ihre eigenen Formen von Fremdbestimmung.

Wie wird es mit der neuen Selbstbestimmung sein — in einer Welt, in der Massenaufklärung in unvorstellbarem Umfang möglich ist und in der zugleich Revolutionen nur am Rande vor sich gehen und die *Herrschafts*strukturen treffen, nicht die *System*strukturen der technischen Zivilisation? (Im Gegenteil, sie führen sie ein, wo bisher noch Feudalstrukturen herrschten.)

Es gibt vier prinzipielle Möglichkeiten der Verwirklichung einer neuen Selbstbestimmungsforderung:

— man spricht das Bewußtsein direkt an, man klärt auf über Voraussetzungen und Folgen der eingeleiteten Entwicklungen und stellt Modelle, Strategien und Mittel zu ihrer Veränderung bereit; hierzu gehört nicht nur der Einsatz von Massenpropaganda und Schule — zwei Mitteln, die selbst zu den kritisierten Kulturphänomenen zählen —, sondern auch technische, ökonomische, juristische Überleitungshilfen, die von Personen gemacht werden, die ihrerseits Mittel, Macht und Motivation aus dem alten System beziehen.

  Die bloße Aufklärung im nicht aufgeklärten, sich aber für aufgeklärt haltenden System dürfte schnell scheitern, sie müßte dauernd Zustände vorwegnehmen, über die die Aufklärer weder geistig noch psychologisch, noch politisch verfügen;

— man verändert die technisch-ökonomischen Möglichkeiten, die ihrerseits allmählich eine veränderte Mentalität schaffen. Man unterläuft das Aufklärungsproblem durch Gewöhnung, Abrichtung, re-inforcement-Prozesse. Dies setzt freilich zur Verwirklichung der Selbstbestimmung mit ihrem genauen Gegenteil an; und selbst wenn man einmal annimmt, dies geschehe in der lautersten Absicht, würde willig mitgemacht und sei funktional gesichert — die Ziele der ganzen Manipulation blieben von heute her ungewiß, willkürlich und innerhalb dieses technokratischen Modells nicht korrigierbar;

— man kann mit der Katastrophe rechnen, sie also nicht nur androhen, wie es in der ersten Lösung sicher auch geschieht, sondern — wie Susan Sontag das tut (vgl. oben S. 56 f.) — fest erwarten und darum beschleunigen. Hierzu gehören nicht nur Umweltkatastrophen oder technische und wirtschaftliche Kurzschlüsse, sondern auch psychologische, die in sozialpathologische Zustände (wie es Hitlerdeutschland einer war) und in regelrechte Revolutionen münden können. Sie alle aber sind in der hochinterdependenten technischen Zivilisation potentiell zugleich auch das Ende jeglicher Zivilisation;

— man kann schließlich den Weg über die Politik selbst gehen, also über eine Antizipation der erstrebten Selbstbestimmung in dafür heute schon geeigneten und empfänglichen Teilbereichen, d. h. über die Mobilisierung der geeigneten Subsysteme, so daß sich statt der gefürchteten und darum geächteten und folglich mit allen Mitteln verhinderten „Systemüberwindung" so etwas wie eine allmähliche Verschiebung und Wandlung des Systems mit seinen eigenen Mitteln ergibt. Für diesen Weg braucht man nicht gleich und immer den Konsens aller, den man nicht bekommen wird, sondern eine aufmerksame Kooperation beherzter Minderheiten, die zunächst nur entschlossen sein müssen, „Dienst nach Vorschrift" zu leisten. Die *Vorschrift* in unserer Gesellschaft aber heißt Demokratie, Selbstbestimmung, soziale Gerechtigkeit und nicht Produktivität, Stabilität, Vollbeschäftigung, Wettbewerbsfähigkeit, nationale Ehre, Fortschrittlichkeit, law and order, Daseinsvorsorge etc. — lauter nicht unwichtige und z. T. sehr gute Dinge, die aber samt und sonders zu den *Instrumenten* zählen und als solche auswechselbar sein müssen.

Ich will im folgenden einige Antworten untersuchen, die man heute erhalten kann, wenn man fragt: Wie sollen sich die Menschen zu den Gefahren der technischen Zivilisation verhalten, wenn diese vor allem darin bestehen, daß die Subjekte entmündigt und die Möglichkeit ihrer „Selbstwehr durch Politik" aufgehoben zu werden scheinen. Die behandelten Antworten lassen sich nicht eindeutig auf die oben aufgeführten Möglichkeiten der Verwirklichung (implementation) verteilen. Sie nehmen alle ein wenig an allem teil — am wenigsten vielleicht an dem Katastrophen- und Revolutionsprogramm, am meisten an der Hoffnung auf die Politik selbst.

Ich werde mir *nicht* die heute am besten ausgerüstete und am heftigsten vertretene Position vornehmen, derzufolge wir auch dieses Problem durch eine soziale Revolution, nämlich auf der Grundlage der marxistischen Geschichts- und Gesellschaftslehre, lösen müssen. Was man hierüber wissen will, steht dem Intellektuellen, der Schriften wie diese liest, in beliebiger Differenzierung und Ausführlichkeit zur Verfügung. Die marxistische Antwort könnte im eingeschränkten Rahmen dieses Versuchs doch nur in gröblicher Vereinfachung behandelt werden. Hier kommt es vielmehr darauf an, die anderen Antworten in ein theoretisches Bezugssystem zueinander zu bringen.
Damit will ich mich nicht vor einer Stellungnahme drücken. Aus meiner Bewertung dieser Ansätze wird hinreichend klar, daß ich einer Deutung nicht zustimmen kann, die die gegenwärtige gesellschaftliche Krise *ausschließlich* mit Hilfe von Klassengegensätzen erklärt — mit der falschen Verteilung der Produktionsmittel und Verfügungsverhältnisse, fehlender gesellschaftlicher Planung der Wirtschaftsprozesse („fehlend" zugunsten eines bis zur Unvernunft gesteigerten Wettbewerbsprinzips bei gleichzeitigem, nur mäßig verschleiertem Monopolismus) und notwendiger Fortsetzung imperialistischer Entwicklungen („notwendig", weil der auf der Expansion des Marktes beruhende Liberalismus dies vorschreibt). Ich kann dem nicht zustimmen, wenn von dieser Position aus nicht auch der Systemcharakter dieser Gesellschaft untersucht und zu seinem Teil mitverantwortlich gemacht wird. Einstweilen wird er nicht nur geduldet, sondern naiv gefördert, weil für den in der Regel „ärmeren" sozialistischen Menschen wirtschaftliches Wachstum, technischer Fortschritt und „Weltniveau" — begreiflicherweise — noch wichtiger sind als für den übersättigten Bürger des Westens. Jugoslawiens gemischtes System bleibt eine gefährdete Ausnahme.
Die im Marxismus explizierte Kritik an unseren Verhältnissen teile ich. Die Analyse kann man auch anders vornehmen. Eine Therapie jedoch, die die Spielräume noch weiter verengt — ich meine nicht die, die dem privaten Unternehmertum und Verbrauch auf Kosten der notwendigen und „unproduktiven" öffentlichen Aufgaben von der Erziehung über die Krankenversorgung bis hin zur rechtlichen, sozialen und nationalen Sicherheit dienen, sondern der politischen Selbstbestimmung überhaupt —, eine solche Therapie schreckt mich ab. Sie schreckt mich ab, nicht allein weil ich ein Produkt der bürgerlichen Kultur bin, sondern weil es mir zwischen Frankfurt an der

Oder und Frankfurt am Main überhaupt keine Menschen zu geben scheint, die nicht auf die Erweiterung oder Sicherung dieses Stücks „bürgerlicher“ Freiheit und Selbstverwirklichung hofften!
In der zunehmenden Verdichtung und Verselbständigung des Systemcharakters der Gesellschaft sehe ich unsere größte Gefahr — im *ungesteuerten* sogenannten Fortschritt, in den zu einem unauflösbaren Aggregat zusammenwachsenden Mitteln, Einrichtungen und Maßnahmen, in ihrer Komplexität, Anonymität, Abstraktheit und all den Folgen, die sie für die Einstellung der Menschen haben: zunehmende Aggressivität und Irrationalität, zunehmende Ohnmacht und Verantwortungslosigkeit, zunehmende Ansprüche und zunehmende Hoffnungslosigkeit, zunehmende Verwirrung und Apolitie.
Marx, lebte er heute, würde, weil es ihm ja um die Mündigkeit des Menschen ging, dies vor allem anprangern — die Tatsache, daß wir nicht mehr über unsere Mittel verfügen, mehr als die Tatsache, daß nur einige oder die falschen über sie verfügen. In diese Mittel hatte er noch seine Hoffnungen für den Fortschritt und die Befreiung der Menschen gesetzt. Seit sie uns — überall! — über den Kopf wachsen, würde er in erster Linie um die verlorengegangenen „Erfahrungsverhältnisse“ kämpfen, darum, daß die Menschen wieder verstehen können, was ihnen widerfährt. Die Besitzverhältnisse in der im übrigen unveränderten Großindustrie, die neuen Namen über den im übrigen hochspezialisierten zentralen Planungsressorts, die sozialistischen Allgemeinziele eines im übrigen rigorosen und totalen Bildungssystems helfen dazu gerade nicht.
Marx hätte sich vielleicht auf die Seite des Richta-Reports gestellt, einer inzwischen als revisionistisch verurteilten, im Jahre 1968 während des Prager Frühlings veröffentlichten tschechischen Studie, in der — auf westliche Forschungen und Theorien gestützt und sie weit überschreitend — die wissenschaftlich-technische Entwicklung als ein dritter Faktor neben Arbeit und Kapital entdeckt wurde: ein Faktor, der einer eigenen Dynamik folge und den Widerspruch zwischen Staatsbourgeoisie und Lohnabhängigen auch in sozialistischen Gesellschaften am Leben erhalte. Claus Koch hat uns diese Studie verdienstvollerweise wieder in Erinnerung gerufen [1]. Der technische Pro-

[1] Claus Koch: Wo hält die „wissenschaftlich-technische Revolution“?, in: MERKUR 195, November 1972, S. 1065 ff.; Radovan Richta u. a. (Hrsg.): Richta-Report, Politische Ökonomie des 20. Jahrhunderts — Die Auswir-

zeß fordert von sich aus *hie* Konstrukteure, Datenverarbeiter, soziale und wirtschaftliche Ingenieure, *da* Arbeitskräfte, die nach wie vor die Lücke zwischen kombinierten Einzelmaschinen und Systemen ausfüllen. Die *Eigen*gesetzlichkeit von Technik und Wissenschaft kann man anders beurteilen. Aber die Gefahren, die in ihrer Entwicklung liegen, werden nicht durch Planwirtschaft, Sozialisierung der Produktionsmittel und die Herrschaft des Proletariats gebannt. Im Gegenteil, sie fängt dann erst richtig an. An der Tatsache, daß die westliche Industriegesellschaft in der Eigengesetzlichkeit dieser Entwicklungen weiter fortgeschritten ist, liegt es, daß das „Bürgertum", das hier auch dem Namen nach fortbestehen darf, zuerst und bisher fast allein kritisch reagiert hat; es liegt nicht daran, daß dem Sozialismus diese Formen schwerster Selbstentfremdung kraft seiner besseren Gesellschaftsordnung erspart blieben.

1. Eine Wissenschaft zur „Bändigung" der Technik?

Aus Anlaß des 500jährigen Bestehens der Ludwig-Maximilians-Universität München hat Werner Heisenberg gefordert, man solle den Naturwissenschaften und der Technik nur noch so viel Raum zur Expansion lassen, wie im Interesse und Bedürfnis der Menschen liege. Die „Bändigung der Technik" sei nötig. Im Angesicht einer durch ungehemmte Anwendung von Technik verseuchten Umwelt und so manchen kostspieligen Unfugs, der mit der wissenschaftlichen Erkenntnis getrieben wird, (und einiger schlichter Barbareien [1]) findet

kungen der wissenschaftlich-technischen Revolution auf die Produktionsverhältnisse, Frankfurt 1971 (Makol-Verlag).

[1] Zu ihnen gehört das berühmte Milgram-Experiment, das Menschen zu wenn auch fiktiven Grausamkeiten verführte, die diese sich wohl in ihrem Leben kaum mehr verzeihen können. Das Experiment hat eine ungemein aufregende Wahrheit ans Licht gebracht und der Veranstalter war kein Zyniker, sondern selber tief erschrocken über das Ergebnis. Aber man hat dann nicht etwa aufgehört, sondern das Experiment mehrfach wiederholt, um es in anderen Situationen zu „überprüfen". Die neuen Richtlinien der Amerikanischen Gesellschaft für Psychologie (APA) untersagen Untersuchungen, die in die Privatsphäre des Probanden eindringen und sein „Wohlbefinden und seine Würde" beeinträchtigen: der Proband muß voll über den Versuch informiert sein und ihm frei zustimmen; er muß dabei vor allem seine Identität wahren. Die APA erläßt solche Richtlinien nicht ohne Anlaß. Der Verband der Herausgeber von biologischen Fachzeitschriften (Council of Biology Editors) in den USA empfiehlt seinen Mitgliedern, keine wissen-

eine solche Forderung spontanen Beifall. Ihre Einlösung dürfte jedoch nur zögernd kommen. Ein Wissenschaftler, der in seinem Leben viel Anlaß gehabt hat, über die Folgen einer Entdeckung, über den möglichen Mißbrauch einer Erfindung nachzudenken, wird die Bändigung der Technik und Wissenschaft nicht einfach einer hierfür zu schaffenden Behörde anvertrauen wollen (vgl. unten S. 75). Er weiß, wie schwer es ist zu sagen, was „im Interesse und Bedürfnis der Menschen" liegt. Er weiß, daß, selbst wenn dies sicher auszumachen wäre, es nicht genügte, an dieser Stelle die „Grenzen des Wachstums" aufzurichten: Die Menschen *selbst* müssen ihre wahren Bedürfnisse kennen und werden auch dann noch andere und unterschiedliche Interessen verfolgen wollen.

Es ist also zumindest dies nötig; eine Theorie von der Krise der technischen Zivilisation; eine Wissenschaft, die diese Theorie prüft und laufend den Gegebenheiten anpaßt; eine allgemeine Aufklärungsstrategie.

Seit dem Frühjahr 1972 gibt es nun ein Buch, das diese drei Forderungen jedenfalls im Prinzip erfüllt, die Studie: „The Limits to Growth" oder: „Die Grenzen des Wachstums — Bericht zur Lage der Menschheit" des Club of Rome[1]. Sie hat eine im Titel ausgedrückte Hypothese, sie verifiziert sie durch Hochrechnungen auf Grund uns bekannter Entwicklungstendenzen und stellt ihre Ergebnisse für eine breite, nicht speziell vorgebildete Leserschaft dar. Obwohl die Studie sich im wesentlichen mathematischer Verfahren bedient, werden mathematische Kenntnisse nicht vorausgesetzt, Fachausdrücke werden erklärt oder vermieden, kompliziertere Sachverhalte werden mit Hilfe von Graphiken übersichtlich und verständlich gemacht. Denn die Fragen, um die es hier geht,

„... dürfen nicht auf die Gemeinschaft der Wissenschaftler beschränkt bleiben; sie müssen in einem möglichst weiten Kreis von Menschen erörtert werden. Unsere Absicht ist es, jene Erörterung in Gang zu setzen." (S.28)

---

schaftlichen Arbeiten zu veröffentlichen, die auf ethisch nicht vertretbaren Experimenten am Menschen beruhen. Vgl. Science, Bd. 179, S. 662 ff.

[1] Donella H. Meadows / Dennis L. Meadows / Jørgen Randers / Wiliam W. Behrens III: The Limits to Growth, New York 1972 (Signet Books). Die Autoren sind Forscher des Massachusetts Institute of Technology (MIT). Die Studie ist im Auftrag des Club of Rome angefertigt und aus Mitteln der Stiftung Volkswagenwerk finanziert worden. Ich zitiere nach der angegebenen amerikanischen Ausgabe in eigener Übersetzung.

Die Autoren gehen noch einen Schritt weiter: sie verweisen darauf, daß die Zeit dränge und daß man mit den notwendigen Maßnahmen nicht warten dürfe, bis ein lückenloses Verständnis der Probleme und vollkommene Modelle zur Verfügung stünden. Das heißt, sie setzen, um des übernommenen Aufklärungsauftrags willen, ihr wissenschaftliches Renommee aufs Spiel.

Die Autoren haben mit ihrer Schrift viel erreicht: Das Buch ist in zehn Sprachen übersetzt worden, hat hohe Auflagen und wird pausenlos zitiert, vor allem der Titel!

Die eigentliche Pointe der mit Hilfe von Computern vorgenommenen Untersuchung ist die Herstellung eines variablen Modells, an dem die Wechselwirkungen von bisher getrennt untersuchten Faktoren erkennbar gemacht werden können. Dies also — der Systemcharakter unserer Weltzivilisation — ist Hauptgegenstand der Studie und nicht in erster Linie die damit nunmehr möglichen Prognosen, von denen die Autoren ausdrücklich wünschen, daß sie durch die tatsächlichen Entwicklungen widerlegt werden mögen.

Will man für die einzelnen Faktoren unterschiedliche Annahmen machen können, muß das Modell möglichst beweglich sein. Soll es zugleich anschaulich bleiben, muß die Zahl der eingehenden Variablen kleingehalten werden. Die MIT-Studie beschränkt sich darum auf fünf Entwicklungstendenzen, von denen die Autoren annehmen, sie seien die für das exponentielle Wachstum entscheidenden Faktoren:

— die beschleunigt fortgesetzte Industrialisierung
— die globale Bevölkerungszunahme
— die Unterernährung in großen Teilen der Welt
— die Erschöpfung von nichterneuerungsfähigen Rohstoffen
— die Zerstörung der Umwelt.

Was verursacht diese Entwicklungen und wie beeinflussen sie sich gegenseitig — jetzt und in den nächsten 100 Jahren?

Wenn man einmal annimmt, daß keine prinzipielle Veränderung gegenüber den zwischen 1900 und 1970 beobachteten Entwicklungslinien eintritt (man nennt dies dann das „Standard-Welt-Modell“), so werden die Industriekapazität und die Bevölkerung wachsen und damit einen zunehmenden Bedarf an Rohstoffen verursachen. In dem Maß, in dem die natürlichen Vorkommen abnehmen (mit der Folge, daß auch sehr schwer zugängliche Quellen aufgesucht und ausgebeutet werden müssen), steigen die Preise, so daß weniger Geld für die Investition zur Fortsetzung des Wachstums übrigbleibt. Schließlich fällt die Investitionsrate unter die Abnutzungsrate und die industrielle Basis zerbricht, wodurch auch die Dienstleistungsindustrie und die Landwirtschaft kollabieren. Kurz darauf fällt die Bevölkerungskurve aus Mangel an Nahrungsmitteln und Gesundheitsdiensten ab.

So etwa sieht eine der hier möglichen Simulierungen bevorstehender Entwicklungen aus.

Die MIT-Studie sagt ausdrücklich nicht, daß dies so kommen *wird*, sondern nur, daß es so kommen *kann*. Sie ist geschrieben worden, um klarzumachen, daß

> „es möglich ist, diese Tendenzen zu ändern und Bedingungen ökologischer und ökonomischer Stabilität herzustellen, die auch in Zukunft aufrechtzuerhalten sind ... Je eher die Völker dieser Erde (the world's people) sich für diese Alternative entscheiden, um so größer sind die Aussichten, daß ihnen diese Stabilisierung gelingt." (S. 29)

Die Hauptbotschaft — neben der Vorhersage, daß das Wachstum irgendwann im Laufe der nächsten 100 Jahre seine Grenzen erreicht haben wird — ist also die: daß wir bewußt und systematisch ein ökologisches Gleichgewicht herzustellen versuchen müssen. Die Hoffnung, daß dies durch die Technik selber erreicht werden könne (z. B. durch Erschließung neuer Energiequellen, neuer synthetischer Stoffe, neuer Anbaumethoden und -gebiete, neuer Nahrungsmittel überhaupt), wie sie Buckminster Fuller in ungebrochener Zuversicht ständig hervorbringt, wird von den Forschern des MIT stark gedämpft. Fuller, der alte Mann, der Amerikas Jugend begeistert, weil er eine reiche technische Phantasie mit einer höchst unbürgerlichen Sozialphilosophie verbindet, der Besitz für eine zunehmend überflüssige und lästige Institution hält, der Städte ins Meer bauen will oder in die Luft, der vorschlägt, die drängenden Wohnprobleme dadurch zu lösen, daß man die Verwaltung durch Computer ersetzt und die Unbehausten in den riesigen Bürohäusern New Yorks unterbringt, der unseren Planeten zu einem Raumschiff erklärt [1] (was vor ihm schon Kenneth Boulding tat), sieht und verkündet unaufhörlich die Möglichkeit, *die Umwelt zu verändern, damit der Mensch so bleiben könne, wie er ist.*

Und genau diesen Optimismus greifen die Forscher des MIT an. Das

[1] Buckminster Fuller: Operating Manual for Spaceship Earth, New York 1970 (Simon & Schuster).

Paradebeispiel für die technische Lösung der durch Technik erzeugten Probleme ist die sogenannte Grüne Revolution. Sie sollte nicht nur die Nahrungsmittelproduktion erhöhen, sondern sie auch arbeitsintensiv machen, d. h. Arbeitsplätze schaffen. Das ist ihr auch z. B. im Punjab gelungen. Aber sie hat nicht nur ihrerseits den Gebrauch von Insektiziden, Pestiziden und Kunstdünger in Gebiete eingeschleppt, die a) davon bisher frei waren und b) diesen Gebrauch nicht wieder einzuschränken gedenken, sie hat zugleich die Sozialstruktur dieser Gegend (die mit einer eigentümlichen Aufteilung des Grundbesitzes zusammenhing) zerstört und eine Fülle von neuen Problemen geschaffen, deren Folgen noch niemand absehen kann. Sie hat unter anderem die schon bestehende wirtschaftliche Ungleichheit noch erhöht, indem die reicheren Bauern die neuen Methoden zuerst anzuwenden in der Lage waren — sie hatten etwas Kapital und konnten sich das Risiko leisten — und so das Land der nun noch Ärmeren an sich bringen konnten.
Noch schlimmer sieht es in der Fischerei aus, bei der die Verbesserung der Fangmethoden zunächst zu einer Steigerung der Erträge, dann aber auch zur Ausrottung der Fische geführt hat. Seit 1969 geht der Fischfang absolut zurück und die großen modernisierten Fangflotten werden zu einem immer geringeren Teil ausgenutzt.
Aus solchen Erkenntnissen heraus rechnet die MIT-Studie für die Ausbalancierung unseres Ökosystems nicht so sehr mit weiteren wissenschaftlichen und technischen Erfindungen, sondern mehr

1. mit der Festlegung von Produktions- und Ausbeutungsgrenzen (Schonung der Rohstoffquellen durch recycling, strenge Verseuchungskontrolle, bessere Ausnutzung der Materialien — zum Teil, indem die Produkte besser verarbeitet werden und dadurch eine längere Lebensdauer bekommen etc.),
2. mit der Herabsetzung dessen, was sie den „positiven Rückkoppelungseffekt" nennt (z. B. die Bevölkerungszunahme) und
3. mit einer Veränderung der Wertvorstellungen oder Prioritäten (der vermehrten Zuwendung zu persönlichen und sozialen Dienstleistungen — einschließlich der Kulturaufgaben — und zur Ernährung mit der Bereitschaft, diese auch unter als „unökonomisch" geltenden Bedingungen zu produzieren — an Stelle der gegenwärtigen Vorliebe für Industriegüter).

Eine solchermaßen stabilisierte Welt ist nicht die Erfindung der MIT-Leute. In Platons Nomoi, in Aristoteles' Politik, bei Malthus und Mill gibt es Vorbilder für eine Welt, in der „richtige Verteilung wichtiger ist als hohe Produktion“ (Herman E. Daly), in der zwar auch nicht alles gut, nicht ohne jegliche Not und Unsicherheit ist, aber doch der Fortschritt nicht aufhören muß.

Solche Utopien sind stets der Skepsis, ja der Ablehnung der Menschen begegnet. Ist nicht die gesamte abendländische Kultur aus dem Kampf *gegen* die Begrenzungen erwachsen? Und nun soll man *mit* ihnen leben? Darf, nein muß man nicht fürchten, daß,

— wenn die Kapitalanlage und die Bevölkerungszahl ausgeglichen sind, Investition und Abnutzung, Geburtsrate und Todesrate sich entsprechen
— wenn die Umschlagsquoten kleingehalten werden
— wenn die Höhe beider: Kapital und Bevölkerung und ihr Verhältnis zueinander nach den Wertvorstellungen der Gesellschaft festgesetzt sein sollen, revidierbar zwar und an neue Entwicklungen langsam anzupassen, aber eben doch *nicht frei* (S. 179),

muß man nicht fürchten, daß dann jeder spontane Wandel eingefroren, Abweichungen — auch die genialsten und harmlosesten — unterdrückt, die Spielräume, die wir genießen, geschlossen werden? Wird man der Studie glauben, daß just dies mehr Freiheit und nicht weniger Freiheit bedeuten werde? Wie sollen Menschen — nicht nur wir, sondern die Chinesen, die Türken, die Ghanesen diese Kunde akzeptieren? Der Inder mag lernen, daß er in der Tat nicht 15 Kinder zeugen muß, um sein Alter zu sichern — aber das lernt er nicht aus einer solchen Prognose, sondern nur durch eine veränderte Erfahrung mit einer veränderten Lebensform, die langsamer kommt als die Katastrophe.

Wir sind bei der Frage nach der Verwirklichung, um derentwillen wir das Beispiel der MIT-Studie aufgegriffen haben. All diese Reaktionen *sind* eingetreten. Die einen haben die MIT-Leute der Schwarzseherei bezichtigt [1], ihre Kritik bleibe systemimmanent, sie habe nur die Dummheiten der Gegenwart in die Zukunft fortgeschrieben, die positiven Entwicklungsfaktoren und Alternativen nicht verfolgt [2].

---

[1] Claus Koch: Mystifikationen der „Wachstumskrise“, in: MERKUR 297, Januar 1973, S. 80 ff. Vgl. auch Wolfgang Koeck: Keine Angst vor Morgen, Düsseldorf 1972 (Econ).

[2] So auch Georg Picht, der die Studie positiv beurteilt, die von ihm vermißten Faktoren kommen nicht als selbständige Parameter vor, aber sie werden doch alle angesprochen und berücksichtigt — mit einer Ausnahme: der politischen Entscheidung auf Grund eines gewandelten Bewußtseins; Georg

Andere werfen ihr Naivität vor, zumindest indem sie selbst auf dem Irrweg fortschreite, der uns in die von ihr gezeigte Not geführt habe [1], ihre quantifizierende Methode erlaube ihr gar keine wirkliche Alternative, keine z. B. mit zwar fortgesetztem, aber anders genutztem, anders gerichtetem Wachstum.

Wir erinnern uns: Die MIT-Studie erwartet, daß the world's people sich für die bessere Möglichkeit entscheiden. Sie sagt, „man" müsse dazu vor allem mehr Information haben

— über einschlägige Tatsachen (wie Verseuchung vor sich gehe, woher sie komme, welchen Weg sie nehme, welche langfristigen Wirkungen sie habe)
— über die Systemstruktur (also wie was womit zusammenhänge und welche Regulierungsmechanismen es gebe)
— über die Wertvorstellungen der Menschen (wie sie entstehen und wie sie zu verändern seien) (S. 185)

Die Studie sagt:

„Sobald eine Gesellschaft merkt, daß sie nicht alles maximieren kann, muß sie eine Auswahl treffen, und dafür muß sie Kriterien haben. Vor allem aber müssen die langfristigen Ziele ermittelt werden und die kurzfristigen mit ihnen in Einklang gebracht werden." (S. 176 f.)

Aber wie wird das alles „the world's people" erreichen? Hat nicht selbst diese sonst so löblich didaktische Schrift das didaktisch Wichtigste vergessen: den Adressaten? Wer sind die Bewohner dieser Erde, die zugleich „entscheiden" könnten, jetzt noch rechtzeitig anders zu „handeln"? Wenn es „alle Menschen" sein sollen, ist sie dann nicht noch immer viel zu kompliziert, zu abstrakt — allein, weil man sie *lesen* muß? Gibt sie praktische Mittel zur Hand? Zeigt sie, wie man seine eigenen Lebensbedingungen, die zwar „vom Menschen gemacht" sind, aber doch nicht „von mir" oder „von uns", kontrolliert und verändert? Wenn es nicht alle Menschen sind, sondern die Regierungen oder die Menschen, die Bildung, Geld und Macht haben — werden sie alle die gleichen Folgerungen ziehen, werden *sie* wissen, wie sie ihre Mittel einzusetzen haben?

Die Studie sagt nicht, wie man von hier nach da gelangt, sie sagt es so wenig wie Ivan Illich oder Barry Commoner oder das Ehepaar Ehrlich.

Picht: Die Grenzen der Meadows-Studie in: MERKUR 299, März 1973; vgl. auch unten S. 76.

[1] Georg Picht: Die Grenzen der Meadows-Studie, S. 219.

Die MIT-Studie sagt nicht, wie Menschen aus ihrer Selbsterfahrung, ihrer Mentalität herauskommen: aus der Angst, die sie heute haben — vor Arbeitsplatzverlust, vor Nicht-seinen-Anteil-am-Ganzen-bekommen, vor Herrschaft und Manipulation (so die Brasilianer, die einer Geburtenkontrolle nicht zustimmen, so die Entwicklungsländer insgesamt, die sich in Stockholm das Recht auf Umweltverschmutzung ausdrücklich vorbehalten haben!), vor Rückfall hinter die Möglichkeiten, die dieses System wenigstens bietet: hinter das bißchen Hoffnung, auch einmal zu der bisher closed society zu gehören ...

Die MIT-Studie sagt nicht, wie man den politischen Strukturen entrinnt, die ihrerseits an dem falschen technischen Fortschritt festhalten: nichts über das Nationalstaatensystem, die Klassengesellschaft, die Rüstungsindustrie, die Kartelle, die Rassenkonfrontation, das Armutsgefälle, das ungleich verteilte Know-how; nichts über die Mobilisierung der öffentlichen Meinung und des moralischen Bewußtseins der Menschheit; kein Wort über die alten politischen Institutionen und Prozesse, die über die Alternativen entscheiden werden, und keines über neue, die diese Entscheidung besser treffen könnten! Die Studie impliziert zwar, daß das internationale Staatensystem, das auf Wettbewerb und Konflikt gründet, veraltet ist, sie läßt erkennen, daß der Konflikt mit der gemeinsamen Umwelt schlimmer sein könne als der Konflikt zwischen Staaten — aber eine Lösung gibt sie nicht.

Die MIT-Studie sagt vor allem nichts zu der Allianz zwischen politischem und wirtschaftlichem System, etwa zwischen der International Telephon and Telegraph Corporation (ITT) und der amerikanischen Regierung. Die ITT preist ihren Aktionären ihre eigene Macht, wie ein britischer Premierminister das Empire in seinen größten Tagen nicht besser hätte preisen können:

„Sie arbeitet 24 Stunden täglich in 67 Nationen auf 6 Kontinenten, von der Arktis bis zur Antarktis und buchstäblich vom Boden des Meeres bis zum Mond.“

Vor dem US-Senatsausschuß für Monopolbekämpfung kennzeichnete der Wirtschaftswissenschaftler Willard F. Mueller von der University of Wisconsin die ITT wie folgt:

„Als Normalverbraucher können Sie ein Haus in einer von ITT-Levitt geplanten Wohngemeinde beziehen; Sie können mit einer Anleihe von der ITT-Finanzierungshilfe Möbel für Ihr Haus kaufen; mit ITT's Scott-Dünger Ihren Rasen düngen; eine ITT-Hartford-Feuerversicherung abschließen;

Ihr Leben von einer von ITT's Lebensversicherungsabteilungen versichern lassen; Ihre Ersparnisse bei den ITT-Hamilton-Fonds anlegen; die Backwaren einer ITT-Continental-Bäckerei mit ITT-Smithfield-Schinken genießen; Zigaretten und Kaffee aus ITT-Automaten kaufen; in ITT-Sheraton-Hotels und -Motels übernachten; einen Wagen von ITT-Avis mieten ...

Überdies geht ein Teil Ihres Steuerdollars an das Verteidigungs- und Weltraumprogramm der ITT. ITT ist der Hauptvertragspartner für das Verteidigungswesen. ITT unterhält den heißen Draht nach Moskau, bedient das Fernwarnnetz und das riesige Abwehrraketensystem in Grönland und Alaska sowie die großen NASA-Einrichtungen in Cocoa-Beach, Florida, und die Western Test Range-Anlagen des Verteidigungsministeriums in Kalifornien." [1]

Die ITT, die Hitler unterstützt haben soll, hat den Versuch gemacht, Allende zu stürzen und die US-Präsidentenwahlen zu beeinflussen. Sie tut, was heute keine etablierte Partei und Regierung ungestraft wagen kann.

Wenn die Vertreter der Nationalstaaten auf internationalen Kongressen über Fragen des Umweltschutzes miteinander verhandeln — wer vertritt eigentlich solche Giganten und wer vermöchte ihnen entgegenzutreten? Was aber erst sollen kleine Gemeinden und am Ende der einzelne tun?

Und wenn „the world's people" dies alles wissen — was dann? Genügt hier die Strategie von Ralph Nader — die Mobilisierung der Aktionärsversammlungen? Ist dort unsere „Polis"? Hat es Zweck, in solcher Sache auf die Straße zu gehen? Ist das unser Marathon oder Salamis?

Aber vielleicht sind Individuen gar nicht gemeint. Vielleicht richtet sich die MIT-Studie an Regierungen, die Wissenschaften, die Parteien, die Gremien, die Politik treiben oder politischen Einfluß haben. Und diese machen sich dann daraus ihr Instrument.

Man hat in Amerika eine Methode für „goals accounting" erarbeitet: wissenschaftliche Verfahren zur Aufstellung gesellschaftlicher Ziele im Rahmen politischer Entscheidungsprozesse. Aber das, was Werner Heisenberg fordert, bringen sie nicht. Da wird berechnet, was es kostet, wenn bis zum Jahre 1980 das durchschnittliche Lebensalter des Amerikaners um ein Jahr verlängert würde, oder wenn die Gleichberechtigung von Weiß und Farbig, Männlich und Weiblich in der Berufswelt im Laufe eines einzigen Jahres durchgesetzt werden sollte und so fort.

---

[1] Zitiert nach: The Progressive, Mai 1972, S. 4.

„Wenn man diese Daten hat, ist es nicht mehr schwer, die Prioritäten zu setzen ..."

heißt es in dem Bericht von John Lear hierüber in der Saturday Review [1]. In der Tat nicht, wenn die Kosten der einzige Maßstab sein sollen!

Auch das „technology assessment", also die Bewertung der Folgen technischer Neuerungen, mit der ein im vorigen Jahr errichtetes Office of Technology Assessment (OTA) betraut worden ist, hat enttäuscht — wieder weil die Politik ausgespart worden ist. Ein typisches Objekt einer solchen Behörde wäre die Nutzen-Kosten-Berechnung für einen Flugplatz. Aber die Untersuchungen laufen nicht auf *Nutzen*-Kosten-Analysen hinaus, sondern auf *Kosten*-Kosten-Analysen. Der Schaden, der durch Fluglärm für Schulen und Krankenhäuser entsteht, ist eben inkommensurabel mit den Kosten, die bei der Bauanlage oder beim Transport der Fluggäste zum Flugplatz entstehen, geschweige denn mit dem Nutzen, der einer Wirtschaft auf diesem Wege zuteil wird. Verhaltensstudien an der umwohnenden Bevölkerung, Konsumentenbefragungen und Bewertungen der Arbeitszeit — Untersuchungen, die man dort substituiert, wo Marktwerte nicht anzugeben sind — entheben niemanden, am Ende eine Wertentscheidung zu treffen und sie politisch durchzusetzen. Als man das OTA einrichtete, glaubte man, es durch vollständige Neutralität vor politischem und wirtschaftlichem Druck bewahren zu sollen. Es darf nicht einmal Empfehlungen aussprechen. Auf diese Weise bekommen Politiker zwar sachkundig ermittelte Daten für ihre Argumente, und die Öffentlichkeit kann diese Argumente anhand jener Daten kontrollieren. Aber auch, wer das „Falsche" will, wird bedient — er erfährt zumindest, wie der Mißbrauch getarnt werden muß. In anderen Worten, die politische Lösung des politischen Problems kann nicht von der Wissenschaft kommen. Wissenschaft kann sie vorbereiten; sie kann — leider — auch von ihr ablenken.

Wir haben die gleichen Schwierigkeiten in fast allen gesellschaftlichen Bereichen. Ich nehme die Bildungsökonomie. Welche Ausbildungsgänge muß der Staat schaffen? Soll er von einer Prognose der wirtschaftlichen Entwicklungen ausgehen oder von einer Prognose dessen, was die Bildung vermag? Beides bleibt begrenzt und vieldeutig, und so weicht man auf „technische" Lösungen aus: man entwirft

---

[1] John Lear: Where is Society Going? The Search for Landmarks, in: Saturday Review, 15. April 1972, S. 39.

sogenannte flexible Ausbildungsgänge, flexible Abschlüsse, flexible Gebäude, Rotation der Ausbilder und Aufgaben, oder man ermittelt sogenannte Schlüsselqualifikationen, zerlegt die Berufe in Funktionen auf Grund von Arbeitsplatzanalysen — und umgeht damit das Problem der Prognose durch „geplante Mobilität".

Nichts gegen solche Mobilität und Disponibilität, wenn sie gelingt und solange die dazu getroffenen teuren und schwierigen Maßnahmen die Komplexität des Ganzen nicht vermehren — solange also die Menschen ihr gewachsen sind. Aber genau daran zu zweifeln haben wir allen Grund, und so wird denn die „geplante Mobilität" zu einem Feigenblatt für Manipulation oder Verwirrung.

In diesem Abschnitt ging es nicht um die Frage, welche Verantwortung man den Wissenschaftlern für die politischen und sozialen Folgen ihrer eigenen Entdeckungen auferlegen kann oder in welchem Maße sich die Politiker nach den „Erkenntnissen" der Wissenschaften richten müssen. Es geht vielmehr darum, ob Aufklärung, Wissenschaft und Verbesserung der Technik selbst aussichtsreiche Mittel zur Steuerung des Raumschiffes Erde, zur Bändigung des sich unheimlich verselbständigenden Gesamtsystems sind. Sie können nützlich sein, aber wenn man bei der wissenschaftlichen Aufklärung und dem technischen Fehlerausgleich stehenbleibt, hat man nicht nur nicht genug getan, man hat vermutlich zur Beschwichtigung beigetragen. „Limits to Growth" kann beim Publikum leicht den Eindruck hinterlassen: Nun wissen die es ja und werden schon das Richtige tun!

Als Prometheus den Göttern das Feuer und die technai — die Fertigkeiten — gestohlen und die Menschen damit ausgestattet hatte, da fehlte den Menschen zum richtigen Leben noch eines: die politikē — „und die war bei Zeus", wie es in dem von Sokrates erzählten Mythos heißt [1]. Wer technai hat, braucht politikē; die Tiere, die Epimetheus mit angeborenen Werkzeugen und Instinkten ausgerüstet hatte, brauchen das nicht. Man kann die Lehre dieser Geschichte fortsetzen: je mehr technai der Mensch hat, um so wichtiger — und schwieriger — wird für ihn die Politik.

[1] Platon: Protagoras 321 d.

2. *Bedingtes Verhalten statt eingebildeter Freiheit?*
oder:
Die Kontrolle der Umwelt durch den Menschen durch die Kontrolle des Menschen durch die Umwelt

Heimgesucht von Schwierigkeiten und Übeln halten wir uns an das, was wir am besten können: an Wissenschaft und Technik... Und doch wird alles schlimmer, ja wir entdecken enttäuscht, daß die Technik selbst in zunehmendem Maß an unseren Ärgernissen schuld ist. — So etwa beginnt das Buch „Jenseits von Freiheit und Würde" von B. F. Skinner[1]. Gleichwohl handelt dieses Buch seinerseits vor allem von einem: vom Einsatz der Sozialwissenschaften zur Lösung unserer gesellschaftlichen Probleme und von der Entwicklung einer Art Ingenieurkunst oder Technik des Verhaltens.

Wenn das möglich ist, dann habe ich in dem voraufgehenden Abschnitt nur zu kurz gegriffen: Beschränkt sich Wissenschaft — wie in der MIT-Studie — darauf herauszufinden, zu informieren und aufzuklären, wird sie in der Tat wenig helfen können. Wird sie aber auf den Menschen angewendet, wird dieser zur Hinnahme seiner tatsächlichen Bedingtheit durch die natürliche und soziale Umwelt gezwungen und wird dadurch das wahre, untergründig immer schon bestehende Verhältnis von Mensch und Umwelt auch offen hergestellt — ein Verhältnis, vor dem er sich erfolgreich durch Götterglauben, Idealismus und die Behauptung von seiner „Freiheit und Würde" gedrückt hat —, dann kann er im Einklang mit seiner Umwelt leben und wird auch Einfluß auf sie nehmen.

Wissenschaft muß das Bild, das sich der Mensch von sich selber gemacht hat, umkehren. Jenem Bild zufolge sucht er sich aus, was er wahrnehmen, gut oder schlecht finden, für seine Zwecke einsetzen, ändern, sich aneignen will und so fort. Aber

„... in der wissenschaftlichen Sicht ist der Mensch Mitglied einer Spezies, die durch einen evolutionären, an den Chancen des Überlebens orientierten Prozeß geformt ist, er hat Verhaltenseigenschaften, die ihn unter die Kontrolle der Umwelt (under the control of the environment) bringen, in der er lebt — vornehmlich der sozialen ... Nicht also die Person wirkt auf die Welt, sondern die Welt wirkt auf die Person ein." (S. 211)

---

[1] F. B. Skinner: Beyond Freedom and Dignity, New York 1971 (Alfred A. Knopf), deutsch: Jenseits von Freiheit und Würde, Reinbek 1973 (Rowohlt). Ich zitiere nach der amerikanischen Ausgabe in eigener Übersetzung.

Die wissenschaftliche Sicht befähigt ihn, das operant conditioning zu leisten (oder zunächst: überhaupt leisten zu wollen), also sich durch Einrichtungen, Grenzen, Ordnungen zu einem Wesen zu machen, das in dieser Welt erfolgreich leben kann. Daß diese Welt schon weitgehend von ihm erzeugt ist, bestätigt diese Ansicht nur, meint Skinner: Kulturen sind gigantische Übungen in Selbstkontrolle (S. 215). Die einzelnen Menschen wissen das nur nicht. „Nicht den Menschen von Kontrolle befreien, sondern die Formen von Kontrolle, denen er unterworfen ist, analysieren und ändern" (S. 43), das ist das Programm, das uns das Überleben ermöglichen wird. Die Lehre von der Autonomie des Menschen steht dem im Wege.

Die „Literatur", die dem Menschen jene Autonomie vorgaukelt und die ihn auf diese Weise daran gehindert hat, seine wahren Kontrollmöglichkeiten wahrzunehmen, die religiöse, philosophische und ästhetische Tradition des Abendlandes also, bezog ihre Rechtfertigung nicht nur durch ihren Bezug auf die höhere Verantwortung vor Gott, sondern auch aus dem Recht des Menschen, gegen Herrschaft aufzustehen. Gute Taten — die Anstrengung, Mut, Überwindung kosten — mußten unter Berufung auf das Gewissen, auf Ehre, auf bleibende Werte, die Freiheit und die Würde, aufgebracht werden, oder aus Angst vor Strafe. Gott und primitive Gewalt aber sind nicht mehr unser größtes Problem, sondern die „man-made world". Nun braucht er eine „more sophisticated" Selbstkontrolle — *science* statt *conscience,* Wissenschaft statt Gewissenschaft. Kontrolle hat es immer schon gegeben. Worauf es ankommt, ist, die Kontrolle durch Wissenschaft annehmbar zu machen, ohne die schmeichelhaften atavistischen Vorurteile für Freiheit und Würde wieder aufzuwecken.
Die Wissenschaft bietet bisher noch wenig für die hier geforderte „Technologie des Verhaltens" (S. 19 und 25), eben weil die idealistischen Ideologien ihr nicht erlaubt haben, sich zu entfalten — genauer: ihr jeden Anlaß dazu genommen haben. Auf der anderen Seite hat die Anwendung naturwissenschaftlicher Methoden auf den Menschen alles Nichtstoffliche (Gefühle, Zwecke, Werte) erst recht isoliert und als unzugängliche oder eingebildete Größen übriggelassen. Aber es gibt diese Gefühle, Zwecke und Wertungen; der Mensch erfährt sie sehr lebhaft und wird sie sich nicht wegerklären lassen, sondern allenfalls andere Erklärungen und Bezeichnungen dafür hinnehmen; also auch sie ebenso exakten Methoden und Instrumenten zu

unterwerfen und verstehbar zu machen wäre Aufgabe einer Verhaltens-*Wissenschaft* (vgl. S. 13 ff.).

Dieses Verfahren hat sich in seiner strengsten Form als Behaviorismus etabliert. Behaviorismus geht von der These aus, daß es ohne wissenschaftlichen Sinn sei, etwas anzunehmen, das sich in keiner Weise äußert oder wahrnehmen läßt. Am Verhalten erkennt der Behaviorist alles, was er glaubt, über den Menschen wissen zu können, und daran macht er seine Erklärungen fest. Das bedeutet, daß es nichts „Selbständiges“ — keinen autonomen Willen, kein Gewissen, keine Persönlichkeit — im „Innern“ des Menschen gibt: Da sich alle inneren Vorgänge nur bei ihrem Austritt zu erkennen geben und dort, sei es mit einem gegenwärtigen oder einem früheren Anlaß/Auslöser verbunden werden, *muß* es auch nichts Derartiges geben. Die Methode der Behavioristen macht sie gleichsam automatisch auch zu „environmentalists“ — Leuten, die alles, was Menschen tun oder im Unterschied voneinander sind, auf Außenwirkungen zurückführen.

Stimulus (von außen) und response (von innen) machen zusammen einen Reflex aus; Reflexe können bedingt (oder „konditioniert“) werden; die Bedingtheit kann durch eigene Handlung ausgelöst werden (operant conditioning); die so erlangte Erfahrung wirkt als positiver oder negativer Verstärker (reinforcement), d. h. sie verlangt nach Wiederholung oder Vermeidung.

Man wird sofort einwenden: es geschehe so viel mehr, als wir wahrnehmen können. — Dann müssen wir es eben wahrzunehmen lernen, würde Skinner sagen. Wir müssen uns die Mühe machen, genauer, ausdauernder, unter bisher noch nicht entwickelten Kategorien zu beobachten und die Ergebnisse in ein operationalisierbares System zusammenfügen; wir dürfen uns nicht mit den Introspektionen, der prinzipiellen Erkenntnis-Resignation, den Ungefährheiten der „Humanisten“ einerseits, den banalen Physikalismen der Biologen andererseits, begnügen.

Nun interessiert uns hier nicht Skinners Wissenschaftstheorie, sondern sein Anspruch, mit diesem Verfahren etwas Bedeutendes zur Lösung unserer Selbstbestimmungsnöte in der vom Menschen gemachten und nicht mehr beherrschten Welt beizutragen. Als Beitrag hierzu und nicht als Beschreibung seiner Wissenschaft hat das Buch ja auch einen so ungeheuren Erfolg gehabt.

In der Tat handelt das Buch von Selbstbestimmung (autonomy) und Einfluß oder Kontrolle (control) und nimmt auf Grund der eben geschilderten Prämissen notwendig für Kontrolle[1] gegen Selbstbestimmung Stellung. Was „richtig" oder „gut" ist, kann in dieser Theorie allein in den Verstärker-Wirkungen der Dinge gesucht werden, genauer, in den positiven Verstärkern (the positive reinforcing effects)[2]. Die Verstärkung geschieht auf drei Ebenen: etwas ist „gut für mich" / „gut für andere" / „gut für die Kultur" oder auch Gattung. Ihr Verhältnis kann mit Hilfe von Verhaltensforschung festgestellt werden. Man ermittelt z. B. alle Wohltaten (goods), die einem Individuum dadurch zuteil werden, daß es sich zum Wohle anderer bestimmen (kontrollieren) läßt oder selbst diszipliniert (S. 119). Das Verhältnis hiervon wiederum zu dem, was für die Gattung oder Kultur gut ist, läßt sich an deren Überleben messen, das auch „unser Überleben" ist. Zwar tut man das Geforderte nicht, *damit* die Kultur überlebe, aber die Kultur überlebt, weil diejenigen, die sie tragen, überleben. — Eine Kultur nun

„die es — *mit welchen Gründen auch immer* — fertigbringt, ihre Mitglieder dafür zu motivieren, daß sie sich auch für das Überleben der Kultur einsetzen, wird länger leben." (S. 144, Hervorhebung vom Autor)

Der letzte Maßstab also ist — hart gesprochen — der body count: wie viele sind übriggeblieben?

Wie aber kommt es zu jenen von der Kultur einzubringenden Motivationen? („Motivationen" sind der neue Ausdruck für „Werte": das Verhältnis zu den positiven Verstärkungen, die die Kultur real ermöglicht.) Wer die Umwelt für die Menschen real herstellt, „kontrolliert" sie. Wer soll das sein? Nach was für Entwürfen geschieht das? Auf welche Ziele hin tun das die gedachten „Kontrolleure"? (S. 22)

Die Kontrolleure sind die Sozialwissenschaftler. Ihre Wissenschaft ist als solche zwar neutral, aber wo sie in den Entwurf einer Kultur eingebracht wird, wirkt sie als Wert. Ist sie dann noch „wissenschaftlich" kritisierbar? Und: Warum hat ihre Anwendung bisher so schlecht funktioniert — so beängstigende Ergebnisse erbracht? Auf die letzte Frage antwortet Skinner immer wieder: weil die Sozialwis-

---

[1] Control im Englischen heißt mehr (vorgängige) „Verfügung" über etwas, während das deutsche Wort Kontrolle mehr die (nachträgliche) Überprüfung meint. Ein Straßenbahnkontrolleur verfügt nicht über mich.

[2] Und dies ist das Feld der Verhaltensforschung. Soweit sie also mit operant reinforcement zu tun hat, ist sie eine Wissenschaft von Werten. Der Kreis zwischen Wissenschaft und Politik ist geschlossen — wenn auch kurz.

senschaften noch nicht hinreichend entwickelt worden sind. Auf die erstere antwortet er: man brauche den Mißbrauch nicht allzusehr zu fürchten, denn da die Wissenschaftler es mit der tatsächlichen und nicht wie die Ethiker bisher mit einer gewünschten Welt zu tun haben, werden die „controlers" automatisch durch die Gegenkontrolle (countercontrol) der Wirklichkeit selbst korrigiert oder doch überführt (vgl. S. 171 f. und S. 182). Offenbar legen die Tiere der Skinnerschen Experimente das nahe: sie werden krank oder aggressiv. Menschen werden sich auflehnen, z. B. eine Revolution machen. „Kontrollen" seien meist reziprok: parendo vincimus naturam. Der Einfluß (control) der Eltern auf ihre Kinder wird seinerseits durch deren Reaktionen gesteuert [1]. Regierungen, Betriebsleitungen, Lehrern gehe es ähnlich. Verhindern müsse man, daß die Gegenkontrollen unterbunden werden — wie das z. B. in Gefängnissen, in der militärischen Hierarchie, in Sanatorien für Geisteskranke geschieht. Also nicht so sehr auf die Kontrolleure achten, sondern auf die Bedingungen, unter denen sie ihre Kontrolle ausüben! Damit sind wir wieder bei der Umwelt, die die Kontrolleure kontrolliert, die die Umwelt kontrollieren.

Die wahre Gegenkontrolle ist damit freilich am Ende der Erfolg (oder der Mißerfolg) — und das ist eine Tautologie, solange kein Maßstab angegeben wird. Nach einem solchen Maßstab wird man bei Skinner — mit Recht — vergebens suchen wie bei allen Behavioristen, Instrumentalisten, Pragmatisten. Im Zweifelsfall gelten die herrschenden Einrichtungen und Vorstellungen als Norm. Ich kann nur, sagt Skinner, auf die Bedürfnisse *reagieren,* und dabei ist es egal, ob diese bewußt sind oder nicht. Die Kausalität des Verhaltens hängt nicht vom Bewußtsein ab, sondern umgekehrt. Sein Buch ist darum eigentlich gegen seine eigene Lehre geschrieben, insofern als es sich bemüht, das Bewußtsein der Menschen zu erreichen und zu ändern (wozu er sogar von einer Wissenschaftssprache abzusehen behauptet S. 22). Ja, er bleibt dem etwas aufmerksameren Leser schuldig zu erklären, wo denn das besondere Bewußtsein der Sozialwissenschaftler herkommt — ihr sehr abstraktes Interesse für Verhalten an sich!

Und unsere Generalfrage nach der Verwirklichungshilfe, die diese Position der in Not geratenen Selbstbestimmung gibt? Für Skinner gibt es keine ethischen Individuen, sondern nur ethische Kulturen. Nur ihnen steht Selbstbestimmung zu und eine sehr eng begrenzte zu-

[1] Vgl. unten S. 165.

dem. Aber Kulturen handeln nicht. Ich halte sogar Ausdrücke wie „the design of a culture" — „der Entwurf einer Kultur" (im Buch ist damit sogar „das Entwerfen einer Kultur" gemeint) — für irreal und für theoretisch unbegründet. Kulturen werden nicht entworfen und nicht gemacht. Skinner nimmt in dieser Figur vorweg, was er wahrhaben möchte, aber als Wissenschaftler erst einmal nachweisen oder plausibel machen müßte. Wenn Kulturen nicht handeln (sondern nur Handlung von Menschen bewahren) und wenn ihnen nicht ein von ihrem Zustand zunächst einmal unabhängiger Wert als Maßstab gelten kann, sondern immer erst ihr Überleben bestätigt, daß er richtig (ein „Wert") war — wie können sie sich je durch neue Handlung ihrer Mitglieder verbessern?

Hätte Skinner nur geäußert, daß man sich in einer aus den Fugen geratenden Welt disziplinieren solle und nicht von jedem neuen Gedanken oder jeder eingerissenen Schranke gleich das Heil erwarten — man hätte das mit Respekt gehört, nicht zuletzt, weil es verständig ist. Aber so hat man den Eindruck, er nutze die allgemeine Panik, in der der Ruf nach „control" gut ankommt, um seine persönlichen, höchst konservativen Vorurteile allgemein zu machen und eine zweifelhafte Wissenschaftstheorie gleich mit dazu!

Traumatisiert durch ein von Wissenschaft und Technik mitverschuldetes Chaos, verführt durch die Eindeutigkeit wissenschaftlichen Denkens glorifiziert Skinner einen gedachten Zustand völligen Ausgleichs. Konflikt ist ihm allemal Ausweis eines falschen Verhaltens. — Indem er dies so klar darstellt, leistet er einen großen Dienst. Er zeigt uns, was das Reden von der ökologischen Balance nicht heißen darf: die Verewigung der gegenwärtigen, uns noch eben erträglich erscheinenden Grenzen und Gewichtverteilung — weil man sie nicht ohne Konflikt und Opfer beseitigen kann.

Man hätte gerne einmal einem konsequenten Behavioristen zugehört, der uns — weder himmlische Wunder noch automatische Prozesse, sondern — eine geplante, wissenschaftlich „kontrollierte" Verbesserung der Gesellschaft *glaubhaft* verspricht.

Man hätte sich gerne von falschen Selbstbestimmungserwartungen befreit, sich ohnmächtiger Beschwörung von Werten und irrealer Vorstellungen entschlagen und dafür ein in Politik und Pädagogik verläßlich zu erreichendes *Verhalten* eingetauscht, wenn denn die größere Zahl der Menschen anders nicht zur Bewältigung einer komplexen und sich wandelnden Welt zu befähigen ist.

Man hätte auch gerne die wirklich *pädagogische* Alternative zur bloßen Information und Aufklärung durch Wissenschaft gesehen: die Veränderung des Menschen so, daß er seine Umwelt verändern kann und sich in ihr wohl- und sicher fühlen. Solchen Aussichten zuliebe hätte man gerne manches „idealistische Vorurteil" geopfert.
Statt dessen wird der Mensch in die bestehende Umwelt eingepaßt — hilfloser und unselbständiger als je zuvor. Am Ende hat Skinner keines der auf der ersten Seite seines Buches aufgezählten Probleme: Umweltzerstörung, Bevölkerungsexplosion, atomare Bedrohung, Verkehrschaos, Unterernährung, Wohnungsbau auch nur um einen einzigen Schritt, eine einzige Hoffnung der Lösung nähergebracht — weil er die Selbstbestimmung leugnet und Verhaltenstechnologie an ihre Stelle setzt. Nicht aus verletzter Eitelkeit, sondern aus — gut behavioristisch zu erklärender — Entmotivierung werden die auf Verstärkungsethik abgerichteten Menschen die Welt nicht besser machen, sondern sich mit allem abfinden: weil das Motiv sie selbst nicht angeht, weil sie selbst nicht mehr zählen, sondern nur noch jene Abstraktion — „das Überleben der Kultur".

3. Mehr Selbstbestimmung durch mehr Freizeit?

Eine Lösung des Selbstbestimmungsproblems hat man immer schon — seit der Verstoßung des Menschen aus dem Garten Eden — in der Vermehrung der Freizeit gesehen: als einer partiellen Wiederherstellung jenes verlorenen Paradieses.
Sie ist begehrt, weil sie dem Menschen freie Verfügung über seine Zeit, seine Tätigkeiten und Mittel und damit über sich selbst verspricht — die Freiheit von Arbeit und Fremdbestimmung, die man beide als notwendig und unveränderbar unangenehm hinzunehmen gelernt hat. Paradoxerweise ist in den letzten Jahrzehnten die Freizeit selber zu einem Problem geworden. Die Menschen beginnen an ihr oder an der Vorstellung von ihr zu leiden, so wird gesagt, und jedenfalls wird dies zum Anlaß weitreichender Maßnahmen genommen.
In der Tat erweist sich die Freizeit als ein Teil der Gesamtheit gesellschaftlicher Vorgänge, die immer mehr zu einem System zusammenwachsen und als System ihre eigenen Zwänge entwickeln: Unfreiheit. Gerade wenn man die Freizeit als Kompensation zu Arbeit und Politik sucht, bleibt sie ihnen und damit dem System verhaftet.

Hiervon soll der folgende Abschnitt handeln: Die wirtschaftlich und gesellschaftspolitisch geplante und womöglich pädagogisch „ausgestaltete“ Freizeit könnte sehr wohl zu einer Kette werden, mit der wir an die falschen Arbeits-, Herrschafts- und Umweltverhältnisse gefesselt werden. Weil die Freizeit so angenehm unpolitisch scheint, weil sie ein Stück realer Selbstbestimmung verspricht, weil sie zugleich außerordentlich gewinnträchtig ist und doch nicht das Odium von „Materialismus“ hat (und vielleicht auch, weil sie ein klassisches Anwendungsfeld für Sozialwissenschaft geworden ist, die ihr denn auch die entsprechende Bedeutung bescheinigen), erfreut sich das Thema allseitiger Beliebtheit und wäre doch — genau aus den aufgezählten Gründen — der größten Vorsicht bedürftig.

Sozialwissenschaftler und Sozialtechniker haben es hier nicht nur mit Fragen zu tun wie: Braucht man bei der Zunahme der Berufstätigen in der Bundeshauptstadt Bonn den Reisberg bei Remagen mehr als Wohngebiet oder mehr als Naherholungsraum, und inwiefern ist die geplante Bebauung als „Ferienpark“ eine Tarnung des einen durch das andere? Sie haben es vor allem auch mit Fragen zu tun: Welches Bewußtsein haben die Menschen (welche Menschen?) von „Berufstätigkeit“, „Ferien“, „Wohnen“, „Erholung“? Haben sie die Vorstellung von einem engen Zusammenhang der vier (und anderer) Größen, oder glauben sie vielmehr, über die ersteren durch die letzteren „Herr“ zu werden, dadurch, daß sie sie loswerden können: am Wochenende, in den Ferien, möglichst weit weg von hier?

Fragt man die Wissenschaftler, was sie unter dem Freizeit*problem* verstehen, werden sie sagen, es gehe für sie darum zu wissen:

— Wieviel Freizeit haben die Menschen und was machen sie mit ihr jetzt? und

— Wieviel Freizeit werden sie demnächst haben und was werden oder können sie dann damit machen?

Fragt man den Mann auf der Straße, was er unter dem Freizeit*problem* versteht, wird er noch immer in der Mehrzahl sagen:

— Ich hätte gern mehr davon!

Und im besseren Fall vielleicht hinzufügen:

— um X zu tun; aber dafür muß ich jetzt noch feste arbeiten! Im schlechteren Fall wird er nicht wissen, daß er nicht „mehr Freizeit“, sondern „weniger von jener unbefriedigenden Arbeit“ oder „weniger von dieser häßlichen Umwelt hier“ oder „weniger von dem ewigen Herumkommandiertwerden“ meint. Die schöne Lesebuchfrage „Freizeit wozu?“ heißt in der platteren Wirklichkeit „Freiheit wovon?“ Hier fallen also nicht nur die Wissenschaft und ihr Gegenstand auseinander, sondern zwei grundverschiedene Vorstellungen davon, wie man Selbstbestimmung verwirklicht. Dies sei hier verfolgt und geprüft.

Die üppige Literatur und die datenreiche Forschung zum Thema Freizeit sind in der Tat von der Frage bestimmt: wie man ein offenbar immer größeres Vakuum, genannt „Freizeit“, mit welchen Freizeittätigkeiten und -angeboten füllt. Man stellt den Zeithaushalt verschiedener Bevölkerungsgruppen fest; man analysiert die Entwicklung über längere Zeitabschnitte hinweg; man befragt die Menschen nach ihren diesbezüglichen Bedürfnissen; und kommt zu dem Ergebnis: Wir brauchen ein geplantes Freizeitsystem, eine „freizeitkonforme Umwelt“, in der einerseits die vorhandenen unerfüllten Wünsche der Menschen befriedigt werden und andererseits falschen Gewohnheiten vorgebeugt wird (z. B. der zwanghaften Benutzung des eigenen Automobils „unter allen Umständen“).

Dies ist soweit vernünftig und verdienstvoll. Keiner von uns könnte ohne empirische Erhebungen über dieses komplexe Problem urteilen und keiner darf die Schwierigkeiten bagatellisieren, die die Bevölkerung, zumal in den städtischen Ballungsgebieten, hat, wenn sie ihre Kompensationsbedürfnisse befriedigen oder auch nur so „normale“ Freuden genießen will wie (laut) mit ihren Kindern zu spielen oder (leise) ein Buch zu lesen oder selber auch einmal Boot zu fahren (und das nicht immer nur auf Zigarettenreklamen zu sehen) oder im Freien zu übernachten (im Schlafsack, weil man Hemingway gelesen hat) — also Dinge zu tun, die keiner anderen Begründung bedürfen, als daß man sie tun *will*.

Aber was der Pädagoge nicht akzeptieren kann und will, ist die Enge der Auffassung von Freizeit, Freizeittätigkeit, Freizeitbedürfnis und die entsprechende Enge der Antworten auf das so bezeichnete Problem. Er kann und will nicht übersehen, daß hier Symptome kuriert werden, ja, daß eine bedenkliche Entwicklung — indem man ihre Fehler perfektioniert und also aushaltbar macht — bestärkt und am Ende unkorrigierbar wird.

Ich will die Enge und Einseitigkeit des Freizeitbegriffes kurz illustrieren: Eine Tagung, die vor etwa einem Jahr in Gummersbach unter dem Titel „Bringt Freizeit Freiheit?“ stattfand, beschäftigte sich am ersten Tag, gleichsam im Vorgarten des Themas, mit den locker assoziierten Begriffen, Freizeit, Freiheit, Politik. Die eigentliche Arbeit, die im Programm ausgedruckt war, galt

— dem Freizeitberater
— den Medien und ihrem Einfluß auf das Freizeitverhalten
— den zu errichtenden Freizeitzentren
— dem Freizeitwert des Sports
— dem Bildungsurlaub
— den Freizeitorganisationen
— den musischen Aktivitäten und Hobbys.

Eine EMNID-Befragung aus dem Jahre 1972 [1] selber erstreckt sich auf erkennbares Verhalten, aufgeteilt nach immer schon *vorgegebenen* Freizeitsparten: Spazierengehen, Sport, Bücher, Fernsehen, Familie, Hobbys, Kulturveranstaltungen, Ins-Grüne-fahren, Musik hören, Ausruhen, Schlafen, Nichtstun, Den-Haushalt-besorgen, Den-Garten-besorgen, Handarbeiten, Sich-mit-dem-Auto-beschäftigen.

Das heißt *erstens:* Daß sich einer in seiner Freizeit mit Nicht-„Freizeitspezifischem" befassen könne, ist nicht vorgesehen und wird gar nicht erst erhoben; *zweitens:* Das Freizeit-Problem scheint vornehmlich in der Frage zu bestehen, *wer, wo, welche, von wem* bezahlten Agenturen, Örtlichkeiten und Experten bereitstellt, die den Bürger auffangen, wenn er nicht arbeitet, und ihm die Illusion erhalten, er tue, was ihm „beliebt" — von ihm Gewolltes und Gewähltes —, obwohl es doch so sorgfältig von anderen organisiert, geplant, „erstellt" worden ist. Man beruft sich dabei auf die ermittelten Bedürfnisse und übersieht, daß die Bedürfnisse im wesentlichen die Erfahrungen mit dem Vorhandenen spiegeln und daß die Befragten keine Alternativen kennen.

Wenn aber das Freizeitproblem in der Frage aufgeht, wo man die Menschen unterbringt, während sie nicht arbeiten und nicht schlafen, dann hätte der Pädagoge hier überhaupt nichts zu sagen. Das Freizeitproblem wäre dann ein rein wirtschaftliches. Nachdem die Menschen in ihrer Geschichte erst Wälder gerodet und an ihrer Stelle landwirtschaftliche Anbaufläche geschaffen, dann Städte und Straßen, Werkstätten und Fabriken, Schulen und Krankenhäuser gebaut haben — müssen sie nunmehr Freizeitreviere bereitstellen. So gleichen wir die durch technische Entwicklungen verschobene Bedürfnislage aus.

---

[1] EMNID-Institut: Freizeit im Ruhrgebiet, Untersuchung über das Freizeitverhalten der Bevölkerung, im Auftrag des Siedlungsverbandes Ruhrkohlenbezirk, Bielefeld und Essen 1971 (EMNID), 2 Bände.

Dem möchte ich nun entgegenhalten:

1. Wir täuschen uns, wenn wir meinen, über immer mehr „verhaltensbeliebige" Zeit zu verfügen; die Entwicklung, die wir „Vermehrung von Freizeit" nennen, ist eigentlich eine Verlagerung von Aufgaben aus der Produktion in die Politik, wo wir sie aber noch nicht wahrnehmen.
2. Was als Freizeit„bedürfnis" ermittelt wird, muß sich und wird sich verändern in dem Maße, in dem der Mensch Grund und Sinn der veränderten Anforderung erkennt.
3. Freizeit ist falsch definiert als „Zeit, frei von Berufsarbeit" und erscheint als Wert, weil und solange Arbeit uns als Unwert erscheint und erscheinen muß.
4. Das Freizeitproblem kann nicht unabhängig von den Arbeits- und Lebensproblemen in der arbeitsteiligen, abstrakten, überdimensionierten Gesellschaft gelöst werden.
5. Die Aufgabe der Pädagogik wird in der Problematisierung jener Aufteilung zwischen Arbeitszeit und Freizeit bestehen und darin, frühe Erfahrungen mit anspruchsvollen und lohnenden (heute sagt man relevanten) Aufgaben zu vermitteln.
6. In Übereinstimmung mit den Autoren der vorhin genannten EMNID-Untersuchung bin ich der Meinung, daß eine drastische Vermehrung der Freizeit vermutlich gar nicht stattfinden wird, und folgere daraus, anders als jene Autoren, daß das Ankurbeln einer Freizeitindustrie nicht nur ökonomisch riskant ist, sondern sich auch dazu eignet, politisch bedenkliche Gewohnheiten, ja, Verhaltenszwänge zu verursachen.

Ich sagte, die Vorstellung, die Zeit, die wir nicht im Beruf arbeiten, stünde uns, jedenfalls zu einem großen Teil, als „beliebige" Zeit zur Verfügung, sei eine Täuschung. Die Umstände, denen wir den Rückgang der Berufsarbeitszeit verdanken — die Arbeitsteiligkeit, Rationalisierung, Technisierung und Erweiterung unseres Existenzsystems —, fordern ihrerseits ein hohes Maß an Übersicht, Planung, Steuerung, Korrektur und Verantwortung von uns allen, also einen höheren Einsatz von außerordentlich zeitraubenden Tätigkeiten — sagen wir: von Politik und Pädagogik, von Philosophie und Wissenschaft. Wir schulden der Gesellschaft die Re-investition unserer Zeit in das prekär gewordene Gemeinwohl.

Seit der Autoverkehr unser Leben so weitgehend mitbestimmt, brauchen wir nicht nur Verkehrserziehung, sondern eines Tages wohl auch Fahrunterricht für alle; seit wir Lebensmittel aus aller Welt bekommen, eingewickelt, haltbar gemacht, gut aussehend, brauchen wir Lebensmittelkontrollen; seit man weiß, wie Krankheiten entstehen, verwenden wir Zeit und Geld auf ihre Vermeidung und müssen uns den Maßnahmen eines öffentlichen Gesundheitsdienstes unterziehen; seit wir mit mehr Menschen als nur unseren Nachbarn sprechen, müssen wir fremde Sprachen lernen; seit wir wissen, daß Leistung von Selbstbeteiligung abhängt, räumen wir Mitbestimmung ein etc.

Wohl zu allen Zeiten haben die Menschen die Umstände, von und in denen sie lebten, zu verbessern oder doch ihren guten Zustand gegen Verfall und widrige Einflüsse zu behaupten versucht. Aber in keinem Zeitalter war ihre Verantwortung für diese Umstände so groß wie in unserem, weil sie zu keiner anderen Zeit so total von Menschen gemacht waren. Wir schulden also unsere Freizeit der dauernden kritischen Überprüfung dieser Umstände, in anderen Worten: der Erhaltung, Bestärkung oder Wiederherstellung der Herrschaft des Menschen über seine Mittel — wir schulden unsere Freizeit der dauernden Wahrnehmung unserer Autonomie.

Wir schulden sie natürlich auch der Regeneration unserer Schaffenskraft, unserer Nerven, unserer Imagination, eben weil unser physischer und psychischer Zustand selbst ein Produkt unseres Lebenssystems ist und nicht mehr eine selbstverständliche „natürliche" Voraussetzung.

Da keiner die komplexe interdependente Welt von seinem Standpunkt aus übersehen, geschweige denn sie allein verbessern oder steuern könnte, bedarf es der Kommunikation und Kooperation, die auf Grund des arbeitsteiligen Systems mit höchst ungleichen Voraussetzungen und ungleichem Verständnis an das gemeinsame Problem herantreten. Diese Kommunikation und die Kooperation von Personen bringen uns eine Fülle von Zumutungen ein — die Frustrationen dessen, der eine Sache besser weiß als andere, sich aber gerade darin bei ihnen nicht durchsetzt, und der andere Dinge schlechter weiß und sich gerade darin von den anderen nicht überzeugt findet. Vor allem aber fordern sie Zeit. Der Produktionsprozeß wird verlangsamt, die Einrichtungen und Verfahren, denen wir die vermehrte Freizeit verdanken, sind gerade diejenigen, die sie uns wieder abnehmen werden — und diesen Gedanken finden die Menschen beängstigend, ja unerträglich.

Erfahrung lehrt immer deutlicher, wie kostspielig es ist, in all diesen

Bereichen mit Zeit zu geizen. Politik, Aufklärung, „Gruppendynamik“ sind teuer — versäumte Politik, versäumte Aufklärung, versäumte Aussprache sind noch teurer. Neurosen, Revolten, Vandalismus lassen sich heute kalkulieren wie Verlust und Abnutzung — man muß sie nur an der richtigen Stelle buchen.

Wir sind damit bei einem Wertproblem angelangt. Einstweilen leben wir aus der Erinnerung an Mangel und Bedrohung und finden Sicherheit in einer geordneten, reibungslosen Produktivität. Wir nehmen es hin, daß unsere Arbeit sich in Formen vollzieht, die uns unangenehm sind, solange uns einerseits das benötigte Produkt garantiert ist und andererseits eine Zeit, die von dieser Unannehmlichkeit frei ist.

Wir erleben nun eine allmähliche und schmerzliche Veränderung in der Bewertung dieses Verhältnisses. Nehmen wir die Universitäten als Beispiel. Sie haben ihre Kapazität nicht entfernt in dem Maß gesteigert, in dem ihr Apparat, ihre Mittel, ihr Stellenplan erweitert worden sind. Das liegt nicht, wie man so oft hört, an der Torheit der neuen Hochschulgesetze, also an einer falschen Relation von Entscheidungsprozessen zu Arbeitsprozessen, sondern daran, daß die Universitäten — als erste gesellschaftliche Einrichtung — der Tatsache der totalen Interdependenz Rechnung tragen: An den Universitäten sind die mühsamen Kommunikationsvorgänge neben die mühsame Arbeit getreten — sie sind selbst ein Teil der Arbeit der Universität. Noch fällt das schwer. Noch hat man nicht die besten Verfahren dafür gefunden. Aber die Richtung erscheint mir richtig — d. h. sie stimmt überein mit den veränderten Lebens- und Produktionsverhältnissen, in denen jeder potentiell von jedem anderen abhängt und dem Mißbrauch der Expertise oder der Macht nur durch die institutionalisierte Beteiligung aller Betroffenen an Kritik, Entscheidung und Verantwortung vorzubeugen ist.

Ich habe vor einigen Wochen mit meinen Mitarbeitern ein sogenanntes Curriculum für die Sekundarstufe I abgeschlossen, nach über dreijähriger Arbeit. Früher hätte man das allein gemacht — in der Hälfte der Zeit. An diesem Curriculum haben 15 Autoren mitgewirkt und außerdem eine große Zahl von Lehrern der verschiedenen betroffenen Schularten. Ich bin überzeugt, daß das Ergebnis, obwohl es uneinheitlich und nicht so glatt ist wie das Werk eines einzelnen Mannes, besser — nämlich reicher und wirksamer — ist. Aber das ist noch nicht entscheidend. Entscheidend ist, daß Hochschullehrer, ihre wissenschaftlichen Mitarbeiter, ihre Studenten (d. h. zukünftige Lehrer) und Männer aus der Praxis dabei in einen gemeinsamen Prozeß eingetreten sind, der selber das darstellt, was sie vermitteln wollen. Wir alle haben politische Bildung (um sie ging es hier) an uns selbst geübt und die dabei auftretenden Schwierigkeiten zum Gegenstand des Curriculum gemacht. Das komplizierte Werk ist nunmehr kein Herrschaftsinstrument, mit dem Schulbuchmacher ihre Benutzer indirekt befehligen, sondern ein Arsenal von Fragen, Hypothesen, Lösungsangeboten und Verfahrenshilfen, wie sie ohne die umständliche Entstehung nie zustande gekommen wären.

Dieses Beispiel, von dem ich gestehe, daß es nicht für alle Lebensbereiche gleich plausibel ist, weist hin auf eine mögliche und notwendige Kritik dessen, was wir unsere „Bedürfnisse“ nennen. Wir haben einstweilen das Bedürfnis, unsere Arbeit vom Genuß ihrer Früchte zu trennen, Arbeit in sich abschließbar, die Verantwortung für die jeweiligen Tätigkeiten begrenzt, die Funktionen auswechselbar zu machen. Das ist nicht nur ökonomisch und in dieser Hinsicht notwendig, sondern erlaubt, den komplexen Arbeitsprozeß zu kritisieren und Ballungen von Macht und Verantwortung aufzulösen. Darin liegt also politische Weisheit, jedoch auch die Gefahr, daß wir das Unangenehme und Unwürdige des Arbeitsprozesses auf einen begrenzten (Zeit-)Raum konzentrieren und außerhalb davon kompensieren, statt es zu ändern oder abzuschaffen. Ja, obwohl die Rationalisierung unserer Arbeitsprozesse im Endeffekt die Wirkung haben sollte, die Verantwortungen gleichmäßig zu verteilen, sieht es einstweilen umgekehrt aus: Es gibt eine kleine Zahl von Menschen, auf die sich die Aufgaben in unerträglicher Weise konzentrieren. Es gibt eine immer größere Zahl von Menschen, die immer weniger zu tun und zu entscheiden haben. Das Freizeitproblem erscheint von daher als ein einfaches Verteilungsproblem.

An diesem Zustand, der unseren erklärten Vorstellungen von Demokratie und Selbstbestimmung so ärgerlich widerspricht, wird sich solange nichts ändern, wie die Menschen ihn (oder die Entwicklung) so *wollen*. Freizeit gilt schon ohne alle weitere inhaltliche Bestimmung *als Wert,* solange sie als „frei von Arbeit“ definiert ist. Arbeit erscheint — seit biblischen Tagen — als „Strafe“ und sie *ist* es für viele Menschen auch: sie ist unfrei, ungeliebt, unpersönlich, uninteressant; sie fragmentarisiert den Menschen; sie macht ihn auswechselbar; das Produkt ist trivial, ohne Beziehung zu dem, woran die Menschen leiden oder sich freuen; der Sinn der Arbeit ist nicht absehbar; die Verrichtung selbst ist abstrakt und einseitig. Die Menschen fliehen also aus der Arbeit in die Freizeit.

Aber gerade wenn das Hauptproblem der Arbeit nicht mehr ihre Mühsal, sondern ihre Irrelevanz ist, ist es wichtig, daß die Freizeit nicht selber auch „beliebig", folgenlos und obendrein konfektioniert ist. Ja, sollte dann eines Tages die Arbeit ernstlich kontingentiert werden und sollten die Menschen um sie bangen müssen (wie es viele alternde Menschen schon immer tun) — dann könnte sich die Fluchtbewegung umkehren. Meine Arbeit wäre gerade das, was mich anderen Menschen wichtig macht; der Arbeitsprozeß würde als ein Mittel der Kommunikation verstanden; die Zeit erschiene als freie Zeit, in der ich Entscheidungen von einiger Bedeutung treffen kann, in der es Probleme, Friktionen und Lösungen gibt. Ja, der moralische Genuß, eine sinnvolle Tat zu tun, dürfte dann die geistigen und sinnlichen Genüsse, die wir heute in der Freizeit aufsuchen, weit in den Schatten stellen. Die Spiele, die Ästhetik, die Leichtigkeit der Utopien à la Marcuse könnten von den Menschen verworfen werden. Der Ruf „Sachen machen! Sachen machen! ..." den man in dem Gruselfilm „Dreh dich nicht um, der Golem geht um" [1] hören konnte, erscheint mir jedenfalls als ein glaubwürdiger Protest gegen die im doppelten Sinne des Wortes verspielte Existenz einer kommenden Freizeitgesellschaft.

Leszek Kolakowski hat überzeugend dargelegt [2], daß Freiheit das Etikett für „Wert" schlechthin ist. Jeder Wert kann als Freiheit von einem Unwert definiert werden (Gesundheit = Freiheit von Krankheit; Gleichheit = Freiheit von Ungleichheit; Wissen = Freiheit von Unwissenheit etc.). Die Freizeitforscher und -produzenten scheinen überhaupt nicht damit zu rechnen, daß die Menschen eines Tages den Unwert der trivialen, keiner ernsten Kompensation mehr dienenden, zur bloßen Ablenkung degradierten Freizeit erkennen könnten! Dabei wird Freizeit nach der heutigen Definition nicht not-wendig sein, weil nicht mehr angegeben werden kann, wovon sie befreit.

Legt man eine andere Definition zugrunde: Freizeit als Befreiungs-

---

[1] So der Titel eines Fernsehspiels von Dieter Waldmann, das am 24. 10. 1971 vom Südwestfunk (Erstes Programm) gesendet wurde.

[2] Leszek Kolakowski: Die Freiheit und die Freiheiten, in: MERKUR 292, August 1972, S. 727 ff.

zeit [3], dann könnte es umgekehrt aussehen, und natürlich nähmen dann die Anstrengungen und Maßnahmen eine andere Richtung! Ja, man kann sagen, daß die Befreiung von Angst und Not, von Herrschaft und Fremdbestimmung, von Arbeit und Mühsal, von Rücksicht und Verantwortung, die wir im Prozeß unserer Geschichte geleistet zu haben meinten, nun in neuer Form in der technischen Zivilisation wiederholt werden muß.

Statt Arbeit wird es Diskussion, statt Angst und Not Planung, statt Herrschaft den Zwang zur Mitbestimmung geben. Es wird gerade das in der Freizeit nicht geben, was der frühe Liberalismus für die eigentliche Form bürgerlicher Freiheit hielt: die Freiheit von Politik. Damals hieß das: die Freiheit, ein Mensch außerhalb des absolutistischen Staatsgebildes zu sein; heute hieße das: ein Mensch außerhalb der praktischen — politischen, sozialen, wirtschaftlichen — Interdependenz zu sein. Das ist, wie man sieht, eine Illusion.

Freizeit, so lautet *meine* Prognose, wird so lange Unfreiheit sein, wie die Zwecke oder Ziele, die wir mit ihr erfüllen wollen, nicht geklärt und nicht akzeptiert sind.

Die Alternative, so hatte ich schon angedeutet, lautet nicht „Freiheit" oder „Arbeit", sondern „Freiheit wovon" und „Arbeit wie und wofür" einerseits, oder eine fehlende Bestimmung beider Bereiche andererseits. Die Freizeit-Diskussion, die sich auf ein breites, noch so einfallsreiches Tätigkeitsangebot bezieht, ohne von den Formen und Zwecken der Arbeit und also von Politik zu reden, verfehlt nicht nur das Problem, sie verschärft es auf die Dauer. Sie hätte zu zeigen, wie untrennbar das eine mit dem anderen verbunden ist: wie zum Beispiel unsere Produktionsformen mit unseren Verkehrsformen und diese wiederum mit unseren elementaren Lebensbedürfnissen zusammenhängen. Ich habe das oben getan (vgl. S. 48). Ich könnte so fortfahren und zeigen, wie die Einkaufsmöglichkeiten, die entleerten Stadtkerne bei Nacht, die Zunahme der Verbrechen in den getrennten Bereichen — Schlafviertel, Arbeitsviertel, Geschäftsviertel — alle miteinander zusammenhängen und wie sich dies wieder in Literatur, Fernsehsendungen, Unterhaltung niederschlägt — kurz, wie ein ganzer Lebenszusammenhang von Arbeit, Freizeit, Politik, Sozialordnung entsteht, den wir nicht an *einer* Stelle heilen und an den ande-

[3] Hartmut von Hentig: Freizeit als Befreiungszeit, in: MERKUR 255 und 256 (Juli und August 1969).

ren Stellen sich selbst überlassen können — durch die Flucht ins Freizeitparadies. Dadurch könnten die Probleme am Ende so groß werden, daß keine Ferienreise, keine Feierabendidylle sie auch nur vergessen machen kann.

Die isolierte Freizeitdiskussion lenkt die Menschen davon ab, daß ihr eigentliches Problem ihre Arbeitsverhältnisse sind. Ich habe im Augenblick nicht das im Sinn, was man „Ausbeutung“ nennt, sondern das, was sich unter dem leider sehr undifferenziert gebrauchten Wort „Entfremdung“ zusammenfassen läßt. Sie ist zu einem Teil unvermeidlich geworden; zu einem anderen Teil müssen wir ihr entgegentreten.

Die human relations und das social engineering zeigen, wie weit man in der Neuordnung der Arbeitsverhältnisse gehen kann, wenn ein wirtschaftliches Motiv dahinter steht. Unter anderen Voraussetzungen wäre noch sehr viel mehr möglich.

Das Gedankenspiel, zu dem ich die Sozialwissenschaftler und Sozialpolitiker hier auffordere, ist nicht nur die fortgesetzte — notwendige — Aufhebung der Entfremdung, sondern zunächst die Besinnung auf Alternativen. Modelle hierfür finden wir in anderen Kulturen (es muß nicht gerade Samoa sein — aber wie wäre es mit China?), in anderen Epochen unserer eigenen Geschichte (es könnte das syndikalistische Mittelalter sein) und nicht zuletzt in den Utopien unserer eigenen Futurologen — wären sie nur etwas geistvoller — (es könnten Modelle rationaler Vereinfachung sein, einer Askese im Zeitalter des Überflusses).

Warum war die Arbeit in alten Zeiten, obwohl sie unendlich mühsamer war, nicht „entfremdet“? Odysseus konnte nicht nur sein Schwert führen und in der Versammlung reden, er konnte nicht nur Strategien ersinnen und seine Flotte gubernieren — er wußte, wie man ein Floß baut, ein Mahl bereitet, einen Ochsen zerlegt, eine gerade Furche zieht, ein den Göttern gefälliges Opfer bringt und einen ganzen Königshof mit seinem Gesang bezaubert. Das Leben war so vielseitig, daß es einer Kompensation nicht bedurfte. Außerdem — dies war der Luxus der alten Zeiten — glaubte man sich in der Götter oder in Gottes Hand: die Welt hatte einen Sinn — auch die Plakkerei, das Unrecht und Unglück —, dessen konnte man gewiß sein!

Noch heute kann jeder, der durch den Balkan reist oder durch den Orient, sehen, wie sich Arbeit und Muße, eigener Beruf und politische Geselligkeit mischen: Wasser vom Brunenn holen und dort mit den anderen schwätzen, einen weiten Ritt auf dem Esel tun und sich dabei ausruhen, eine Kuh hüten und dabei nichts oder an morgen oder an den lieben Gott denken.

Zu den Idyllen der alten Zeit können und wollen wir nicht zurück, aber sie belehren uns über eine mögliche andere Anordnung unseres Lebens, die befriedigender ist als das, was sich aus der Kategorisierung *hie* Arbeit, *da* Freizeit ergibt — eine Kategorisierung, die die Freizeitforschung und die ihr folgende Freizeitplanung mit ihren heutigen Verfahren nur fest- und fortschreiben. Sie machen — durch ihre unbedachte Terminologie, durch unkritische Benutzung unkritischer Erhebungen und durch die Verschonung der sie patronisierenden Wirtschaftsinteressen — die Freizeit vollends zu einem ausbeutungsfähigen Abfallprodukt von Arbeitsverhältnissen, die einseitig unter dem Gesichtspunkt der Produktivität, ihres Wachstums, der Konkurrenzfähigkeit organisiert sind und die Qualität des Lebens unberücksichtigt lassen.

Moderne Sozialwissenschaften machen Vorhersagen auf Grund (eindimensionaler) Trendanalysen. Sie haben sich ein deterministisches Verlaufsmodell gemacht, demzufolge die Zukunft als eine vermehrte, gesteigerte, übertriebene Gegenwart erscheint, nicht als eine veränderte oder auch nur veränderbare. Ob Menschen dies auch *dann* noch wollen werden und warum, fragen sie nicht und können sie auch auf Grund ihrer Methoden nicht fragen. Außerdem stimmen ihre Trendanalysen. Aber sie selber sollten wissen und *sagen*, daß das Vorhergesagte so häufig eintritt, weil es vorhergesagt worden ist. So werden mit Hilfe der heutigen Prognosen über den „Freizeitbedarf" riesige Freizeitzentren, zahllose Freizeithäuser, -beratungsstellen, -berufe und -dienste entstehen. Die großen Investitionen, die Ausbildungseinrichtungen und -programme, die Abhängigkeit vieler Existenzen von den neuen Einrichtungen, die durch sie geschaffenen oder bestärkten Gewohnheiten werden dafür sorgen, daß die Freizeiteinrichtungen (mit ihren Nebenwirkungen und Nachfolgern) nicht mehr verschwinden. Dazu ist die Interdependenz aller Maßnahmen in unseren komplexen Gesellschaften zu groß. Rolf Schroers hat einmal gesagt: „Über die Freizeit verfügen nicht diejenigen, die sie haben, sondern diejenigen, die sie schaffen." Ich halte diesen Satz für richtig und werde in dieser Ansicht bestärkt, wenn ich die Annoncen in unseren Zeitungen lese. Weit ab vom Feuilleton, wo das steht, was Wissenschaftler und Journalisten, was der gebildete Laie und der Politiker gerne darüber sagen, findet man *the hard facts,* die hinter allem stehen. Ich zitiere eine Anzeige:

> Dynamik der Freizeit
> Beteiligungsangebot
> über DM 5 000 000 Kommanditkapital
> der
> XYZ & Co. KG
>
> Die XYZ Firmen-Gruppe — Kapitalbasis DM 5 000 000 — gehört zum Bereich der Freizeitindustrie. Ihr Engagement besteht in der Konzipierung und Errichtung moderner Kommunikations-Centers auf überregionaler Basis in Ballungszentren ...
> Der expandierende Freizeitmarkt ist in Europa zur Wachstumsbranche Nr. 1 geworden. Nach vorliegenden Ergebnissen entwikkelt sich dieser Markt rapide zu einer der umsatzträchtigsten Sparten, gerade wie in den USA, wo sich inzwischen die Ausgaben für Freizeitvertreib und Entertainment auf über 200 Milliarden Dollar belaufen.
> Das Bedürfnis nach Spiel, Sport und Geselligkeit in kombinierten Entspannungs- und Erholungs-Centern ist eine akute Evolution dieser Epoche. Hiermit verbindet sich Zielsetzung und Gegenstand der XYZ-Gruppe, die damit dem Wunsch nach kombinierten Freizeit- und Erholungs-Centern in der Großstadt entgegenkommt.
> Mit einem Investitionsvolumen von bisher über DM 6 000 000 ...

Oder ein zweites Beispiel:

> Freizeit auf goldenem Boden
>
> Jeder dritte Tag im Jahr ist frei. Und künftig werden immer mehr Menschen immer mehr Freizeit haben. Unabhängiger Urlaub in gesundem Klima wird gut bezahlt! Das bringt Rendite und Wertzuwachs für Ferienhäuser und Wohnungen.
> ABC bietet Ihnen alle Voraussetzungen ...

Es ist diese in ihrem Zynismus kaum zu überbietende Freizeitindustrie und die von *ihr* finanzierte Freizeitforschung (es gibt auch andere!), gegen die sich unser Mißtrauen, ja unser Protest richten sollte. Eine von anderen geplante und organisierte Freizeit, ein angelerntes Freizeitverhalten sind Widersprüche in sich, wenn denn Freizeit etwas mit Freiheit zu tun haben soll. Dann darf man die Inhalte, die Lösungen, die Verfahren nicht vorgeben, sondern nur die Probleme und die Möglichkeiten. Ist es nicht merkwürdig, ja widersprüchlich, daß wir — die gehetzten und überlasteten upper tenthousand des politischen und wissenschaftlichen Establishment — uns ständig den Kopf über die Freizeit und damit die Zeit der Selbstverwirklichung *anderer* zerbrechen? Die dauernde und herablassende „Therapisierung“ unserer Mitbürger, die wir auf der anderen Seite für fähig halten, zwischen SPD/FDP Koalition und CDU/CSU richtig zu wählen, ist unwürdig und in der Folge entmündigend. Man möchte dies als eine neue Herrschaftsform denunzieren, ja, man wird den Verdacht nicht los, daß die „upper tenthousand“, die die Freizeit-Kongresse besuchen und mit ihrer Denkarbeit segnen, in ihre eigene Überlastung drängen, weil sie ihnen ihre Wichtigkeit beweist und die Verantwortung zu rechtfertigen scheint, die sie für die anderen übernehmen. Sie haben zu ihrem Teil die umgekehrte Flucht aus dem falschen Freizeitparadies zurück in die „Relevanz“ schon angetreten.

Ich wiederhole: Mein Vorwurf an die verschiedenen mir bekanntgewordenen Erhebungen ist, daß sie um ihrer Methode willen, die ihnen zwar Verhaltensformen und Meinungen zu vermitteln erlaubt, aber nicht die Ursachen, Begründungen, möglichen Alternativen, „das, was wäre wenn ...“, an der Herstellung jenes Alptraumes mitarbeiten, der entweder „Dreh dich nicht um, der Golem geht um“ heißt oder „A Clockwork Orange“: Trivialität oder Barbarei [1].

Wollen wir dies nicht, müssen wir rechtzeitig Alternativen aufstellen. Damit Menschen diese Alternativen aufstellen, mitdenken, zu erproben bereit sind, müssen sie in erster Linie die Gefahren erkennen, die aus dem gegenwärtigen System drohen. Sie dürfen sich nicht durch die Befriedigung eines aus falschen Zuständen geborenen Bedürfnisses auf die falschen Zustände selbst festlegen lassen. Sätze, wie der hier geäußerte, klingen autoritär. In der Tat: Wer hat ein Recht, mir meine Bedürfnisse vorzuschreiben? — Es gibt genug Menschen, die dies wollen. Ich will dagegen Erfahrungen mit anderen Möglichkeiten ermöglichen — die Erfahrung, daß und wie

— Politik zugänglich

— Pädagogik interessant

[1] „A Clockwork Orange“ ist der Titel eines Films von Stanley Kubrick, in dem die Lust an der brutalen Gewalt aus der vollständigen Langeweile und Nichtigkeit des vollständig gesicherten Lebens erklärt wird.

— Philosophieren nützlich
— der Umgang mit anderen Menschen, mit der Natur, mit Tieren vergnüglich
— und dies alles zusammen unendlich viel lohnender, weil notwendiger ist als die veranstalteten Freizeitangebote.

Wenn es diese dann zusätzlich gibt und die Menschen einen *freien* Gebrauch von ihnen machen (und eben keinen „beliebigen", hinter dem sich immer irgendwelche Zwänge verbergen), dann ist das in Ordnung.

Dies alles sind nicht Aufgaben der Erziehung (sprich: der Schulen), sondern Aufgaben der Gesellschaft, d. h. der erwachsenen Bürger, die sich um ein solches — im wesentlichen politisches — Programm mit der gleichen Intensität und Kompetenz kümmern müssen, wie sie sich um ihren Vorgarten und ihre Fußböden, ihre Garderobe und ihr Auto, ihren Urlaub und ihre Karriere kümmern: dieses Programm zu verstehen, zu propagieren und zu realisieren, nähme ihnen selbst schon einen Teil ihres Freizeitproblems ab.

Die *Politik* zugänglich machen heißt: sich mit anderen über sie unterhalten — der Kommunalverwaltung, dem Elternbeirat, den Ortsverbänden der Parteien, den Gewerkschaften mit den eigenen Problemen zusetzen und in der Auseinandersetzung mit ihnen erfahren, warum sie nicht — oder wie eben doch zu lösen sind; die „große" Politik besser beurteilen können, weil man der kleinen nicht ausgewichen ist. Bürgerinitiativen, Gemeinwesenarbeit, das, was man in Amerika community development nennt — d. h. eine Fülle von Tätigkeiten, für die die bisherige Staatlichkeit nur administrative Ordnungen und im ganzen wenig Verständnis hat —, sind für viele Bereiche des öffentlichen Lebens unentbehrlich und genau dadurch für diejenigen, die an ihnen teilnehmen, ungeheuer lohnend. Die Parteien, der Gesetzgeber, die Behörden sollten also dies unterstützen. Es geht um Beteiligung, nicht um Aufklärung durch die Broschüren des XYZ-Ministeriums.

Die Fachleute schlagen uns neue Einrichtungen vor: Partizipationshelfer, Planungsadvokaten und immer wieder so etwas wie eine öffentlich geförderte „Gegenverwaltung" — nicht aus rätedemokratischer Ideologie, sondern weil für viele Aufgaben überhaupt nur noch Subsysteme, die kleineren Einheiten von Personen, die sich alle gegenseitig kennen, geeignet erscheinen und als Non-profit-Gruppen zugleich finanziell nicht stark genug sind, diese Aufgaben zu leisten.

Wenn die politische Wirklichkeit auch nur Ansätze solcher Möglichkeiten zeigt und sich von der Lösung unserer Probleme durch anonyme Zentralgewalten abkehrt, wird auch die politische Bildung auf einmal ganz andere Chancen haben und der junge Bürger wird, statt die Kultur der Erwachsenen zu zerstören, Spaß daran finden, an ihrer Ordnung und Erneuerung mitzuarbeiten. Es hätte Sinn, in der Schule das *growing up with sense* zu üben, gemeinsam Freude an „relevanten" Tätigkeiten, an Entscheidungen und Selbstbestimmung zu wecken, ohne daß das *growing up absurd* [1] in der Gesellschaft dies immer wieder zerstört. Freizeittätigkeiten schüfe man sich dann auf diesem Wege selbst.

Daß *Pädagogik* ein Übel ist und anders gemacht werden müßte, wissen Kinder aus Erfahrung; daß sie vergnüglich und hilfreich sein könnte, dieser Gedanke kann ihnen nicht kommen, angesichts ihrer vergrämten Lehrer und verwirrten, nervösen, mit anderem beschäftigten Eltern. Wichtig wäre, daß wir in der Gesellschaft Betriebe, Haushalte, Büros, Redaktionen, Werkstätten schüfen, an denen Kinder und Jugendliche durch Mitmachen, Zusehen und Gezeigt-bekommen lernen können, was Erwachsene beschäftigt — und dies von Menschen, die gerade das gerne tun! So würden die jungen Menschen nicht nur jene Tätigkeiten lernen, sondern auch, wie man sie beurteilt, wählt und anderen zugänglich, verständlich macht. Sie würden lernen, daß unsere Gesellschaft durch solche Vermittlungstätigkeiten zusammen- und menschlich gehalten wird. Die Gesellschaft sollte ihren Reichtum (genau das, was ihr die zum Problem gewordene Freizeit beschert) benutzen, um die Lern-, Produktions- und Lebensprozesse wieder miteinander zu verbinden, und d. h., die Kosten für den dadurch entstehenden Effektivitätsverlust bezahlen. Kinder würden sehen, daß sie in der Pädagogik nicht immer nur Opfer, sondern auch Gegenstand von Neugier und Freude und daß sie selber auch pädagogische Subjekte sein können: indem sie anderen Kindern den Zugang verschaffen, den sie sich eben selbst erworben haben. Es bestünde dann Hoffnung, daß sie später selbst nicht vor der Aufgabe fliehen, sich mit ihren eigenen Kindern abzugeben — und wieder ist ein großer Teil der problematischen Freizeit sinnvoll verwendet.

---

[1] Vgl. Paul Goodman: Growing up Absurd, New York 1956 (Vintage Books), deutsch: Aufwachsen im Widerspruch, Darmstadt o. J. (Darmstädter Blätter). In diesem Buch schildert Goodman die verzerrenden Grunderfahrungen, die ein Kind und junger Mensch in unserer Gesellschaft macht.

Statt dessen belehren wir die Kinder und Erwachsenen über Hobbys, deren Nichtigkeit jedem Lehrer — weil er ja selbst Wichtigeres tut, nämlich anderen helfen — völlig evident ist. Ein Rektor einer deutschen Universität hat kürzlich die Beschäftigung mit „nutzlosem Wissen“ für die wichtigste Lösung des Freizeitproblems erklärt [1]. Er meinte damit das Fernstudium im Medienverbund. Nutzloses Wissen halte ich für nutzlos — also für unnütz: entbehrlich.

Dagegen: Daß *Philosophieren* nützlich ist, wird niemand bezweifeln, der dem Wort einen hinreichend weiten Sinn gibt. Es bedeutet, Gespräche führen, um sich im Gespräch Klarheit über schwierige und bedeutende Dinge zu verschaffen — und nicht nur Information.

Philosophieren kann nur aufkommen, wo man Zeit hat und ein gewisses Zutrauen zu der Kraft und Funktion des Denkens. Unsere Schulen lehren uns die Bedeutung von Wissen, von Leistung und Lösungen, nicht aber die Freude an der Problematisierung. Hier werden nicht die hilfreichen Gewohnheiten geschaffen — die Gewohnheiten zu lesen, geordnet zu diskutieren, wenn nötig, zu schreiben. Das Fernsehen, statt Anlaß dazu zu sein, wird zum Ersatz dieser Tätigkeiten.

Gewöhnung, Erfahrung, Verführung — und nicht Belehrung —, das wäre auch der Weg zurück zu den Vergnügungen und Herausforderungen in der *Natur*. Die im EMNID-Forschungsbericht zusammengetragenen Wünsche der Menschen hinsichtlich der Erholungsgebiete machen deutlich, daß die Mehrzahl die „Natur“ nicht einmal mehr wünscht. Denn was sie im Sinn hat, ist in Wahrheit mehr eine Sport-, Spiel- und Ruheanlage, ein künstliches Paradiesgärtlein, aus Plastik, Styropor und vorgefertigten Bastel-Abenteuern — ein DIN-Revierpark eben, in den man vor der grauen Arbeitswelt flieht.

Die Städtebauer, denen die Sozialwissenschaftler seit langem sagen, was sie falsch machen, fahren gleichwohl fort, uns Märkische Viertel zu bauen und bestenfalls Corbusiers spätbürgerliche Gartenstadt — sie bleiben uns beides schuldig: die Agora und die freie Wildbahn. Wir brauchen öffentliche, d. h. geöffnete Kommunikationsbereiche, den Korso, die Arkaden und Passagen, die uns auch in unseren klimatischen Breiten erlauben, draußen miteinander zu verkehren, unsere Tätigkeiten draußen für andere sichtbar zu tun. Wir brauchen autofreie Zonen, die Menschen wieder im „Alltag“ zusammenbrin-

[1] Nikolaus Fiebinger, Rektor der Universität Erlangen, lt. Nürnberger Nachrichten vom 5. 11. 1971.

gen, statt sie im Freizeitrevier, in Clubräumen, in Hobbyhäusern zu sortieren und zu zerstreuen. Wir brauchen Gelegenheit zur kleinen alltäglichen „Politik" — zu einem Leben in der Polis.

Die Hoffnungen, daß die Pädagogik den Weg zu einer solchen Gesellschaft freischlägt, erscheinen mir fantastisch. Die Pädagogik kann nur unterstützen, was die Erwachsenen selbst schon tun und wollen.

Ich möchte diesen Abschnitt nicht schließen ohne aufzuzählen, warum ich meine, daß wir so viel Freizeit gar nicht haben werden. Zunächst gibt es wirtschaftliche Gründe: das Arbeitsvolumen der Menschen wird nicht ausreichen, um die zunehmenden Gemeinschaftsaufgaben (meist sind es Rückstände aus der Zeit einer allzu schnellen und allzu einseitigen Entwicklung) zu lösen — Aufgaben, die zum allergrößten Teil nicht rationalisiert werden können. Es wird mehr Lehrende (ich sage nicht Lehrer!), Helfer, Berater, Vermittler, Heiler, Erfinder, Veränderer mit unterschiedlichen Fachkompetenzen geben müssen.

Hinzu kommt ein politischer Grund: die hohe Interdependenz unseres Existenzsystems hat die parlamentarische Kontrolle von Macht in eine Krise geführt. Es wird Formen der Mitbestimmung in den verschiedensten Bereichen geben müssen, die jedoch ungeheuer zeitaufwendig sind und, wie schon gesagt, die Produktivität vermindern.

Es gibt schließlich ein Problem, auf das auch die EMNID-Untersuchung hinweist und das der Soziologe Staffan B. Linder [1] mit seinem Namen belegt hat: Konsumiert man viel, braucht man mehr Mittel; um mehr Mittel zu haben, muß man mehr arbeiten — und so frißt sich die Konsumzeit gleichsam selbst.

Das organisierte Freizeitsystem wird meines Erachtens nur dann befriedigen, nur dann menschenwürdig sein und nur dann auch etwas mit Freiheit zu tun haben, wenn ihm ein waches politisches Bewußtsein entspricht, d. h. wenn das Freizeitsystem nicht von der Politik ablenkt. Haben wir das politische Verantwortungsbewußtsein, die Freude der Menschen an der gemeinsamen beweglichen Regelung gemeinsamer Angelegenheiten in der breiten Bevölkerung geweckt und ihr Gelegenheit zum Austrag gegeben, werden wir einen großen Teil der Apathie und Sozialpathologie abbauen, die uns heute ängstigt. Wir werden dadurch zugleich eine fröhlichere Nutzung der Freizeitgelegenheiten sichern. Dann vor allem ist es richtig, daß sich die Frei-

1 Staffan B. Linder: Das Linder-Axiom oder Warum wir keine Zeit mehr haben, Gütersloh 1971 (Bertelsmann).

zeittätigkeiten als *Angebot* darstellen, vielseitig und wechselnd und den so bewußtgewordenen „Bedürfnissen" der Menschen zugemessen. Dann hätten alle die, die vorerst noch über dieses Thema miteinander streiten, einen gemeinsamen Gegner in den zentralisierten, womöglich staatlich verordneten, wohlberechneten Kraft-durch-Freude-Programmen. Für einen politisch unbewußten Bürger sind die Trivialitäten der heutigen Campingparks, der Massentouristik und von Hot Gun Town kaum weniger gefährlich.

Auch diese Argumente — hier auf dem Papier geäußert — werden freilich kein Jota an den Programmen der Politiker und der Industrie ändern. Dazu bedarf es der Politik, und diese (als Möglichkeit der Selbstbestimmung) ihrerseits zu ermöglichen, sollte ja die Freizeit dienen. Die hier vorgetragenen Überzeugungen können allenfalls als Sand im Getriebe dienen. Fortan sollten alle, die hierüber diskutieren, wissen: Wer behauptet, man könne eine sinnvolle Freizeit haben, wenn man kein sinnvolles Leben — keine wichtigen Aufgaben und kein Ziel — hat, der belügt sich und jeden, dem er das einredet.

4. Mehr Staat?

Wenn das Gemeinwohl bedroht ist, wenn die Grundrechte der Bürger nicht mehr gesichert sind — und zu ihnen zählen nicht nur so klassische und gefeierte Güter wie Rechtssicherheit, Meinungsfreiheit, Chancengleichheit, Freizügigkeit, sondern auch so selbstverständliche, aber rar und schwierig gewordene Dinge wie saubere Luft, eine sinnvolle Arbeit, die Definition dessen, was einer als seine Chance ansehen will, die realen Voraussetzungen der Selbstbestimmung (z. B. Bildung, Information, Zeit, Freiheit von Angst) —, dann muß die Instanz angerufen werden, die dafür gedacht und gemacht ist: der Staat.

Dem Staat kommt es (nach alter bürgerlicher Auffasung, die unserer Staatskonstruktion zugrunde liegt!) zu, Übel und Gefahren, die die Gemeinschaft befallen, abzuwehren. Er hat in erster Linie eine Schutzfunktion — nach innen wie nach außen. Er hat dazu das Monopol der Gewalt. Er ist die von den unterschiedlichen Interessen der einzelnen und Gruppen unabhängige Schieds-, Ordnungs- und Ausgleichsinstanz.

Die Entwicklung der modernen Gesellschaften, die tatsächlichen Krisen, in denen sie stehen, zwingen zu einer Überprüfung der Rolle, die der Staat in ihnen spielt und die durch seine eigene Theorie immer weniger gedeckt ist. Es geht um die zwei Fragen:

1. Erfüllt der Staat die von ihm erwarteten Funktionen?
2. Wenn ja — genügt das? Wenn nein — woran liegt das und was muß sich ändern?

Zu 1.: Erfüllt der Staat die von ihm erwarteten Funktionen?

— Kann er das Leben und Gut seiner Bürger ausreichend schützen? — Er kann zwar noch Kriege führen und das Leben seiner Bürger darin aufs Spiel setzen, aber auch das darf er nur „anderswo"; jeder Krieg zur Verteidigung des eigenen Landes bedeutet stets die potentielle Vernichtung der gesamten eigenen Bevölkerung. Gangster rauben unter den Augen der Fernsehkameras eine Bank aus, und die Polizei stellt ihnen ein Fluchtauto zur Verfügung. Minister verhandeln mit Erpressern über das Leben von willkürlich ergriffenen Geiseln, geben ihr Wort, brechen es und können doch kein Leben dadurch retten. Es gibt allenthalben Terror — in Kindergärten und Hörsälen, auf den Autobahnen und in den Fußballstadien, auf Polizeirevieren und in Fürsorgeheimen — eine Art von Terror, die ganz offenbar nicht mit den Ordnungsmitteln des Staates zu verhindern ist: nicht ohne Staatsterror.

— Kann der Staat Rechtssicherheit und -gleichheit garantieren? — Es ist mit den Mitteln eines neutralen Staates in einer pluralistischen Gesellschaft nicht mehr entscheidbar, ob und wann ungeborenes Leben schon „Leben", ob und wann ein Triebverbrechen „Schuld", ob und wann eine radikale Gesinnung verfassungsfeindlich, ja ob sie je *nur* eine „Gesinnung" ist — weil dazu gemeinsame Grundüberzeugungen in der Gesellschaft oder objektive Kriterien oder ein absolut vorherrschendes akutes Interesse nötig sind.

— Kann der Staat Krisen, Konflikte, Katastrophen abwehren? — Abwehr kann heute nicht erst mit dem Auftreten des Schadens einsetzen. Weil auf eine im Wortsinne ungeheuerliche Weise alle Vorgänge mit allen zusammenhängen und alles weitreichende Folgen hat, müßte der Staat umfassend und weit vorausplanen können; er zerstörte damit aber zugleich einen großen Teil der beweglichen Politik oder Selbstbestimmung, die zu ermöglichen und zu sichern sein Auftrag ist. Vor allem aber *kann* er — auch mit der ausgreifendsten Planung — nie soviel verändern, wie er müßte, um sich der Planungsergebnisse sicher zu sein. Vor zwölf Jahren wurde die bevorstehende „Bildungskatastrophe" verkündet. Heute ist sie nicht nur da — schleichend und fast zur Gewohnheit geworden —, sie erscheint nicht mehr lösbar. Der Staat ist in der ganzen Zeit nicht nur der quantitativen Probleme des Bildungswesens nicht Herr geworden (das Mißverhältnis zwischen der für 1975 erwarteten Studentenzahl und den dann verfügbaren Studienplätzen wird größer sein denn je — und alle zuständigen staatlichen Behörden wissen dies!), er hat aus dem Konkurs des alten Systems eine Fülle neuer Obligationen übernommen, Nöte, gegen die der ursprüngliche Lehrernotstand harmlos erscheint. Die Probleme reichen von der Curriculumreform bis zur Gesamthochschule, von der Politisierung der Schulen bis zum progressiven Numerus clausus und der immer unausweichlicheren Aufgabe einer Berufslenkung auf allen Stufen, die der Idee des liberalen Staates zutiefst zuwider ist. Die vorhandenen Mittel anders verteilen, so daß es nicht zum Chaos kommt, oder die Öffentlichkeit darüber aufklären, was alles noch kommen kann, oder politisch rechtfertigen, was kommen wird und muß — das tut der Staat nicht nur nicht, weil er (noch) zu schwach ist, sondern weil das den Staat als solchen überfordert.

— Kann der Staat die elementaren Lebensbedingungen sichern? — Unsere Städte werden durch Kauf- und Bürohäuser, durch parkende und fahrende Autos, durch die falsche Funktionalisierung der Stadtteile: Schlafstadt, Arbeitsstadt, Verkaufsstadt „unwirtlich", öde, gefährlich. Der Staat weiß längst, was hier zu tun wäre, aber die Wirtschaft, die ihn und uns erhält, will und bestimmt es anders. Wo Quadratmeterpreise vierstellige Zahlen erreichen, endet jede Politik. Die Städte (auch sie sind „Staat") sind abhängig von der Gewerbesteuer. Sie beschließen zur Sanierung ihrer kranken Finanzen, Industrien auf ihr Gebiet zu ziehen und können dabei nicht wählerisch sein. Um Stadthallen und Schwimmbäder, eine neue Schule und ein neues Parkhochhaus bauen zu können — wie es ihre Bürger fordern —, nehmen sie eine chemische Fabrik auf, die man anderwärts (z. B. im Nachbarland) nicht mehr duldet. Der Staat, der *alles* machen muß, macht am Ende notwendigerweise das eine auf Kosten des anderen.

— Kann der Staat die Ordnungs- und Ausgleichsfunktionen erfüllen? — Der Staat kann z. B. die Wettbewerbschancen gegen die Monopolbildung immer schlechter sichern, weil er fürchten muß, daß die *internationale* Wettbewerbslage dies nicht verträgt. Er muß hilflos zusehen, wie obskure internationale Entwicklungen über den Wert seiner Währung, d. h. über die Spareinlagen des Bürgers wie über die Produktions-, Preis- und Arbeitsplatzplanung ganzer Wirtschaftszweige bestimmen und damit über das prekäre Gleichgewicht unseres sozialen Gefüges. Eine Weltmacht wie die International Telephon und Telegraph Corporation (ITT — vgl. oben S. 73 ff.), undurchsichtig, ohne lästige demokratische Kontrollen, übernational wie die „Sache", die sie verwaltet, ist jedem Staat überlegen, der im engen Gehäuse seiner nationalen Souveränität, seiner Gewaltenteilung, seiner Haushaltsperioden, seiner wechselnden Regierungsverhältnisse sitzt. Die Instrumente, die der Staat hier hat, sind schnell erschöpft. Konjunkturpolitik erweist sich zunehmend als eine Frage der Nerven und des Glücks. Wohl der Regierung, die es wenigstens zu Kompromissen bringt. Bei einer Milliarde Umsatz eines Unternehmens darf bekanntlich die Kartellbehörde prüfen, ob der Wettbewerb beschränkt wird. Bei 15 Milliarden werden im Zweifelsfall stets „überwiegende Belange der Volkswirtschaft und des Gemeinwohls" im Spiel sein — wie die Klausel lautet, die die Regierung ermächtigt, unter solchen Umständen die Fusion zu erlauben —, also der lebensbedrohende Kampf mit noch größeren Unternehmen im Ausland, die Sicherung der Arbeitsplätze, sogar die Abwehr von „Überfremdung" [1].

Der Staat kann Entwicklungen, die er schützen und scheiden soll, nicht steuern. Das ist das eine. Er kann ihnen nicht bestimmt, überzeugend, unabhängig entgegentreten, weil er selbst zutiefst in sie eingewoben ist. Das ist das andere. Er kann Bewegungen mitmachen und beschleunigen, er kann vorhandene Strukturen befestigen oder erweitern, aber er kann nicht neue Strukturen durchsetzen, er kann keinen neuen Aufbruch in neue Richtungen veranlassen, ohne sich von einem Teil der Mittel und des Wohlwollens abzuschneiden, die ihn tragen. Er ist der größte Arbeitgeber, der größte Kapitaleigner, der größte Verbraucher, der größte Bankier in unserer Gesellschaft. Daraus er-

[1] So etwa die Äußerungen von Ernst-Joachim Mestmäcker zur Fusion von Thyssen und Rheinstahl in der FAZ vom 8. 3. 1973.

wächst ihm zwar die prinzipielle Möglichkeit, durch die Gestaltung des Staatshaushalts den Kurs der Wirtschaft überhaupt zu beeinflussen — aber stets mit einem unfehlbaren kick-back im Rücken und innerhalb fester Grenzen, die ihm durch seine laufenden Verpflichtungen gesetzt sind. Dreiviertel der Argumente, die sich mit dem Satz schmücken „Da sollte der Staat einmal ein Beispiel geben!", sind hohl. Innerhalb des Regelkreises, in dem der Staat selber steckt, kann er nur Phasenverschiebungen hervorbringen. Es sieht bei der Masse der Mittel und Personen, die dem Staat zur Verfügung stehen, aus, als habe er *Gewalt,* wo er in erster Linie *Gewicht* hat, wenn denn zur „Gewalt" Entscheidungsspielraum, Handlungs- und Veränderungsfreiheit, Verfügung über Alternativen und sich selbst gehören. Ärger noch: je mehr der Staat

> „seine Herrschaftsmittel erweitert, seine Krisenvermeidungstechniken verfeinert, desto mehr hat er unmittelbaren Anteil an der Erzeugung neuer Teilkrisen" [1]

weil diese Herrschaftsmittel ihrer Art nach identisch sind mit dem, was sie kontrollieren und ändern können sollten. Der wirkliche Fortschritt würde zuviel Veränderung kosten. Man kann ganze Armeen alle fünf Jahre vollständig umrüsten und dies mit Waffen, die hundertmal mehr Ingenium, technischen Aufwand und Kosten fordern, als die Entwicklung eines Ersatzes für den Verbrennungsmotor. Man kann es, weil mit den neuen Waffen vorhandene Institutionen und Interessen nicht berührt werden. Es werden keine Arbeitsplätze gefährdet (sondern eher erhalten), es wird vor allem kein Marktanteil verschluckt oder verschoben.

Die eingangs gestellte Frage müßte demnach wohl so beantwortet werden: Der Staat erfüllt die ihm anvertrauten Funktionen schlecht — auch in der Bundesrepublik Deutschland, deren Staatstradition im Vergleich etwa zu der Amerikas bei Beamten und Bürgern stark ist. Liegt es nicht an der mangelnden Loyalität, sind Geld, die wissenschaftlich-technische Kapazität und das Planungspotential da, so muß die Ursache für das Versagen anderwärts gesucht werden.

Zu 2.: Was müßte sich ändern?

Weil der Staat die Nöte, die in und aus der Gesellschaft entstehen, immer erst spät erkennt und mit unzureichenden Mitteln und

---

[1] Claus Koch: Wo hält die „wissenschaftlich-technische Revolution"?

schlechtem Erfolg tätig wird, weil er der drohenden Katastrophen, der bestehenden Krisen, der zunehmenden Unruhe und Unordnung nicht Herr wird, war ja das Bedürfnis entstanden, andere — zusätzliche — Hilfen und Hoffnungen zu mobilisieren: eine aufklärende Wissenschaft von den uns gefährdenden Entwicklungen und ihren Wechselwirkungen; eine disziplinierende Verhaltenslehre auf Grund der Einsicht in die prinzipielle Unangemessenheit unseres Freiheitsanspruchs; eine Stärkung dieses Freiheitsanspruchs durch Vermehrung der Freizeit.

Schon eine relativ flüchtige theoretische Musterung dieser Möglichkeiten hatte gezeigt, daß die Verwirklichung der Selbstbestimmung (gegen automatische Entwicklungen und zerstörerische Systemzwänge) durch sie nicht wesentlich gefördert wird. Die Hoffnungen der meisten Menschen konzentrieren sich nach wie vor auf den Staat. Sie meinen, wenn man ihn stärke, werde er mit der Gesellschaft schon noch fertig — und wenn er sich dadurch zu ihrem „Widerpart" mache.

So rufen denn die einen: „Mehr Staat!" und meinen damit ausdrücklich die alte, in der Französischen Revolution konstituierte und legitimierte Trennung von Staat und Gesellschaft. Aber während damals die Funktionen des Staates drastisch beschränkt wurden, müssen sie hier notwendig erweitert werden. Der Ruf nach mehr Staat, ist der Ruf nach einem neuen Leviathan. Thomas Hobbes wird regelmäßig in Zeiten gesellschaftlicher Verwirrung modern. Seine Philosophie gibt den besonderen eigenen Schwierigkeiten einen allgemeinen annehmbaren Grund. Sie sagt: So war es immer! Sie entmoralisiert das Problem. Sie bettet das Versagen von heute ein in die Schwächen der zeitlosen menschlichen Natur.

Hobbes macht zwei einfache Voraussetzungen: a) alle Menschen sind gleich in ihrem Streben nach Gewinn, Sicherheit und Ansehen, und b) diese Güter sind knapp und darum Gegenstand von Streit. Wollen die Menschen z. B. ihren Gewinn erhöhen (dies ist auf jede Zeit und jede Lage übertragbar) und gibt es keine festen Ordnungen und starken Ordnungshüter, dann wird jeder aus dem allen gemeinsam Verfügbaren — „the commons" — (sei es ein Weideland, sei es die Atmosphäre dieser Erde) das Äußerste für sich herausholen, und zwar noch heute, denn wer weiß, ob es morgen noch geht. Gleiche Hoffnungen und gleiche Berechnung treiben die Menschen zu den gleichen Dingen, und so werden sie Feinde.

„Freedom in a commons brings ruin to all", „Freiheit bei gemeinsamer Lebensgrundlage bringt allen Verderben" — das ist die resignierende Grundthese des amerikanischen Biologen Garrett Hardin in einem exponierten, geistvollen und wirkungsreichen Essay mit dem Titel „The Tragedy of the Commons" — „Die Tragödie des Gemeinguts" [1]. Hardin analysiert darin die Umweltkrise in Analogie zur Hobbes'schen Analyse von Herrschaft und Staat. Die liberalistische Theorie vom laissez-faire, laissez-aller, von der „unsichtbaren Hand", die dann alles zum Besten wende, wenn man den Bewegungen, Tätigkeiten, Vorstellungen, Bedürfnissen der Menschen keine Auflage mache (vgl. oben S. 15), verfällt dabei schroffster Ablehnung. Hardin nennt die individuelle Verfügung über das Gemeingut eine „Tragödie" im strengen Sinn des Wortes: nicht weil sie unglücklich ausgeht, sondern weil sie so unaufhaltsam abläuft. Hat man eine räumlich und zeitlich begrenzte Welt, kann man seine Tätigkeiten in ihr nicht beliebig ausdehnen — die Herde nicht beliebig vergrößern, die Wälder nicht beliebig abholzen, nicht beliebig viel Öl aus der Erde fördern und nicht beliebig viel Öl ins Meer ablassen, die Bevölkerung nicht beliebig wachsen lassen, die Autos, die Abfälle, die Fernsehsendungen, das Wissen nicht beliebig vermehren. Man kann nicht die einzelnen für sich entscheiden lassen, wieviel wovon produziert oder verbraucht wird: man muß ihnen ihre Möglichkeiten zuteilen. Das haben wir getan — durch die gesellschaftliche Einrichtung, die wir „Eigentum" nennen: durch die allgemeine Beschränkung und gegenseitige Abgrenzung von Verfügungsrechten an dem, wovon wir alle leben. — Die Zuweisung erfolgt nach Maßgabe ihrer jeweiligen „Leistung". Aber Luft und Wasser, Raum und Zeit, Stille und Öffentlich-

[1] In: Science 162 (1968) S. 1243 ff. Probleme und Gedanken wie die hier angerührten haben eine förmliche Hobbes-Renaissance in der politik-theoretischen Diskussion Amerikas eingeleitet. Es ist nicht unverständlich, daß ein Denker, dessen Grundidee der amerikanischen Tradition so zuwiderläuft und darum nur als eine europäische Kuriosität bekannt war, in dem Augenblick neu entdeckt wird, in dem die Vereinigten Staaten mit „the hard realities of classical politics" konfrontiert werden. Amerikanern schien „the commons" groß genug für alle. Wurde irgendein Gut knapp, mußte man nur weiter ausgreifen und mußte nicht bei der verteilenden Gerechtigkeit, dem Schiedsspruch und am Ende der planenden Gewalt des Staates Zuflucht suchen. Hobbes' Philosophie war die eines armen Landes: „the condition of man in his life shall never be without inconvenience." — Vgl. hierzu William Ophuls: Leviathan or Oblivion?, CIDOC-Dokument 72.03 / Limites 72/1.

keit, Redendürfen und Angehörtwerden, Arbeit und Zuwendung, Lern- und Entfaltungschancen und viele andere Lebens-Mittel, die es nur in der Form eines Gemeingutes gibt, sind nicht in jener Weise zu sichern. Ja, längst hat das liberalistische Prinzip auch im rein ökonomischen Bereich die Grenzen seiner Ordnungskraft erreicht. Es ist sinnvoll, statt den Menschen vorzuschreiben, welche Art der Fortbewegung für sie und ihre Tätigkeit geeignet sei, sie selber entscheiden zu lassen. Die Mehrzahl der Menschen wählt für eine Mehrzahl von Transporten das Auto und obendrein ein ihnen privat gehörendes. Sie kaufen es nach ihrem Geschmack und Bedarf, und wenn diese sich ändern, kaufen sie im nächsten Jahr ein neues. Aber Eigentum und Leistung — davon ganz abgesehen, daß sie Ungerechtigkeiten hervorbringen und fixieren helfen — lösen das Schutzproblem nicht. Die Individuen können zwar für das geeignete Fahrzeug aufkommen, aber (auch nicht über eine spezifische Verbrauchersteuer oder das sogenannte Verursacherprinzip)
— nicht für den Bau der Straße, auf der es fährt,
— nicht für die Sicherheit der Verkehrswege
— nicht für den Schrotthaufen, auf dem das Auto landet,
— nicht für die Folgen der Auspuffgase
— nicht für die Abhängigkeiten, die dies schafft (z. B. die Tatsache, daß jeder 7. Mensch bei uns von dem Auto und damit für das Auto lebt),
— nicht für die Erkundung, Planung, Einrichtung der besseren Alternativen zu den zum „System“ gewordenen Entscheidungen einzelner ...

In alledem treiben alle weiterhin Raubbau am Gemeingut, ist jedermann weiterhin jedermanns Feind.

Für die „Tragödie des Gemeinguts“ gibt es drei Lösungsmöglichkeiten:
— eine moralisch-pädagogische: alle Menschen werden gut und üben Selbstdisziplin
— eine pragmatisch-technische: alle bekommen, soviel sie wollen
— eine politisch-herrschaftliche: alle werden zu vernünftiger Beschränkung gezwungen.

In der Geschichte der Menschheit sind alle drei Lösungen versucht worden — meist alle drei zugleich. Die neuere Geschichte ist durch den Versuch gekennzeichnet, die dritte Form durch die ersten beiden abzulösen. Aber gerade das scheint sich als unmöglich zu erweisen:
— Die komplexen und abstrakten Verhältnisse, in denen wir leben,

lassen sich immer weniger durch individuelle Moral und Erziehung bewältigen. In dem Maße, in dem obendrein die mittelbaren, großen sozialen Erfahrungen und die unmittelbaren kleinen auseinanderfallen, können sie sich gegenseitig keine Stütze mehr geben. Weisheit, Tapferkeit, Gerechtigkeit, die Tugenden, die das gute Leben eines guten Menschen auszeichneten, zeichneten nach Platon auch das gute Leben einer guten Gesellschaft aus. Sie waren nie sehr bequem, aber politisch unmittelbar nützlich. Heute sind sie zwar immer noch unbequem, aber zugleich auch politisch unwirksam. An die Stelle von Weisheit ist wissenschaftliche Verläßlichkeit getreten; Tapferkeit ist die Selbstverleugnung, die ich für die Moral des Herrn Keuner aufbringen muß; Gerechtigkeit heißt oft ein hilfloses oder selbstgefälliges Mit-leiden mit fernen Menschen, denen meine Gesinnung oder meine Taten hier nichts nützen [1]. „Krieg“ findet heute schon mitten in der Familie statt. Die gesellschaftliche „Feindschaft“ dagegen ist oft eine unbewußte, höchst indirekte Beziehung ! Gerade die Produktion von mehr und mehr Gütern, die das Gefühl gibt, daß die Knappheit (um die der Hobbes'sche Streit geht) aufhöre, ist selbst die neue Form des Kampfes aller gegen alle. Unsere „Feindschaft“ ist weniger sichtbar und weniger direkt, sie ist schleichend und arglos. Jeder hat das Gefühl, seine Mitschuld an dem unendlich großen Problem sei unendlich klein und könne darum getrost vernachlässigt werden: auch *mein* Auto erzeugt Giftgase, aber es ist nur eines von -zig Millionen; ich brauche es; ich lebe auf dem Land; außerdem was macht es schon aus, wenn ich mein Fahren einstelle! Wir haben vier Kinder; wir können es uns ja leisten. DDT in unserem Lande verbieten? wo doch der durchschnittliche Verbrauch in der übrigen Welt ein Vielfaches höher ist! — Dieser Krieg aller gegen alle ist totaler und kein bißchen weniger tödlich als der, den Leviathan verhindert.

— Die Hoffnung, daß man eines Tages allen Menschen soviel geben könne, daß sie sich gegeneinander friedlich verhalten, nimmt ebenfalls ab. Die Knappheit hat nicht einmal in den reichen Teilen der Welt aufgehört, im Gegenteil, sie ergreift nun — wie wir gesehen haben — auch die allerelementarsten Dinge.

[1] Vgl. hierzu Erich Fechner: Über die Begründung einer neuen Sittlichkeit, ein Rundfunkvortrag, abgedruckt in: Das Gespräch aus der Ferne, Nr. 235, Mai/Juni 1972.

Kenneth Boulding hat unsere Wirtschaft mit dem Haushalt eines Raumschiffes verglichen: Die Substanz ist absolut, es gibt keine zusätzlichen Quellen, „keine Bergwerke und keine Kloake"; jeder Fehlverbrauch wird sich rächen; wir werden sehr genaue „Einstellungen" vornehmen müssen. Unser Leben wird schön, sogar reich sein können, aber immer verbunden mit einer eigentümlichen Mäßigung. Unsere Nachfahren werden wegen unseres gewissenlosen Raubbaues an den unersetzlichen Schätzen der Natur nur mit Schaudern an uns denken [1].

Wenn aber die Knappheit nicht überwunden werden kann — wie ist dann Leviathan vermeidbar? [2] Wer wird entscheiden, wer welche Arbeit bekommt, wem wieviel Kinder zustehen, wer wieviel Gift erzeugen darf?

— Die Hoffnung konzentriert sich darum auf herrschaftliche Gewalt — genauer: auf gegenseitig vereinbarte gegenseitige Beschränkung. Dies wäre die richtige Formel für den modernen, notwendig starken Staat.

„Unsere Wahl liegt zwischen Utopia und dem Abgrund des Vergessens. Die Errichtung des Leviathan scheint der erste unvermeidliche Schritt zur Verwirklichung eines Minimums an Utopia, in der Friede und Überleben auch für die Nachwelt gesichert sind." [3]

Denn die Rückkehr zu anderen bescheideneren Verhältnissen könnte nur eine Diktatur, ein „Gesetzgeber", wie Rousseau ihn vorsieht, durchsetzen; er allein hätte die Macht und Autorität, die Opfer zu fordern, die dazu nötig wären. Er freilich könnte auch den starken Staat schaffen, der mit der modernen Gesellschaft fertig wird — wie Mao Tse-tung beweist.

Diesem Staat müßte sehr viel mehr als die liberale Schutzfunktion zustehen und etwas sehr anderes als die „Daseinsvorsorge" des Wohlfahrtsstaates. Er müßte eine starke moralische Führung haben, eine eindeutige und weitreichende Planungskompetenz, äußerste Kontinuität, weitgehende Verfügung über die Bürger und — zur Legitimation all dieser Gewalt — ein hohes Maß an puritanischer Selbstzucht.

---

[1] Kenneth E. Boulding in: Public Interest, 5/1966.

[2] William Ophuls: Leviathan or Oblivion?, S. 14.

[3] William Ophuls: Leviathan or Oblivion?, S. 19.

Andere fordern das genaue Gegenteil hiervon — das Aufgehen des Staates in der Gesellschaft, das Ende der klassischen Herrschaftsform. Dies folgern sie nicht nur aus den Entwicklungen; dies wissen sie, wenn sie die eben geschilderten Erwartungen der Etatisten hören.

In ihrer gemeinsamen Reaktion auf das Orwellsche Schreckensbild sind sie gleichwohl schwach und ohne überzeugende Alternative. Die ungewisse Mischung aus liberaler Theorie (eines Hayek oder Friedman) einerseits und der Einsicht in die Notwendigkeit „supranationaler Autoritäten" zur Lösung der global gewordenen Probleme andererseits; aus Reaktionen auf Faschismus und Stalinismus einerseits und Erfahrungen aus dem amerikanischen „Untergrund" während des Vietnam-Krieges andererseits [1]; aus marxistischem „Absterben des Staates" einerseits und systematischer Kantonalisierung der Welt andererseits oder einfach: „weniger Staat" [2] — diese Mischung bleibt unprofiliert und stellt keine Herausforderung an eine sich inzwischen hinter der ersten Forderung konsolidierende Wirklichkeit dar.

Wir können nicht übersehen, daß der Staat „mehr" und „mächtiger", wenn auch leider nicht wirksamer wird. Je umfassender und zugleich einheitlicher die Probleme, je kostspieliger und schwieriger die Planungen, um so zentraler die Einrichtungen. In den Hauptstädten wachsen die Bürokratien schneller als die compounds, in denen man sie unterbringt; Laufbahnen über Laufbahnen werden geschaffen und müssen durch Beamtung und Versorgung gesichert werden; die Sozialdemokratie, die spezifischen Erwartungen, die sie an den Staat richtet, die spezifischen Persönlichkeiten, die sie für diese Aufgaben anzieht, werden das Ihre tun, wie es heißt, „den Staat gegenüber der Gesellschaft zu stärken". Hinzu kommt, daß die vielberufene „öffentliche Armut" in erster Linie ein Anwachsen der öffentlichen Aufgaben

---

[1] Vgl. Daniel Berrigan: America is Hard to Find, New York 1972 (Doubleday), ein leidenschaftliches Plädoyer für gegenstaatliche Lebensformen und -erfahrungen: die des verfolgten Urchristentums. Sokrates, Jesus, der Hl. Paulus, Bonhoeffer, Cleaver — die „großen Verfolgten" und aus der Verfolgung heraus wirksamen Männer — werden als Zeugen gegen sowohl den Reformismus wie die Revolution angeführt. Der „Untergrund" ist kein Ausnahmezustand, sondern eine dauerhafte, hochintensive, bewegliche selbstgenügsame Gemeinschaft und darin ein Vorbild für eine künftige Lebensweise.

[2] Leopold Kohr: Weniger Staat, Gegen die Übergriffe der Obrigkeit, Wien/Düsseldorf 1965 (Econ); vgl. unten S. 172.

und Bedürfnisse anzeigt, dem die Staatseinnahmen nicht Schritt halten. Das Haushaltsvolumen der Bundesrepublik hat sich im Laufe von 10 Jahren fast verdoppelt. Der Zuwachs an Staatsvermögen nach dem Kriege war in der Bundesrepubilk höher als in irgendeinem anderen Land außer Schweden. Von der gesamten inländischen Vermögensbildung (ohne Wertzuwachs an ruhendem Vermögen) entfielen in der Zeit von 1950 bis 1970 rund 27 % auf öffentliche Haushalte, rund 38 % auf Unternehmen und rund 33 % auf private Haushalte. Die Verschuldung von Staat, Ländern und Gemeinden ist, gemessen an den Verschuldungen der Wirtschaft, gering. Die Gemeindeschuld liegt bei rund 700 DM pro Einwohner. Demgegenüber beträgt die Verschuldung der Wirtschaft pro Belegschaftsmitglied etwa 14 000 DM. — Mit solchen Zahlen läßt sich leicht „beweisen", daß der Staat nicht nur mächtig, sondern auch enorm reich sei, daß, wenn er sich für arm erkläre, er eben schlecht wirtschafte [1].

Aber, wie wir gesehen hatten, bedeuten Masse und Macht noch nicht Wirksamkeit des Staates. Ja, die Behauptung, er habe sich zum „präventiven Krisenmanagement" entwickelt, ist als Beschreibung seines Aktionstyps vielleicht richtig, nicht aber als Beschreibung seines Erfolgs: er verhindert die Krisen nur mäßig [2].

Gegenüber den Forderungen nach „mehr Staat" einerseits und „weniger Staat" andererseits hat sich wohl nicht zuletzt aus Mißtrauen gegen das Anwachsen des Staatsapparats und seiner Verwechslung mit dem Staat eine dritte Position herausgebildet. Diejenigen Theoretiker, die die Aufgabe des Staates stets darin gesehen haben, die Gesellschaft und ihre Entwicklungen „in Ordnung" zu halten und die bei „mehr" gesellschaftlichen Aufgaben fast automatisch nach „mehr" Staat zu rufen pflegten, tun dies *nicht* mehr. Dies würde — das ist für jedermann erkennbar — nur die Stärkung eines Machtzentrums zur Folge haben, das selbst alle Kennzeichen der gesellschaftlichen

[1] Dies tut Wolfram Engels in einem Aufsatz: Die öffentliche Verschwendung, in: FAZ vom 22. Juli 1972. Hier behauptet er obendrein, der Bedarf sei optisch überhöht; der „politische Einfluß auf Wirtschaftsbetriebe" führe zur Verschwendung (z. B. in Bundesbahn, Bundespost und Bundesbank); die Subvention von Schwimmbädern, Bergbau und Studienplätzen schaffe einen Bedarf an öffentlichen Gütern, den es ohne sie nicht gäbe etc. Diese Argumente sind von erstaunlicher Leichtfertigkeit und konnten wohl nur im Windschatten eines Zitates von Andrew Shonfield gewagt werden, der die Bonner Steuerpolitik für all diese „Erfolge" verantwortlich macht.

[2] Den Ausdruck „präventives Krisenmanagement" borge ich von Claus Offe.

Irrationalität und Inhumanität trüge, die der gewünschte Staat ja gerade bekämpfen und beseitigen soll.

Sie resignieren, umkleiden ihre Resignation aber mit der Behauptung jener dritten Möglichkeit, die, wenn nicht gut, so doch unvermeidlich sei. Indem sie ihre Trauer um den „richtigen Staat“ nicht verbergen, haben sie zugleich Abstand genommen zu dem, was geschieht. Aber sie überlassen damit das Argument den unphilosophischen Staatstechnokraten oder einem unkritischen Sozialismus (à la DDR), oder sie räumen das Feld den unentwegten Liberalisten, die mit der Ausbreitung der technischen Zivilisation über die ganze Erde und der Ausbildung von wissenschaftlich-technischen Großstrukturen die wahren Chancen der Marktwirtschaft erst anbrechen sehen — frei vom Odium des Kolonialismus.

Ernst Forsthoff hat seine Resignation in die auf Galbraith zurückgehende Theorie von der technischen Realisation umkleidet [1]. Seit Hegel habe eine Epoche der „Realisationen“ begonnen. Realisation soll heißen: es geht darum, etwas zu verwirklichen, während es vorher — so greift Forsthoff eine Äußerung von Karl Löwith auf — um Seinserkenntnis gegangen sei. Der technischen Realisation sei die soziale voraufgegangen. In ihr — sie habe etwa 100 Jahre gedauert — sei der Sozialstaat ausgebildet worden, dessen Hauptaufgabe die Daseinsvorsorge sei. Diese soziale Realisation sei „zum Abschluß gekommen“ (S. 32). Der große Motor der „außerordentlichen Veränderungen der Daseinsverhältnisse“ sei fortan jene technische Realisation — eine machtvolle und selbständige Entwicklung, die weder von unseren Bedürfnissen her zu erklären sei (wie die Erfindung der Töpferscheibe oder des Webstuhls) noch von den Produktionsverhältnissen (bei Marx gibt es Arbeit und Kapital; der „dritte Faktor“ — Technik-und-Wissenschaft — findet in diesem Schema keinen Platz, wie wir oben anhand des Richta-Reports gesehen haben, vgl. S. 65). Saint Simon habe die Technik als erster in dieser Weise gesehen; er habe sie als etwas Neues und Präzedenzloses erkannt; er habe vor allem gemeint, daß sich im technischen Zeitalter die Geschichte vollende.

Dies muß hier erwähnt werden, weil Forsthoff und viele andere sich diese Grundvorstellung angeeignet zu haben scheinen. Das aber hieße: sie haben sich eine „Universaltheorie“ gemacht — mit all den Folgen, die so etwas für die Beurteilung realer Verhältnisse zu haben

---

[1] Ernst Forsthoff: Der Staat in der Industriegesellschaft, München 1971 (C. H. Beck).

pflegt. Es hat in der Geschichte viele solcher Universaltheorien gegeben — unter ihnen einige sehr wirksame. So hat man in früher Zeit alle menschlichen Probleme unter den Willen Gottes subsumiert, später unter ein Prinzip notwendiger Herrschaft, dann unter die Idee staatlicher Rechtsordnung, in der bürgerlichen Ära unter den sozialen und ökonomischen Fortschritt. Jedesmal blieb den Menschen nur übrig, sich der autonomen und machtvollen metaphysischen Instanz zu unterwerfen oder Schutzwälle gegen sie aufzurichten. Die Instanz oder das Prinzip zu ändern, als ein Stück menschlicher Geschichte zu verarbeiten oder zu ignorieren — das ging nicht.
Die technische Realisation erfährt von Saint Simon und Ernst Forsthoff (und ich fürchte auch von vielen Anhängern Ivan Illichs) eine ähnliche Verabsolutierung. Sie wird dadurch für eine offene politische Assimilierung in die Tradition der politischen Selbstbestimmung untauglich.
Die Saint Simonsche Deutung der Technik erscheint auch in sich ungenügend. Neu und präzedenzlos ist sicher das Ausmaß der heutigen Technik und damit die Schwierigkeit, sie zu beeinflussen oder sich ihr zu entziehen. Das Gefühl der Menschen, ihren Werkzeugen und Konstrukten ausgeliefert zu sein, ist dagegen nicht neu und schon gar nicht das subjektive und objektive Leiden an den Folgen einer überzüchteten entfremdenden Zivilisation. Das antike und mittelalterliche Rom [1] war in einem Maß verschmutzt, das wir uns nur schlecht vorstellen können, auch wenn wir Kalkutta oder die Slums von Chicago in den 40er Jahren gesehen haben. Man ertrank im eigenen Unrat, starb an unnötigen Krankheiten, die nicht „natürlicher" waren als unsere Herzinfarkte und Karzinome, und floh, wenn man irgend konnte, vor Öde und Lärm, vor Unsicherheit und Unmenschlichkeit — genau so empört wie unsere heutigen Kulturkritiker. Wo es große Zusammenballungen von Menschen und Mitteln gibt, war das Leben zu allen Zeiten gleichermaßen schwer erträglich. Und wo man den Daseinskampf aus dem Blick verliert, wird wohl auch jede Kultur neurotische Züge bekommen. Ernst Forsthoff wird seinen Rousseau gelesen haben, dessen „Diskurse" — mit kleinen Retuschen — widerspruchslos in Ivan Illichs Kampfschriften einzupassen wären. Also: ohne Präzedenz?

[1] Philipp Hiltebrandt: Rom, Geschichte und Geschichten, Stuttgart 1949 (Union).

Ungenügend und zugleich typisch scheint mir weiter die Gegenüberstellung von einer für abgeschlossen erklärten „sozialen" und einer „technischen" Realisation, die nicht nur einmalig, sondern auch total sein soll. Hierin drückt sich in erster Linie ein beschränktes Verständnis von der möglichen und notwendigen sozialen Verwirklichung (des Menschen) aus. Man möchte sagen: weil wir ein diffuses, allgemeines, untechnisches Verständnis von der technischen Welt haben, haben wir auch so bescheidene Ansprüche an die soziale. Es ist offensichtlich, daß wir in unserer dicht bevölkerten Welt und in unserer geschichtlichen Lage die letztere nicht ohne die erstere verwirklichen können und daß Technik uns noch eine Fülle neuer sozialer Erfahrungsbereiche eröffnen kann — wenn wir sie *dafür* einsetzen und nicht nur zur Steigerung unserer Produktivität, zur Erhöhung und Fortsetzung unserer Bequemlichkeit und zur Überbrückung der schon durch falsch angewandte Technik entstandenen Not, Vereinsamung, Unsicherheit.
Unser kümmerliches Verständnis von der Technik kommt zu einem Teil daher, daß Techniker im allgemeinen wenig über ihre Tätigkeiten theoretisieren — mit der Folge, daß die meisten Technik-Theorien von Geistes- oder Gesellschaftswissenschaftlern stammen. Zu einem anderen Teil ist die Tatsache schuld, daß die technischen Phänomene auf alle anderen Phänomene verteilt sind. Auf diese Weise freundet man sich zwar leicht mit der X- oder Y-Technik an, läßt sich aber Die Technik schlechthin widerstandslos verdächtig machen.
Schließlich kann keine Rede davon sein, daß die Technik autonom sei, da sie sich selbst erfülle. Sie hat keinen linearen Aufbau, keine eindeutige Perfektion, kein notwendiges telos. Sie als die determinierte Hervorbringung des Menschen den indeterminierten, nämlich der Politik und der Kunst, entgegenzusetzen, ist in der Sache falsch und politisch gefährlich: es verführt noch einmal zur Resignation. Ein Auto kann auf ebenso viel verschiedene Weisen konstruiert werden wie eine Symphonie oder ein Gesetz. Man darf Massenherstellung nicht mit Technik verwechseln.
Aus dieser pessimistischen und universalistischen Grundeinstellung heraus sieht Ernst Forsthoff nur drei Möglichkeiten, wie der Staat sich zur Technik verhalten könne:
— der Staat identifiziert sich mit ihr
— der Staat weist sie in die von ihm gesetzten Schranken

— der Staat läßt den technischen Entwicklungen freien Lauf und beschränkt sich auf die Funktionen, die die Industriegesellschaft nicht übernehmen kann (?) — Außenbeziehungen, Rechtspflege, Polizei, Bildung, sozialen Ausgleich [1].

Und von diesen drei Möglichkeiten wiederum hält Forsthoff die erste für unerwünscht; diesen Weg ist die Sowjetunion gegangen und ihr sind die anderen kommunistischen Staaten gefolgt; der Staat habe dadurch einen unzweifelhaften Machtzuwachs erhalten, aber auch manche Nutzungsmöglichkeit versäumt (Entdeckungen würden nur unter dem Gesichtspunkt des gesetzlichen Planungsziels zur Kenntnis genommen), und natürlich habe dies eine große Einbuße an individueller Freiheit mit sich gebracht.

Die zweite Möglichkeit hält er für wünschenswert, aber irreal; sie sei in der Bundesrepublik an der Unfähigkeit des Staates zur geistigen Selbstdarstellung gescheitert; er repräsentiere nicht mehr das Konkret-Allgemeine und könne darum auch nicht die höchste Souveränität beanspruchen.

Die dritte und letzte Möglichkeit hält er für gegeben, man müsse jedoch zweifeln, ob in ihr dem Staat noch sein Name zukomme; was die Bundesrepublik zusammenhalte, sei die Daseinsvorsorge durch den in dieser Funktion unersetzlich gewordenen Verwaltungsstaat und jener unauflösliche Zusammenhang von Tätigkeiten, die man Industriegesellschaft nennt.

Durch diese Deutung bekommt alles Weitere den Charakter geschichtlicher Notwendigkeit, ja Fatalität:

— Was möglich ist, ist nicht wünschenswert.
— Was wünschenswert ist, ist nicht möglich.
— Was wirklich ist, ist notwendig so.

Fatal ist dies, weil eben die beiden die Bundesrepublik stabilisierenden Faktoren jene Merkmale unseres Lebens hervorbringen, die uns die neue Gesellschaftskritik als unsere größten Gefahren schildert:

— dem verselbständigten Versorgungsstaat verdanken wir die Verschulung, das sozialisierte Wohnen, den öffentlichen Gesundheitsdienst, die verwaltete Wissenschaft, die Bürokratisierung aller Lebensbereiche, die Immobilität der Verhältnisse
— der verselbständigten Industriegesellschaft verdanken wir sinnlose Produktion und sinnlose Konkurrenz, Krieg und Contergan,

[1] Ernst Forsthoff: Der Staat in der Industriegesellschaft, S. 42.

Raubbau an den Rohstoffen und Zerstörung der Natur — und die Brutalisierung der Gesellschaft obendrein.

In Wirklichkeit ist die Technik *nicht* unser gesellschaftliches Fatum, sondern hat, mit Niklas Luhmann zu sprechen, umgekehrt die „Kontingenz“ und damit die Unvorhersagbarkeit unserer Welt unendlich erhöht — zum Guten wie zum Schlechten. Und das auf allen von ihr berührten Gebieten!

Schon daraus ergibt sich, daß, wenn der Staat auch nur in der minimalsten Form „verfaßte Ordnung der Gesellschaft“ sein will, er sich weder mit der „technischen Realisation“ einfach abfinden, noch sie oder die aus ihr erwachsenden Übel einfach abwehren kann. Er wird sich tiefer auf die Dinge einlassen müssen.

Ich möchte der Resignation Forsthoffs einige auf der Hand liegende Möglichkeiten staatlicher Lenkung der industriegesellschaftlichen Prozesse entgegenhalten. Laie, der ich hierin bin, kann ich dies nur, weil der Staat dies schon längst und sichtbar tut oder an solchen Lösungen arbeitet. In allen Fällen ist zugleich eine neue Funktion des Staates schlechthin erkennbar:

a) Der Staat hat unrentable, aber notwendige technische Prozesse seinerseits zu fördern, z. B. die kostspielige Herstellung von Software im Bereich der pädagogischen Technologie. Ohne diese langfristigen und teuren Entwicklungsarbeiten wird die Herstellung von z. Z. hochrentabler Hardware in der Tat zu einem schweren Übel. Ein anderes Beispiel wäre die Entwicklung moderner Hochleistungseisenbahnen oder von Wasser- und Luftreinigern (Emissionsverhinderung).

b) Der Staat kann durch Gesetze für den richtigen Gebrauch der Technik sorgen. Der richtige Gebrauch der Technik wäre zugleich der technische Gebrauch der Technik, denn Technik ist dadurch definiert, daß sie Zwecken dient und nicht sich selbst. Das Auto erfüllt *eine* Funktion — den Individualtransport — und ist in dieser Hinsicht technisch in Ordnung. Eine Fülle von anderen Funktionen erfüllt es nicht: es ist nicht so ungefährlich, nicht so gesund, nicht so anpassungsfähig wie der Verkehr zu Pferde oder zu Fuß — „und müßt' nicht so sein!“. Man hat Sicherheitsgurte und Verbandskästen für das Auto vorgeschrieben, aber die Geschwindigkeitsgrenze hat man nicht dort installiert, wo sie am wirksamsten wäre: im Auto selbst, sondern hat sie als Straßenschild an den Wegrand gepflanzt. Ja, man erfindet „Sicherheitsautos“, regelrechte Verkehrspanzer, die das Überleben der Insassen in Kollisionen bei 80 km Stundengeschwindigkeit garantieren — also Autos, die auch diese Vorsicht beseitigen und dem Opfer des Aufpralls überhaupt keine Chance mehr lassen.

c) Der Staat kann und muß sich selber an dieses Gesetz halten: es ist interessant, daß das „technological gap“, das nach dem Ersten Weltkrieg so auffällig zwischen Amerika und Europa klaffte, inzwischen geschlossen ist, ja daß die europäischen Staaten in den meisten technischen Bereichen Amerika zu überholen beginnen: weil — so sagen die Experten — die Vereinigten Staaten sich auf Weltraumforschung eingelassen und ihre Kapazität damit festgelegt haben. Die Weltraumforschung hat lange als Ursache des amerikanischen Vorsprungs gegolten.

d) Der Staat kann durch Steuerprämien oder Steuerauflagen dem Rohstoffverschleiß wehren helfen; er kann mit der höheren Sicherheitsqualität auch eine höhere Material- und Verarbeitungsqualität erzwingen und damit eine längere Lebensdauer von Autos, Werkmaschinen und anderen Geräten; er kann das Verursacherprinzip ausdehnen und strenger handhaben.

e) Der Staat müßte die Nutzung bestehender technischer Möglichkeiten öffnen und nicht umgekehrt, wie jetzt, die Blockierung technischer Möglichkeiten schützen: die eingebaute Obsoleszenz, das Aufkaufen von Patenten, die monopolistische Preisabsprache und Standardisierung bzw. Destandardisierung. Jedermann weiß, daß das technisch perfektere Tonbandverfahren schon jahrzehntelang existierte, als die großen Firmen den Langspielplattenboom eröffneten. Denn zuerst mußten die Investitionen wieder hereingeholt werden, die sie in die Entwicklung des LP-Verfahrens gesteckt hatten.

f) Dem Staat fällt — und dies ist die bei weitem wichtigste Funktion — die Koordinierung der verschiedenen technischen Bereiche untereinander und ihrer aller mit den anderen ökonomischen, politischen, wissenschaftlichen und individuellen Bereichen zu. Dies sollte unter dem Gesichtspunkt einer veränderten und fortgesetzten „sozialen Realisation“ im Industriezeitalter vor sich gehen. Unser Problem ist eben gerade nicht „die Technik“, sondern die Zwecke, denen wir sie dienstbar machen. Unsere soziale und politische Ordnung ist auf miteinander sprechende, miteinander arbeitende und — negativ — einander unmittelbar angreifende oder verletzende Menschen hin entworfen — nicht auf Fernsehen, Demoskopie und Smog-Alarm. Unser Hauptproblem — man kann es nur wiederholen — ist die Komplexität und die durch sie erzeugte Unverständlichkeit unseres Lebens.

In dieser letzten Koordinationsaufgabe stecken Elemente einer neuen „Staatlichkeit", wenn denn der Begriff so erweitert werden kann, daß er die „gemeinsame Regelung gemeinsamer Angelegenheiten" enthält, mithin die Politik und nicht nur die staatliche Bürokratie mit ihren Gesetzen, Dienstleistungen und Zwangsmitteln.
Alles, was hier von (a) bis (e) aufgezählt worden ist, bleibt innerhalb dessen, was der Staat schon tut und was, wie wir gesehen haben, nicht ausreicht. Der Staat als Aggregat von Institutionen wird gegenüber der Gesellschaft unfrei bleiben, ja immer unfreier werden. Er wird auch notwendig gegenüber anderen Staaten an Souveränität, an Selbstherrlichkeit und Beweglichkeit einbüßen. Da die Technik (wie auch die Ökonomie) eine überstaatliche Erscheinung ist, liegt es schon darum nahe, daß sie entweder nur durch eine Weltregierung oder auf einer unteren Ebene — in der beruflichen und betrieblichen Struktur unserer Gesellschaft, in den Lernprozessen und nicht zuletzt in individueller Askese — bewältigt werden kann. Die Weltregierung ist ein ferner und gar nicht sehr bekömmlicher Traum. Die „untere Ebene" aber ist nichts anderes als der Ort der Selbstbestimmung, die wir eingangs als Politik definiert haben.
Dies bedeutet keine Abkehr von der Idee des Staates als des notwendigen und kündbaren contrat social, in dem wir gegenseitig vereinbaren, wie wir uns gegenseitig kontrollieren. Es soll ihn vielmehr wieder verständlich und annehmbar machen. Die in Unordnung und außer Kontrolle geratenen Mittel und Systeme unserer Gesellschaft müssen „diszipliniert" werden.
Die eigentlichen Fragen sind: Wie bringt man die steil ansteigende *subjektlose* Exponentialkurve der Entwicklungen dazu, allmählich in eine Waagerechte überzugehen? An wen wendet man sich? Und — hat man den Adressaten gefunden — welcher Instanz werden die als mündig gedachten Menschen folgen, wenn man ihnen harte und ungewohnte Veränderungen zumutet? Welche Personengruppe wäre nach welchen Prinzipien und welchen Verfahren dazu legitimiert?
Die Autorität der Institutionen, auf die die Staatsmänner heute gerne

pochen, scheint mir das falscheste Mittel [1]. Was Aufklärung für sich allein, was Abrichtung und was bloße Entlastung vermögen, haben wir geprüft und für gering befunden. Die *Erfahrung* mit dem Sinn politischer Ordnungen und Verfahren — mit verfaßter Herrschaft und selbstgemachtem Gesetz, mit Konsens und Delegation, mit Kontrolle und Kontrolle der Kontrolle, mit Mehrheitsbeschluß und Ausnahmeregelung — kann man in der großen Einheit des Nationalstaates nicht mehr machen. Den Staat, wie er ist, kann der einzelne nur noch fürchten oder ausnutzen.

Wir müssen ihn und die mit ihm gemeinte „Politik" — das Leben in der Polis — erst wieder lernen: in kleineren erfahrbaren Gebilden, in den vorhandenen Subsystemen der heutigen nicht zu entbehrenden Staatsordnung. Dem Staat kann und muß aber zugemutet werden, jene mikro-politische Erfahrung zu fördern — Versuche mit beschränkter Autonomie, aus denen die rechtlichen, wirtschaftlichen, technischen und psychologischen Chancen und Schwierigkeiten erkennbar werden, die dies hat. Er müßte darüber hinaus diesen in politischer Verantwortung erwachsenen Gruppen geeigneten Einfluß auf die makro-politischen Vorgänge einräumen und damit die ausschließliche Privilegierung der Weltanschauungsgruppen (der Parteien) und der Interessengruppen (der Verbände) aufzuheben beginnen. Es ist nicht einzusehen, warum Machtstreben und Egoismus in unserer Gesellschaft die einzige Form der „politischen Kompetenz" bleiben sollen. Es ist erst recht nicht einzusehen, wieso gerade diese in so besonderem Maße zur Ermittlung des Gemeinwohls taugen sollen.

Wollten wir ermitteln, was Staat ist, wir müßten Platons Gedankenexperiment für uns wiederholen und unsere staatlichen und gesellschaftlichen Verhältnisse aus ihren Elementen heraus rekonstruieren. Anders als bei ihm, dem Arbeitsteilung und Autarkie als Maßstäbe genügten, müßten die Weitläufigkeit, Langfristigkeit, Indirektheit, Abstraktheit, Komplexität und Veränderbarkeit unserer Gesellschaft einbezogen werden. Das bedeutet einerseits eine ungeheure Erweiterung, andererseits eine gründliche Veränderung der Befugnisse des Staates. Die Erweiterung allein freilich würde, wie wir gesehen haben, die Anonymität, die Subjektlosigkeit, die Automatik der Vorgänge erhöhen und damit die Apolitie der Bürger. Die Veränderung

[1] Günter Rohrmoser: Die Krise der Institutionen, München 1972 (Goldmann), S. 50 ff.

dagegen bezieht sich gerade auf die Preisgabe eines herrschaftlichen und administrativen Verfahrens zugunsten von Erfahrungs- und Überzeugungsprozessen, die sich ebensogut institutionell sichern lassen wie der Abschluß eines Vertrages, die Erfüllung eines Gesetzes, die Einziehung von Steuern. — Dies erst gibt der Forderung nach Demokratisierung ihren Sinn. Demokratisierung ist nicht nur ein abstraktes Rechtsgut und die verfügte institutionelle Auflösung von nicht-legitimierter und nicht-kontrollierter Herrschaft, sondern vor allem auch die Garantie der Prozesse, durch die man Politik, und d. h. fortgesetzte Selbstbestimmung lernt. Diese Lernvorgänge sind nicht nur kognitiv, sondern auch emotional. Emotionen lassen sich herstellen, wirkliche Einsichten dagegen, denen man dann auch folgt, nicht oder jedenfalls nicht so leicht: sie werden von den Erfahrungen und Emotionen mitbestimmt. „Lehren“ lassen sie sich freilich — aber: Werden sie „gelernt“? So muß denn der ganze Kontext mitwirken, die Erfahrung der politischen Welt. Schule genügt hier nicht.

Die Transparenz und damit Verständlichkeit unserer Verhältnisse werden wir auf die Dauer nur durch Vereinfachungen der gesellschaftlichen Erfahrung erreichen, die das Lernen ermöglichen und nicht nur das Belehrtwerden [1].

5. Demokratisierung?

Das Wort „Demokratisierung“ ist ein Reizwort geworden. Für eine Diskussion taugt es kaum noch, für eine Verständigung gar nicht mehr. Die Schwierigkeit rührt vor allem daher, daß die Forderung nach Demokratisierung in bezug auf eine bestehende und funktionierende Demokratie erhoben wird. Wo es keine Demokratie gibt, ist man sich über den Sinn des Wortes schnell einig.

Die einen verstehen darunter das, was das Wort sagt: einen Vorgang, durch den etwas demokratischer gemacht wird. Mit der Demokratisierung der Demokratie meinen sie: diese auch in den Bereichen demokratisch machen, in denen sie es noch nicht ist; oder: den schönen Schein von Demokratie fortreißen und real durch das ersetzen, was die jeweilige „demokratische“ Einrichtung nur zu sein behauptet. Demokratie ist für diese Demokratisierer ein Prinzip, das nicht auf

[1] Hartmut von Hentig: Schule als Erfahrungsraum? Eine Übung im Konkretisieren einer pädagogischen Idee, Stuttgart 1973 (Ernst Klett).

verfaßte politische Institutionen beschränkt ist. Genauer: Weil es potentiell in allen Gesellschaftsbereichen Herrschaft gibt und weil Demokratie diese, wenn nicht abschaffen, so doch einer Kontrolle unterwerfen, sie kritisieren und auf das Allernötigste beschränken will, sind alle gesellschaftlichen Bereiche auch politisch und darum demokratisierbar.

Die anderen verstehen unter Demokratisierung in erster Linie den Versuch, die Demokratie, wie sie ist, zu verändern. Diese Demokratie ist vielleicht nicht gut, das wird auch nicht behauptet. Demokratie ist jedoch nur dann Demokratie, wenn sie die Möglichkeit der Selbstkorrektur enthält und sichert. Dies ist durch die herrschende Verfassung geregelt. Jede Absicht, daran etwas zu ändern, läuft auf „Systemüberwindung" und damit auf eine Gefährdung der Demokratie hinaus. Der Demokratisierung muß um der Demokratie willen Widerstand geleistet werden [1]. Demokratie ist für diese Demokraten eine Staatsform; diese Staatsform ist durch die Verantwortlichkeit der Staatsorgane gegenüber dem Volk insgesamt definiert. Direkter Einfluß einzelner Gruppen (von der „Basis" her) lasse die Gesamtheit der anderen außer Betracht. Die vollständige Demokratisierung aller gesellschaftlichen Bereiche laufe auf die Ablösung von Staatlichkeit überhaupt hinaus — „one man one vote" in jeder Angelegenheit!

So sehr sich beide Seiten bekämpfen, in einem sind sie sich einig: Es geht dabei in erster Linie um eine Frage der *Macht*verteilung, um „Herrschaft von Menschen über Menschen" oder um „Verwaltung von Sachen", um direkte oder vermittelte Souveränität des Volkes, um Gewaltenteilung oder Identität von Herrschern und Beherrschten. Sie sind sich ebenfalls einig in der Ansicht, es handele sich um ein perennierendes Problem, das nur unterschiedlich aktualisiert wird. Platon und Marx, Montesquieu und Rousseau, de Tocqueville und Schumpeter werden folglich zitiert, als stünden sie in einem zeitlosen Gespräch miteinander.

Ich möchte, nachdem ich dies schon früher getan habe [2], noch einmal und, wenn möglich, radikaler den Versuch machen, den Demokratisierungsanspruch aus einer allgemeinen Gesellschaftsanalyse und nicht

---

[1] Vgl. das nächste Kapitel „Einwände gegen die Demokratisierung", S. 137 ff.

[2] Hartmut von Hentig: Die Sache und die Demokratie, in: Neue Sammlung 2/1969, S. 101 ff.
ders.: Demokratisch leben, in: Neue Sammlung 4/1970, S. 355 ff.

mehr aus den historischen Positionen und philosophischen Postulaten zu erklären. Ich sehe dabei von dem bleibenden Machtproblem so gut es irgend geht ab. Ich tue dies auch, weil sich in dieser Frage die Geister so entzweit haben, daß auf Verständigung nicht zu hoffen ist. (Dabei sind diejenigen, die hier miteinander streiten, meist weder so mächtig noch so ohnmächtig, daß eine Veränderung der tatsächlichen Verhältnisse sehr viel für sie verändern würde. Ein existentielles Interesse äußern die Streitenden nicht.) Ich tue es vor allem, weil die Fixierung auf das Macht- oder „Herrschaftsproblem in der kapitalistischen Gesellschaft" das „Entfremdungsproblem in der verwalteten, verschulten, technischen Zivilisation" zudeckt, während umgekehrt die Beschäftigung mit der Entfremdung die Existenz und die Mittel der Macht sichtbar zu machen pflegt. Der Weg von der Analyse der Entfremdung zur Analyse und Anklage von systematischer Ausbeutung und Herrschaft war auch der Weg von Karl Marx. Wer wie viele seiner Nachfolger — vor allem Lenin — nur noch die Herrschaftsfrage stellt, wird auch für sie nur entfremdende Lösungen finden, die ihrerseits neue Herrschaft gebären.

Im New Industrial State (Galbraith), in dem ein funktionales Management an die Stelle personaler Herrschaft tritt und Macht eine Sache entweder von Struktur und Apparat oder von Catilinarischer Entschlossenheit geworden ist, in einer Zeit, in der die Menschen wenigstens in Europa und Nordamerika kaum unter der Macht anderer, wohl aber unter ihrer eigenen Ohnmacht, Austauschbarkeit, Wirkungs- und Bedeutungslosigkeit leiden, ist die Aufhebung der Entfremdung die fundamentalere *politische* Aufgabe. Und diese wiederum scheint mir mit Demokratisierung — und zwar ausdrücklich auch der nicht staatsrechtlich verfaßten Bereiche — identisch zu sein. Beteiligung (oder Mitbestimmung) wird zu einem gesellschaftlichen Existenz- und Ordnungsprinzip wie Eigentum, Arbeitsteilung und Rechtsgehorsam, und wird sie zum Teil notwendig überlagern.

Mit meinem Versuch, die Demokratisierung — jenseits von Marx und Macht — aus den Lebensverhältnissen zu begründen, die nach Demokratisierung rufen und die durch sie beherrschbar und aushaltbar werden, verbinde ich eine — letzte — Hoffnung auf die Wiederherstellung von Politik in der Industriegesellschaft. Dies ist mein existentielles Interesse an der Frage: daß mehr Menschen dem Sinn und Anspruch ihrer Demokratie entsprechen, daß sie Politik treiben und nicht von sogenannten Entwicklungen getrieben werden. Noch immer

sehe ich meinen eigenen besten Schutz in einer aufgeklärten und politisch-bewußten Öffentlichkeit.
Wenn die Menschen wieder Sinn für Politik bekommen, indem sie die Entscheidungen, die „oben" gefällt werden, wieder verstehen (weil sie sie in Analogie zu ihren eigenen Tätigkeiten „unten" sehen oder gar die Verbindung zwischen beidem erkennen), könnten sie die Veränderung ihrer Institutionen so vornehmen, daß sie ihnen dies ermöglichen. Sie könnten sogar bereit sein, einen hohen Preis an Bequemlichkeit, Sicherheit, Konsum und Freizeit dafür zu zahlen.

Vielleicht wäre hierfür ein anderer Ausdruck besser. Man wird sagen: „Demokratisierung" behaupte ja eine Beziehung zur verfaßten Demokratie. Die Beispiele, die ich aufführe, enthielten Demokratie nur in metaphorischer Form. Die Möglichkeit einer allgemeinen Entscheidung von der Basis her, die direkte Herrschaft der Laien, ein durchgängiges Rätesystem seien gar nicht berührt, es werde auch ihre Notwendigkeit und ihre Überlegenheit über die demokratische Herrschaft, d. h. die Delegierung von Entscheidungsbefugnissen an freigewählte Personen auf Zeit nicht bewiesen.
Wilhelm Hennis hat darum für diese Demokratisierung den Terminus „Binnenkonstitutionalisierung" vorgeschlagen:

„Man kann — und warum sollte man nicht — in Schulen, Universitäten, Wirtschaftsbetrieben, Zeitungsredaktionen, Krankenhäusern etc. die Formen des menschlichen Miteinander ändern, sie freier, auch ihre rechtlichen ‚Strukturen' weniger hierarchisch gestalten. Für Anhörung, Mitwirkung, auch Mitbestimmung, sollte, wo immer es möglich ist, Raum gegeben werden. Nur ‚demokratisch' läßt all dies sich nicht legitimieren." [1]

In einer Anmerkung fügt er dann hinzu:

„In Wahrheit handelt es sich bei allen (solchen) Demokratisierungsformen ... um Versuche der *Binnenkonstitutionalisierung* von Sozialtatbeständen. Nichts folgt aus allem hier Vorgetragenen gegen solche Bemühungen!" (ebenda; Hervorhebungen vom Autor).

Hennis warnt dann davor, daß der Gebrauch des Wortes „Demokratisierung" an Stellen, wo es um „Binnenkonstitutionalisierung von Sozialtatbeständen" gehe, als Kulisse für Radikaldemokratismus diene und darum gefährlich sei.
Nun ist schon zweifelhaft, ob der neue Ausdruck die Sache wirklich

[1] Wilhelm Hennis: Demokratisierung, Zur Problematik eines Begriffs, Köln/Opladen 1970 (Westdeutscher Verlag) S. 33.

trifft. Es geht bei der Mitbestimmung der Eltern über die Schule (vgl. unten S. 172 ff.) oder bei der Demokratisierung eines einflußreichen Vereines oder bei der Führungsstruktur der Streitkräfte um Verfügung über echte politische Macht, die weit über das Binnenverhältnis hinausgeht. Aber damit habe ich die Auseinandersetzung nur noch einmal — wie Hennis auch — verschoben: auf die Deutung der Wörter „echte politische Macht". Wichtiger ist mir darum etwas anderes: „Binnenkonstitutionalisierung von Sozialtatbeständen" — mit Verlaub, das versteht niemand, der nicht die theoretische Kontroverse mit durchgearbeitet hat. Hennis gibt im übrigen zu: Anhörung, Mitwirkung, Mitbestimmung (sogar in der Wirtschaft!), Abbau von Hierarchie — dies alles könne jene Bemühungen kennzeichnen; aber Gleichheit und Freiheit, die „dem Begriff der Demokratie unverzichtbar zugeordnet sind" (S. 34) spricht er ihnen ab. (Vgl. unten S. 139 f.) Aber auch im politischen Bereich („modern gesprochen: im Staat") sind diese abstrakt. Hennis kann, wie viele Staatsphilosophen vor ihm, sich vor diesem Einwand wiederum nur retten, indem er dem Staat selbst eine prinzipielle „Abstraktion von der Reproduktion des Lebens" unterstellt (S. 33).

Ich spreche hier weiterhin als politischer Pädagoge; ich rechne hartnäckig damit, daß man sorgfältig liest, was ich mit dem Wort Demokratisierung meine und bleibe darauf angewiesen, daß man erkennt, in welchem Diskussionszusammenhang diese Erörterung steht. Ich habe keinen besseren Ausdruck finden können, keinen, der wie dieser das Ziel *und* das Mittel, die intendierte „Politik" *und* den dazu nötigen Lernvorgang, die Institutionen, die Einstellungen, den Prozeß *und* das Prinzip zugleich bezeichnet, die schon immer diesen Namen und die Geschichte dieses Dogmenstreits gemeinsam haben. Ja, es wäre wohl töricht und feige, wollte man dieser Tatsache, die selbst ein Element des politischen Problems ist, durch die Verwendung eines anderen Wortes ausweichen.

Um vollends keine Unklarheit über meinen Standpunkt zu lassen, will ich noch einen Schritt weiter gehen: Die mit dem Wort „Demokratie" implizierte Wertung bezieht sich auf ein Verfahren, durch das die jeweils Betroffenen immer neu zu Beteiligung und Verantwortung aktiviert werden — zu Politik. Das Prinzip dieses Verfahrens bleibt gleich, die Mittel und Wege ändern sich. Zu diesen Mitteln und Wegen gehört u. a. die verfaßte Demokratie. Deren Organe, Einteilungen, Rechtsinstitutionen, Wirtschaftsformen und Kommunikationsgewohnheiten unterliegen dem Gesetz geschichtlichen Wandels — und können sehr wohl eines Tages selber zu Hindernissen der Beteiligung und Verantwortung werden; sie können uns festlegen, uns faul machen, uns Fiktionen ausliefern. Sie müßten also selbst nach Maßgabe des genannten Prinzips geändert werden. — In dieser Sicht wäre die Demokratie das Instrument der Demokratisierung, nicht umgekehrt. Und der Grund für Demokratisierung läge in der gerechten Verteilung von Verantwortung, der dazu nötigen Ermöglichung von Mündigkeit und Kompetenz, der Maximierung von Freiheit bei gemeinsamer Lebensgrundlage — von freedom in a commons.

„Die Krise der parlamentarischen Demokratie", „die Krise ‚unserer' Wirtschaftsordnung", „die Krise des Bildungswesens", „die Krise der Streitkräfte", „die Krise der Betriebe und ihrer Ordnungen" und so fort — dies alles bezeichnet nicht die akuten Störungen einzelner Institutionen in sich oder in ihrem Umfeld, sondern eine allgemeine Dysfunktionalität unserer technisch-industriellen Zivilisation. Diese Dysfunktionalität hat man — sehr plausibel — als eine Anpassungsschwierigkeit beim Übergang von einer industriellen zu einer sogenannten „nachindustriellen Gesellschaft" erklärt [1]. Man hat — weniger plausibel — gesagt, die nachindustrielle Gesellschaft werde nicht mehr durch die Sorge um die Produktion, sondern durch systematische Selbsterfüllung und Selbstgenuß gekennzeichnet sein. Aus einer Leistungsgesellschaft werde eine Lern- und Freizeitgesellschaft. Diese Deutung ist das Ergebnis einfacher Extrapolation aus den gegenwärtigen Verhaltensmustern. Die Anpassung, die sich aus einem solchen Übergang ergibt, würde fast ausschließlich von den Menschen und ihrem Bewußtsein verlangt. Die Einrichtungen dagegen wären es ja gerade, die den Wandel vollziehen und erzwingen, und das wäre ein eindeutiges, verständliches und also annehmbares Ereignis.

Mir scheint eine andere Deutung richtiger: Die Mittel und Institutionen, die geeignet waren, diese Zivilisation herzustellen und erfolgreich zu machen, sind nicht diejenigen, die geeignet sind, sie zu erhalten, sie menschlich und verläßlich zu machen. Damit meine ich nicht nur die Industrie, die Bürokratie, die wuchernden Mittel, denen man

[1] Daniel Bell: Die nachindustrielle Gesellschaft, in: Das 198. Jahrzehnt, Eine Teamprognose für 1970—1980, Hamburg 1969 (Christian Wegner), S. 351 ff.; ebenfalls: Herman Kahn/Anthony Wiener: Ihr werdet es erleben, Voraussagen der Wissenschaft bis zum Jahre 2000, Wien/München/Zürich 1968 (Molden), S. 73 ff.

mit limits to growth beikommen will (wobei jeder die Einschränkung des anderen meint und so der alten Mentalität mit neuen Mitteln zur Durchsetzung verhilft). Ich meine, auch so respektable Erfindungen wie die Zweckfreiheit der Wissenschaft oder die Schule als Vermittlerin von Bildung oder unsere Staatenstruktur mit nationaler Souveränität oder den organisierten Klassenkampf — die mir alle an das Ende ihrer bisherigen Bestimmung gekommen zu sein scheinen.

Alle diese Mittel hatten es damit zu tun, *Mangel, Mängel* und *Mühe* zu beseitigen. Auf sie wollte man mit Fülle, Perfektion und Entlastung antworten. Die Hauptanstrengung der Menschen richtete sich darum auf *Produktivität* (und — z. B. im Bildungswesen — gleichzeitig auf das Bewahren, Ordnen und Auslegen dessen, was man schon hatte).

Die *Fülle* der Dinge, Mittel Funktionen, Beziehungen erzeugt *Komplexität:* Wir überschauen unsere Welt nicht mehr.

Die progressive *Arbeitsteiligkeit,* mit der die Fülle allein gehandhabt werden kann, erzeugt eine hochgradige *Interdependenz:* Wir verfügen über unsere Welt nicht mehr.

Die *Rationalität,* mit der allein die Arbeitsteiligkeit organisiert werden kann, erzeugt ein hohes Maß an *Abstraktheit:* Wir erleben unsere Welt nicht mehr.

Alles zusammen hat uns mit der Lösung des alten Problems ein neues beschert: den Systemcharakter unserer Zivilisation, von dem die exponentiale Wachstumskurve nur ein Symptom ist. Mit dem Systemcharakter ist gemeint, daß man — wie beim Schachspiel — keinen Zug tun kann, ohne daß alles andere auf eine zunächst nicht absehbare Weise betroffen und verändert wird. Ihm gegenüber befinden wir uns in der hilflosen Lage des Zauberlehrlings. Der sich selbst verstopfende Autoverkehr und die unzerstörbare Plastiktüte, die unbezahlbaren Rüstungen und der nicht zu beendende Krieg in Vietnam, die Bevölkerungszunahme und die Inflation — sie sind *zusammengenommen* unser „Besen“ und schaffen, wie der des Zauberlehrlings, nicht nur Zerstörung heran, sondern vor allem auch Panik und erst dumme, dann böse Gewalt.

Jede Gesellschaft hat ihre Regulierungsprobleme und -mittel gehabt. Die Mittel, die den Menschen am längsten und erfolgreichsten gedient haben, waren Herrschaft, Arbeit und Handel. Das Christentum hat es mit der Liebe versucht, aber die ist über einige Heilige und fromme Gemeinschaften nicht hinausgediehen. Es gab weiterhin

Herrscher, die wußten, wie man die Beziehungen am besten ordnet. Von ihnen gemachte und verwaltete Gesetze und Machtmittel halfen dabei. Es gab weiterhin Anstrengungen von Bauern, Handwerkern, Schreibern, Forschern, Priestern, Künstlern, die die Probleme wegarbeiteten, welche Herrschaft allein nicht löst. Und der Handel, Geld und Seefahrt, Tausch und Täuschung sorgten für ein wenig Spielraum, für die Korrektur der Ordnung durch das Glück.

In der Französischen Revolution wurde Herrschaft auf den Schutz von Ordnung und Freiheit beschränkt, die das freie Unternehmertum zu seiner Entfaltung brauchte. Sie wurde reguliert durch öffentliche Meinung. Die Arbeit bedeutete von da an zunehmend Produktivität und wurde reguliert durch Angebot und Nachfrage, d. h. durch den von herrschaftlichen Regelungen befreiten Handel. Beide Regulatoren — die öffentliche Meinung und das Marktgesetz — sollten ihrerseits durch Aufklärung oder, wie wir heute sagen würden, durch Wissenschaft reguliert werden.

Aber seither haben diese „natürlichen" Regulatoren sich alle als herstellbar erwiesen: Meinung, Bedürfnisse und Objektivität werden heute professionell in fast beliebiger Form und Fülle *gemacht.* Sie werden damit selbst zu Mitteln neuer Herrschaft — nunmehr von verdeckter!

Darum konzentriert sich das ungelöste Herrschafts- oder Selbstbestimmungsproblem auf *Emanzipation.*

Emanzipation ist ein überstrapaziertes Wort und dient der Verständigung ebenso schlecht wie das Wort Demokratisierung. Will man ihm einen spezifischen Sinn geben, sollte man es für das Abstreifen „verdeckter" Herrschaft, der „faktischen Unmündigkeit" benutzen. Mit Recht tritt das Wort Emanzipation immer dort auf, wo man die indirekten Abhängigkeiten anklagen und abwerfen will — und deren gibt es mehr und mehr in einem komplexen System. Wir entdecken immer neue. Kaum daß wir die einen losgeworden sind, erweist sich das Mittel der Befreiung selbst schon wieder als die nächste Schlinge, die uns in das System zurückholt. Wir sind vielfältig, von Kind auf und aus der seither fortgesetzten Beschränktheit unserer Erfahrungsmöglichkeit „abhängig"

— von sozialen, ökonomischen, kulturellen Determinanten
— von der Sprache, die wir und wie wir sie gelernt haben, angewiesen auf einen elaborated code, festgelegt auf einen restricted code
— von Konformitätsdruck innerhalb der Gruppen (peer groups,

Arbeitskollegen, Nachbarschaften), deren Schutz, Wohlwollen und Duldung wir brauchen
— von Spezialistentum und Generalistentum gleichermaßen
— vom hidden curriculum — also von der massiven, unausdrücklichen „Belehrung", die wir durch die Begleitumstände des offiziellen Pensums erfahren: Konkurrenzverhalten, „Radfahren", das Wichtignehmen des Abfragbaren, Vorzeigbaren, Meßbaren
— von der Schule und der Bildungserfahrung selbst etc.

Die Emanzipationsexperten entdecken immer neue „Herrschaftsstrukturen", die in unserem sozialen Gefüge lauern: den „Informationsvorsprung" (das meint z. B., daß Professoren ärgerlicherweise mehr gelesen haben als ihre Studenten), oder „Partizipationslücken" (das meint z. B., daß Professoren ärgerlicherweise noch immer mehr an der Forschung beteiligt sind als ihre Studenten) oder „Relevanzlücken" (das meint z. B., daß Professoren der Gegenstand ihrer Wissenschaft ärgerlicherweise auch wichtiger geworden ist als den Studenten). Ungleichheiten, die zu Abhängigkeiten führen, werden nicht durch ihre Leugnung oder Verpönung aus der Welt geschafft und können auch nicht einfach durch zusätzliche *Belehrung* bewältigt werden, sondern nur dadurch, daß jeder seine eigenen Stärken gegenüber dem anderen erkennt und wahrnimmt und durch die Verarbeitung konkreter Erfahrung[1]. Und dies wiederum heißt — in einem klassischen Modell — Distanzierung und Wiederaneignung.

In der „Emanzipation" geht es darum, sich bewußt zu machen, wovon und warum man abhängig ist, und daß dies entweder seine Berechtigung hat oder unnötig ist. Es geht nicht um eine freiheitliche oder demokratische Gesinnung. Das Bewußt*machen* aber läßt sich durch Einrichtungen und Prozeduren sichern, nämlich durch solche, die das Bewußt*sein* mit dem noch ungelösten Problem konfrontieren, zu seiner Lösung auffordern, weitere Lösungsmöglichkeiten anbieten und die Wahl der Lösung kritisierbar und revidierbar machen.

Die Schule ist ein gutes Beispiel für die Veränderung der Anforderungen, die uns die Systemwelt überall zumutet. Sie ist nicht zuletzt deshalb geeignet, die Forderung nach „Demokratisierung" aus unseren Lebensverhältnissen abzuleiten, weil die Kritiker der emanzipatorischen Bewegung meinen: hier herrsche ein natürliches und darum unaufhebbares Gefälle.

[1] Vgl. Hartmut von Hentig: Schule als Erfahrungsraum?

Die alte Schule bereitete auf die bekannte und gleichbleibende Welt vor, eine ständisch gegliederte und eben von Mangel und Mängeln bedrohte. Die von ihr eingesetzten Mittel hatten auf diese Aufgabe hin ihren guten Sinn.

Die neue Schule vermittelt Verfahren zur Bewältigung einer noch unbekannten, sich schnell wandelnden Welt, einer Welt, die nicht erst morgen, sondern schon heute weitgehend ungewiß ist; eine liberale Anordnung der Dinge nützt nur einem liberalisierten Menschen; die neue Schule lehrt darum die Instrumente der Selbstbestimmung, nämlich Wissenschaft und Politik; sie lehrt sie mehr als Tätigkeiten denn als Inhalte. Weil Wissenschaft und Politik gleichwohl meistens als Bereiche oder Stoffe oder bestenfalls Institutionen aufgefaßt werden, löse ich sie hier ausdrücklich in Operationen auf, in die vier großen „K“:

Kooperation — Kommunikation — Kritik — Kreativität.

Die neue Schule haben wir bisher — aus anderen Gründen — fast ausschließlich unter dem Gesichtspunkt gesehen, wie weit sie die soziale Ungerechtigkeit der Gesellschaft vermeiden oder aufheben kann, wie sie ihre Inhalte den veränderten Präokkupationen der Gesellschaft anpaßt. Sie ist zu wenig unter dem Gesichtspunkt gesehen und geformt worden, wie dem Kind die Erfahrungen zuzumuten seien, an denen es die nötigen formalen Fähigkeiten erwirbt, die es in dem Übergangsstadium unserer Zivilisation braucht. Die Gegenstände oder Anlässe solcher Erfahrungen wären

— die allmähliche Erweiterung seiner Umwelt so, daß sie in jedem Stadium sowohl schützt wie verlockt, wie fordert und bewältigt werden kann
— die freie Wahl zwischen wirklichen Alternativen, die — als Ernstfall — schwierig und manchmal schmerzlich sind
— die Möglichkeit, eine falsche Wahl aufzugeben, eine neue zu treffen und das mit dem Gefühl — nicht eine Niederlage erlitten, sondern — das Vernünftige getan zu haben
— das Ausharren bei einer Sache, das Liebgewinnen und Pflegen einer Bindung, die einen stärkt und beansprucht
— die Bildung, den Wechsel und die Auflösung der Gruppen, in denen man Unterschiedliches tut und erfährt
— die Nützlichkeit des Wissens, das man erwirbt — Versuch, Anwendung, Scheitern — die Aufhebung des unseligen Überhangs der Erkenntnis über das Handeln.

Meine Wissenschaft sagt mir, daß Lernbereitschaft (= die Weigerung, sich einfach treiben zu lassen) angewiesen ist

— auf Individualisierung der Lernerfahrung (ich kann es und es geht mich an)
— auf Motivation (es ist mir oder überhaupt wichtig)
— auf Nähe zur Wirklichkeit, zur Handlungsmöglichkeit (es funktioniert auch in dieser Welt)
— auf Sozialität (es läßt sich mit anderen teilen, gemeinsam tun und gemeinsam wichtig finden)

Alles dies läuft in der Schule auf Mitsprache, Mitteilung, Mitbestimmung heraus, auf Demokratisches, auf Preisgabe von Vorrecht, Vorwissen, Vormacht, auf Zurücknahme von Herrschaft (und erst recht von Macht oder Gewalt).

Der Lehrer hat Prinzipien und Ziele, er hat einen Plan, er hat seinen Beruf gelernt. Er wird dies alles nicht aufgeben und ist insofern nicht von den Kindern „abhängig". Aber seine „Herrschaft" wird in jedem Augenblick aktualisiert, neu aufs Spiel gesetzt und muß neu legitimiert werden — wenn er seine Sache richtig macht, und d. h. zur Selbstbestimmung erzieht, die sein schwierigstes Lehrpensum ist.

Soweit ist dies alles noch „Didaktik" und nicht „Demokratie". Demokratie wird es dadurch, daß der Schüler ein festverbrieftes Recht auf dieses Verfahren hat und daß ihm dieses Recht bekanntgemacht wird. Damit entsteht die Notwendigkeit, die Grenzen und Anwendungsformen dieses Rechtes und den Konfliktfall zu regeln, eine Berufungsinstanz einzusetzen und die Verfahrensweisen vorher so festzulegen, daß es auch etwas gibt, worauf man sich berufen kann.

Es könnte der Fall entstehen — ja, er ist mehr als wahrscheinlich —, daß ein ordnungsgemäßer Beschluß einer ordnungsgemäßen Mehrheit allgemeinen Richtlinien zuwiderläuft, z. B. ein Beschluß, die Ferien zu verlegen oder einen Lehrer nicht zu akzeptieren oder Beurteilungen auszusetzen. Die Ferienregelung, die Personalordnung, das Zeugniswesen aber sind vom zuständigen Ministerium, das unter demokratisch-parlamentarischer Kontrolle steht, erlassen und werden von diesem politisch verantwortet — mit einem hohen Risiko: der Möglichkeit des eigenen Sturzes. Es könnten sich hier also eine *Laune* an der souveränen Basis und eine sorgsame, *wohlverantwortete Entscheidung* eines demokratisch legitimierten Mandatsträgers gegenüberstehen.

Ich habe gesagt: „es *könnten*", nicht „es *werden*" sich gegenüberstehen. Auch bei gleicher Konstruktion muß es nicht so sein und vor allem *sollte* es nicht!

Für die „Demokratisierung" genügt in diesem Bereich der institutionelle Schutz der Überzeugungsprozesse, erstens derjenigen, die den beiderseitigen Entscheidungen voraufgehen, und zweitens derjenigen, die zwischen ihnen vor sich gehen können. Sie sind nicht nur zur Lösung des jeweiligen Konfliktes wichtig, sondern auch der denkbar beste pädagogische „Stoff", den es gibt — wenn denn die Schule das Leben lehren soll! Sie sind *auch* für die Sachverwaltung eine Chance. Solange unsere Kultusministerien und Parlamente sich mit den Ferienregelungen mehr nach Deutschlands Hotelbesitzern und der Verkehrslage auf unseren Autostraßen richten als nach den Bedürfnissen der Kinder und Familien; solange Zensuren um der „Abnehmer" (der nächsten Klasse oder Schule, der Betriebe, der universitates clausale) willen erteilt und „gestaltet" werden; solange alle anderen Differenzierungen an der Schule nicht funktionieren und die einzige aussichtsreiche — die Wahl des Lehrers durch den Schüler — nicht vorgesehen ist, könnten die Sachwalter der Schule viel von den Schülern lernen.

An der „Basis", auf der Seite der Schüler also, könnte die gleiche Indirektheit der Entscheidungen vorgesehen sein und damit das gleiche Risiko (und der gleiche lästige Umstand), der die große Demokratie auszeichnet.

Wenn alle verantwortlich sind, ist bekanntlich keiner verantwortlich. Wer wird dann übermorgen von wem einklagen können, was wir heute falsch gemacht haben? In der athenischen Polis war das so — mit dem Unterschied freilich, daß die Polis, die Entscheidungsgemeinschaft, mündig und gänzlich autark und autonom war und alle Kosten ihrer Fehlentscheidungen als Ganze zu bezahlen hatte. Eine Schule ist eine weder von den Kindern gewollte, noch von ihnen eingerichtete, noch von ihnen bezahlte Veranstaltung.

Innerhalb dieser einsehbaren Grenzen, die also auch die Spielregeln beeinflussen, ist das, was Demokratie auszeichnet, durchaus sinnvoll in der Schule zu verwirklichen. Es wird und muß z. B. Grundrechte geben, und d. h. solche, die dem Beschluß des Demos entzogen sind! Recht ist, wie Robert Spaemann richtig bemerkt, „immer Einschränkung des Mehrheitswillens; zu seiner Durchsetzung bedürfte es nämlich keines Rechtes, weil er a priori die Macht hat" [1]. Spaemann fügt

[1] Robert Spaemann: Die Utopie der Herrschaftsfreiheit, in MERKUR 292, August 1972, S. 749.

hinzu, daß die Durchsetzung des Mehrheitswillens legitim sei, solange der Staat die Auswanderung erlaube. In der Tat müssen Schüler auch fortgehen können, sonst ist *alle* Ordnung, die sie erfahren, Zwang. Und wenn es dies ist, was sie in der Schule lernen, sollten sie vielleicht lieber nicht in der Schule lernen. (Das Fortgehen der Schüler hat im übrigen nur dort schlimme Formen und Folgen, wo sie vor der Rückkehr Angst haben müssen.)

Es widerlegt die Forderung nach Demokratisierung keineswegs, wenn man für Kinder verschiedenen Alters unterschiedliche Regelungen treffen muß. Es widerlegt die Richtigkeit von Demokratisierung auch nicht, daß man gelegentlich Autorität einsetzen muß. Es gibt *kein* menschliches Verhältnis, in dem nicht irgendein „zwingender" Einfluß waltete. Er kann durch Schönheit, Raisonnement, Reichtum, Ansehen, Schweigen, Verehrung und Liebe geübt werden. Verwerflich sind die gewalttätigen, die bequemen und die auf Entmündigung bedachten Zwänge. Rousseau wußte, daß die vollständige Unterwerfung die ist, bei der das Kind nicht merkt, daß es geführt wird [1]. Extreme Beispiele vollends, in denen absurde Folgen und gänzlich unpraktikable Lagen konstruiert werden, können den guten Sinn der „Zurücknahme von Herrschaft" nicht widerlegen. Schlimmes kann unter den „ordentlichsten" Verhältnissen passieren. Man lese wieder einmal nach: Hesses „Unterm Rad", Musils „Törless", Bechers „Abschied", Salomons „Kadetten"! In der Pädagogik ist nichts genau, nichts ganz folgerichtig, nichts sicher und allgemein. Es müssen immer Ausnahmen gemacht und Auswege gefunden werden, die nicht vorhersehbar waren; gute Lehrer sollten mit Schülermehrheiten zu Rande kommen, wie sie denn auch täglich irgendeinen Gordischen Knoten zu durchschlagen haben; schlechte Lehrer werden vermutlich gar nicht mit Mehrheiten zu tun haben, sondern nur mit Massen — es wäre gerade für sie gut, es gäbe jene vielberufene Nomokratie, die dem Demos eindeutige Rechte, Pflichten und vor allem die Folgen ihrer Handlungen zukommen läßt. Genau diese Vorgänge belehren hundertfältig mehr als lineare Programme, konflikts- oder autoritätskeimfreie Unterrichtsabläufe: sie lehren Wirklichkeit und in ihr demokratisch leben.

Ich möchte hier ein Beispiel wiederholen [2], weil es so besonders

---

[1] Jean Jacques Rousseau: Emile, Paderborn 1958 (Schöningh), S. 115.

[2] Aus Hartmut von Hentig: Demokratisch leben, S. 365 f.

augenfällig macht, worum es mir mit meiner Forderung nach Demokratisierung geht:

Die Kinder in Alexander Neills Reformschule Summerhill lernen die notwendigen Ordnungen der Lebensgemeinschaften aus den Problemen, die sie sich gegenseitig bereiten. Summerhill ist die organisierte Zuversicht, daß Kinder, daß überhaupt Menschen das Leben und die Demokratie auf diese Weise lernen können, daß Sachlichkeit und Selbstbestimmung sich nicht ausschließen. In Summerhill gibt es jeden Samstag eine Schulversammlung, in der alle Mitglieder der Schule mit gleichem Stimmrecht über die Angelegenheiten der Schule diskutieren und bestimmen. Neill schreibt:

„An einem Samstag stellte ich die Frage zur Diskussion, ob das Fußballspielen im Aufenthaltsraum erlaubt sein solle. Der Raum liegt unter meinem Büro und ich erklärte, der Lärm des Fußballspiels störe mich bei der Arbeit. Ich beantragte, das Fußballspielen im Gebäude zu verbieten. Einige Mädchen, ein paar größere Jungen und die Mehrzahl der Lehrer unterstützten meinen Antrag, aber er wurde trotzdem abgelehnt. Das hieß also, ich mußte mich weiter mit dem Lärm unter meinem Büro abfinden. Über diese Frage wurde noch auf mehreren Schulversammlungen erhitzt gestritten und schließlich wurde das Fußballspielen im Aufenthaltsraum doch durch Mehrheitsbeschluß verboten. — In unserer Schuldemokratie kommt die Minderheit im allgemeinen zu ihrem Recht, indem sie ihre Forderungen immer wieder vorbringt. Dies gilt für Erwachsene und Kinder gleichermaßen.“

Die letzten beiden Sätze fassen zusammen, was hier mit Demokratie gemeint ist: (1) es geht nicht nur darum, daß Minderheiten geschützt und toleriert werden, sie müssen auch zur Wirkung kommen; (2) niemand und nichts garantiert, daß das immer gelingt, aber es muß möglich und den Menschen geläufig sein („im allgemeinen ...“); (3) dies wiederum fordert von ihnen: daß sie nicht aufhören, den anderen zuzusetzen; (4) und diese Möglichkeit und diese Pflicht kommen unterschiedslos allen zu.

Neills Schulparlament ist nicht die Vorschule für die Demokratie — dies *ist* die Demokratie: ein Verband, in dem man nicht aufhört, den anderen zuzusetzen, weil man sie für belehrbar hält, und in dem man gern den Preis einer Niederlage für das Bewußtsein von der fortgesetzten gegenseitigen Lernbereitschaft zahlt. Wenn die Kindheit nicht von dieser Erfahrung bestimmt ist, wird die Demokratie der Erwachsenen bestenfalls aus Mehrheitsbeschlüssen bestehen — und dann eines Tages von verzweifelten und ihrerseits harthörig gewordenen Minderheiten zerschlagen werden.

Daraus folgt, daß wir auch die Auseinandersetzungen mit sogenannten radikalen Minderheiten zunächst grundsätzlich demokratisch, d. h. mit Argumenten führen müssen. Auf die Frage: „Bis zu welchem Punkt?" würde ich antworten: „Immer noch zwei Runden weiter, als man glaubt, aushalten zu können." Dies nenne ich empirische Demokratie: nicht *feststellen, daß* sich mit „denen" nicht reden lasse — diese Erfahrung haben wir in den letzten Jahren alle in den verschiedensten Richtungen gemacht —, sondern *herausfinden, wie* man sie wohl wieder zum Diskutieren bringen kann! Die Voraussetzung, daß alle Menschen, weil sie in der Demokratie leben, auch schon Demokraten sein müßten, und der pharisäerhafte Rückzug, wenn man merkt, daß sie es nicht sind, scheinen mir die Bezeichnung „dogmatischer Demokratismus" eher zu verdienen als die Forderung nach paritätischer Mitbestimmung aller Betroffenen in allen Bereichen.

Das Möglich-Machen der Demokratie gehört zur Demokratie selbst — und das, meine ich, ist geradezu das Gegenteil von schlapper Toleranz und liberalistischer Selbstpreisgabe. Es bedeutet, den Angreifern die aggressiven Gegenfragen stellen, die sie verdienen, und ihnen kein Argument ersparen.

Die Grenze der Demokratie liegt bei der Pathologie, nicht bei der bloßen Unvernunft, an der wir alle Teil haben. An welcher Stelle das eine beginnt und das andere aufhört, läßt sich nur empirisch bestimmen, das heißt: Zur Diagnose der Grenzen der Demokratie brauchen wir schon die Demokratie. Jenseits davon wird die Gesellschaft zum Sanatorium oder verfällt der Diktatur. Damit unser Bewußtsein sich dieser Möglichkeit möglichst nie und jener nicht zu früh überläßt, bedarf es eindeutiger und sorgfältig eingehaltener institutioneller Sicherungen.

Daß die Grenze der Demokratie dort liege, wo der Sachverstand beginne, ist dagegen nicht nur vom Anspruch der Demokratie, sondern auch von der Definition der „Sache" her falsch. Es gibt keinen absoluten Sachverstand. Immer ist wenigstens seine Vermittlung auf das Verständnis anderer, nicht so sachverständiger Personen angewiesen, die dann jedenfalls in bezug auf diese Schwierigkeit „sachverständig" sind. Sachverstand hat sich zu erklären. Ist er dieser Notwendigkeit dauerhaft oder prinzipiell enthoben, wird er blind oder zur Magie. Er mag dann immer noch „mehr" von der Sache wissen, aber er kennt ihre Bedeutung (oder Un-Bedeutung) im gemeinsamen Leben nicht. Es kommt also nicht darauf an, die Sachen vor dem Laien und die

Demokratie vor den Experten zu schützen, sondern ihre gegenseitige Befragung, Erklärung und Kritik zu sichern. Sachverstand ist gewiß eine der Beschränkungen von Herrschaft und hat darum in der Demokratie eine institutionelle Funktion. Eine *automatische* Beschränkung falscher, nicht legitimierter Herrschaft ist Sachverstand jedoch nicht.[1]
Ich habe meinen Lesern nicht etwa meinerseits einen „didaktischen“ Trick gespielt, als ich die neue Schule in eine „demokratische“ Verfahrensweise habe münden lassen. Wenn ich damit überzeugt habe, könnte das allenfalls der peinliche Hinweis darauf sein, daß wir von Kindern inzwischen etwas verlangen, was wir Erwachsene nicht einlösen und was wir Erwachsenen in ihren Betrieben und Behörden noch nicht gestatten: Selbstbestimmung im Rahmen der gegenseitigen Mitbestimmung.

Ich habe absichtlich weit ausgeholt: die Krise der technischen Zivilisation — die Schwierigkeiten, die uns der entfremdende Systemcharakter bereitet — die Tugenden und Fertigkeiten, die wir zu lernen haben, um die notwendigen Einrichtungen zu schaffen, die geforderten Verzichte zu leisten (z. B. auf die Ausübung der Macht, die wir tatsächlich übereinander haben bei gleichzeitiger Wahrnehmung unserer eigenen Interessen), den Zusammenhang zwischen Makro- und Mikro-Demokratie zu erkennen und sie miteinander zu vermitteln.

Damit sollte gezeigt werden: Wir müssen vor allem Politik zu treiben lernen — die „bewegliche Regelung gemeinsamer Angelegenheiten“. Wir müssen dazu die geeigneten Erfahrungen machen, die ihrerseits nur aus geeigneten Umständen stammen. Es muß dort, wo wir Erfahrungen zu machen beginnen, schon die spezifische Zumutung der Politik und der Demokratie stehen. Wir brauchen dies als Motivation und als Exempel. Wir brauchen Demokratie vor allem auch zur Heilung unseres von der Systemwelt verstörten Selbstbewußtseins — des Bedürfnisses, Zwecke zu setzen, zu verfolgen, zu erfüllen, die wir verstehen. Wir brauchen in vielen Bereichen die Aufdeckung und Beschränkung von Herrschaft (also auch von legitimierter und kontrollierter Gewalt) und einen systematischen, immer neuen Abbau von sich immer neu einstellender Macht. Aber keiner wird sich an diesem gefährlichen Werk beteiligen, der nicht erfahren hat, wie gut Selbstbestimmung tut, daß es sich also auch lohnt.

---

[1] Dies scheint H. H. Vogel den Äußerungen von H. Schelsky zu entnehmen: Erhaltung der freiheitlichen Demokratie durch Gewaltenteilung, in: Fragen der Freiheit, Heft 101, Februar 1973, S. 20 ff. Vgl. unten S. 140 f.

6. *Einwände gegen die „Demokratisierung“*

Die sogenannte Demokratisierung ist in der letzten Zeit immer häufiger und immer heftiger kritisiert worden — meist von Professoren, also von denen, die einer besonders militanten, theoretisch überhöhten und oft unpraktischen Form von Demokratisierung in ihrem Beruf begegnen und selber die direkt Angegriffenen sind. Dies macht ihre Kritik sehr bitter, engt zugleich aber auch die Geltung ihrer Argumente stark ein. Gelegentlich sind ihre Äußerungen so verzerrt, wie sie es ihrer eigenen Theorie zufolge auch sein müssen: „Betroffene“ haben danach ein schlechteres Urteil als neutrale Sachwalter. Sachwalter und Sachverständige aber sind Altgermanisten und Mathematiker in Sachen Demokratisierung meist nicht und *darum* um so betroffener.

Die Argumente gegen die „Demokratisierung“ lassen sich ordnen nach

a) solchen, die ihre Voraussetzungen für unrealistisch und falsch halten

b) solchen, die sie für speziell demokratie-widrig halten

c) solchen, die ihre allgemeinen gesellschaftlichen Folgen fürchten

d) solchen, die sie für überflüssig halten und

e) solchen, die ihr Grenzen setzen wollen.

Ich kann für jeden Argumentationstyp nur wenige Beispiele geben und muß Einwände darum auch allgemeiner formulieren, als die gemeinten und gelegentlich zitierten Autoren das selber getan haben oder hätten [1].

---

[1] Die Schriften, auf die ich mich bei der Sammlung von Gegenargumenten im wesentlichen beziehe, sind:

Walter Eberle/Winfried Schlaffke: Gesellschaftskritik von A—Z, Freiburg/Basel/Wien, 1973 (Herder).

Bruno Heck: Der Staat als Widerpart der Gesellschaftskritik, in: FAZ vom 29. 3. 1973.

Wilhelm Hennis: Demokratisierung, Zur Problematik eines Begriffs, Köln und Opladen, 1970 (Westdeutscher Verlag).

Richard Loewenthal: Demokratie und Leistung, in: Berliner Stimme — Sozialdemokratisches Forum, Nr. 6, 26. Februar 1972.

Helmut Schelsky: Mehr Demokratie oder mehr Freiheit? in: FAZ vom 20. 1. 1973 (zitiert als Schelsky I).

ders.: Gewaltenteilung in der Universität, in: FAZ vom 9. 3. 1973 (zitiert als Schelsky II).

Giselher Schmidt: Zwei unversöhnliche Modelle der Demokratie, in: FAZ

a) Die Forderung nach durchgängiger Demokratisierung geht von falschen, unrealistischen Voraussetzungen aus.

Demokratisierung mache die Voraussetzung, daß alle Personen der politischen Selbstbestimmung prinzipiell in gleichem Maße fähig seien und daß sie sie auch wollten.
Demokratisierung setze wesentlich politische Gleichheit voraus. Die aber sei in vielen wichtigen Entscheidungsbereichen nicht gegeben: Zwischen Eltern und Kindern, Lehrern und Schülern, Unternehmern und Angestellten, Ingenieuren und Arbeitern in einem Betrieb bestehe ein nicht aufhebbares Gefälle (Hennis; Eberle/Schlaffke).
Aus diesem Grund habe man die gemeinsamen *und* der Gleichheitsvoraussetzung zugänglichen Entscheidungen als die verfaßten politischen von den nichtgleichheitsfähigen gesellschaftlichen getrennt. Die Gleichheitsfähigkeit bezeichne die Grenzen des contrat social. Die Aufhebung dieser Trennung würde bei aller demokratischen Anstrengung und Absicht zu einem „1984" führen — einer Folge, die unten unter d) behandelt wird.
Die andere Voraussetzung, nämlich daß alle Menschen ihre Erfüllung in der politischen Selbstbestimmung sehen, treffe erst recht nicht zu:

„Die Lebensinteressen des einzelnen erschöpfen sich keineswegs in dem Einfluß, den er auf die politische Willensbildung der obersten politischen Herrschaftsgewalt haben kann." (Schelsky I)

Beide Voraussetzungen vereinigten sich zu einer Hypothese, die grundsätzlich nicht falsifizierbar und vermutlich nie verifizierbar sei: daß man die Ungleichheit einerseits und die politische Gleichgültigkeit andererseits den undemokratischen oder nicht hinreichend demokratisierten Verhältnissen verdanke. Um so leichter lasse sich daraus eine Heilsbotschaft machen.

Antwort: Dieses Argument gilt einer ebenso naiven wie radikalen Demokratisierungstheorie. Gleichheit ist nie und nirgends gegeben, sondern muß entweder fingiert oder erzwungen werden — auch im politischen Bereich. Eine Differenzierung zwischen verschiedenen

vom 10. März 1973, Rezension des Buches von Karl Otto Hondrich: Demokratisierung und Leistungsgesellschaft — Macht- und Herrschaftswandel als sozioökonomischer Prozeß, Stuttgart/Berlin/Köln/Mainz 1972 (Kohlhammer).

„Demokratisierungen“ wird zwar von einigen Autoren vorgenommen (z. B. von Wilhelm Hennis), aber für die Auseinandersetzung werden immer die ausgesucht, die am abstraktesten, extremsten und in der Tat unwirklichsten sind, um von daher die Demokratisierung überhaupt — in jeder Form und Absicht — abzulehnen. Wer fordert eigentlich unter dem Schlagwort Demokratisierung die „spontane Selbstbestätigung (!) der Massen“? Wer fordert damit, „die ganze Gesellschaft muß mit plebiszitär-demokratischen Elementen durchsetzt werden“? (Eberle/Schlaffke, S. 49)
Auf der anderen Seite haben wir seit 1949 eine Reihe von wichtigen Demokratisierungen vollzogen und leben gut mit ihnen. So gibt es unzweifelhaft eine zunehmende Bemühung um gemeinsame Entscheidungen in der Familie, in Schulen und Betrieben. Sie sind praktikabel, befriedigend und in jedem Falle freiwillig!
Was die Hypothese betrifft, so gilt sie hinsichtlich der politischen Motivation naturgemäß eher als hinsichtlich der Ungleichheit — und ist verifizierbar. Aber wo außer in sektiererischen Gemeinden und Enklaven ist dies je versucht worden?!

b) Die Forderung nach durchgehender Demokratisierung gefährdet oder zerstört die bestehende Demokratie

„... die Exekutive und auch die Legislative (sind) einem Verwässerungsprozeß ausgesetzt ... unter dem Stichwort der weitergehenden Demokratisierung. Entscheidungen werden heute immer mehr von den politischen Willensträgern verlagert in einen außerparlamentarischen Raum über Stimmung, Vorabstimmung, Mitbestimmung, Abstimmung, und ich fürchte sehr, daß es möglich werden könnte, eines Tages durch eine Art Überdemokratisierung die Demokratie funktionsunfähig zu gestalten.“ (Bürgermeister Weichmann, zitiert bei Heck)
„Alle (diese) Bedeutungen von Demokratisierung haben eines gemeinsam: sie beziehen sich auf das, was die zweite Jugendbewegung, Wiedertäufertum oder ‚Gegenaufklärung‘ genannt worden ist.“ (Heck)

Eine durch und durch demokratisierte Gesellschaft

„und d. h. eine Gesellschaft, die sich der staatlichen Kontrolle enthoben fühlen würde, wäre dem Gruppeninteresse verpflichtet.“ (Heck)

Demokratisierung sollte den Staat gegenüber der Gesellschaft relativieren und müsse konsequenterweise zum „Terror der Interessen“ führen. Demokratisierung sei die konstitutionelle Aufwertung des Gruppenegoismus. Kurz, der Cantus firmus ist: der Staat weiche schrittweise vor der Gesellschaft zurück, wobei die Gesellschaft — wohl ungewollt — ständig in negativem Licht erscheint.

Indem der Staat die gesellschaftliche Macht kontrolliert, sei er Hüter unserer Freiheit. Seine eigene Macht sei durch Gewaltenteilung begrenzt, d. h. durch ein System gegenseitiger Aufsicht der voneinander unabhängig verfaßten, auf gegenseitige Zustimmung angewiesenen Organe. Diese Gewaltenteilung werde durch ein „identitäres", auf Rousseau zurückzuführendes Modell von Demokratie aufgehoben: Hier sollten Herrscher und Beherrschte (souverain und sujet) identisch sein. Wenn Freiheit für das Individuum bedeute: nicht immer alles im Interesse oder auf Befehl der Gemeinschaft tun müssen, sondern etwas für sich tun dürfen, dann bedeute diese Totalisierung des Politischen „weniger Freiheit" (Schelsky I). Dies eben sei die Folge von Demokratisierung. Es sei wohl kein Zufall, daß in der Formel „freiheitlich demokratische Grundordnung" das Prinzip der Freiheit dem der Demokratie vorangehe. (Schelsky I)

Von den Befürwortern der Demokratisierung werde jede höhere Beteiligung der Bevölkerung an der politischen Meinungsbildung als ein Gewinn ohne Einschränkung angesehen, zumeist auch die Vermehrung der aktiven Vermittler des Volkswillens, d. h. also der Funktionäre. (Schelsky I)

Durchgehende Demokratisierung führe zum direkten politischen Mandat und damit zum Ende des Parlamentarismus in der gegenwärtigen Form. Bei unseren großen Staatsgebilden bedeute das die zerstörerische, von keiner Sachlichkeit getragene, von keiner Verantwortung gedeckte Herrschaft der Straße. (G. Schmidt)

Antwort: Wir haben oben (S. 104 f.) gesehen, daß der Staat nicht Schritt um Schritt vor der Gesellschaft gewichen ist (es sei denn, man vergleicht seinen heutigen Zustand mit dem vor 1789). Er ist vielmehr umgekehrt weit in die Gesellschaft vorgedrungen [1]. Genauer also: Gesellschaft und Staat haben sich gegenseitig durchdrungen. Eine Grenzziehung oder gar eine Gegenüberstellung kann nur noch als „defensive Fiktion" [2] aufrechterhalten werden. Das mag um der inneren balance of power willen bedauerlich sein, wird aber nicht

---

[1] Vgl. Jürgen Habermas: Student und Politik, Neuwied 1961 (Luchterhand), vor allem Seiten 18—49;
ders.: Strukturwandel der Öffentlichkeit, Neuwied 1962 (Luchterhand).

[2] Christian Graf von Krockow: Mehr Demokratie — weniger Freiheit?, in: Die Zeit vom 23. 2. 1973.

dadurch besser, daß man fordert, der Staat solle zum „Widerpart der Gesellschaft“ gemacht werden — was offensichtlich niemand vermag; es wird auch nicht besser dadurch, daß man die Versuche, so etwas wie staatsbürgerliches Bewußtsein in den einzelnen gesellschaftlichen Akten möglich und festzumachen, als „Wiedertäufertum“ beschimpft. Daß die Dialektik von Staat und Gesellschaft immer stärker zurücktritt, ist in der Tat bedenklich. Aber daß just „Demokratisierung“ im Sinne habe, die gesellschaftlichen Prozesse jeder staatlichen Kontrolle zu entheben, ist eine wunderliche Behauptung. Die neue Linke, die grosso modo zu den Radikaldemokratisierern zählt, also die Jusos und wer mit ihnen sympathisiert, wissen sehr genau, daß die größere und gefährlichere Macht nicht beim Staat liegt.

Dem „Gruppeninteresse“, vor dem hier gewarnt wird, steht die „Herrschaft der Verbände“ zur Seite: sie aber ist das Thema und Trauma der parlamentarischen Demokratie! In den wenigen kümmerlichen, nie entfalteten, nie aus Gründungsstreit und Entstehungsqual herausgetretenen Beispielen demokratisierter Einrichtungen, also in den Universitäten, ist nichts anderes entstanden, als was jede bisher vertretene, vorgeschlagene oder abgelegte Lösung auch enthielt: die Sortierung der unterschiedlichen Interessen — jedoch mit dem Unterschied, daß ihnen die Satzung jeweils unterschiedliche Durchsetzungskraft gab oder gibt. Aber gerade damit wird der Interessengegensatz verewigt. Nur eine Regelung, die — wie die Drittelparität — Entscheidungen unmöglich macht, wenn nicht jemand seinen Interessenstandpunkt verläßt und einer allgemeineren Vernunft folgt, kann daran etwas ändern. Daß die Universitäten durch ihre innere Demokratisierung gegenüber dem Staat „konstitutionell“ aufgewertet und dadurch in die Lage versetzt würden, „Terror“ zu üben, kann doch nicht im Ernst behauptet werden!

Auch ein politisches Mandat entsteht daraus nicht. Die Wahl von Gruppenvertretern ist kein notwendiger — logisch zwingender — Bestandteil von Demokratisierung. Auch ich halte Wahl auf Zeit bei freier Entscheidung des Repräsentanten für das zweckdienlichere und freiheitlichere Verfahren.

Daß die Befürworter von „mehr Demokratie“ jede höhere Beteiligung der Bevölkerung an der „obersten“ politischen Meinungsbildung als einen Gewinn ohne Einschränkung betrachten, ist, was die Amerikaner ein sweeping statement nennen. Es werden gewiß viele törichte Dinge gesagt, und ich will meine Hand nicht dafür ins Feuer legen, daß solche Forderungen in der Form nirgendwo erhoben worden seien. Wenn eine derart *abstrakte Theorie* irgendwo zu hören oder zu lesen ist, dann ist sie selbst die Ausgeburt einer Frustration: eben weil die Wirklichkeit so unendlich weit von einer wirksamen politischen Beteiligung der Bevölkerung an der obersten Meinungsbildung entfernt ist. Aber wer wird im Ernst wollen, daß *jedermann tatsächlich jedesmal mitredet,* wenn die unzähligen Gesetze, Erlasse, Verordnungen und Richtlinien gemacht werden, die jetzt schon in kleinen, kompetenten, paritätischen Ausschüssen mit festliegenden Parteiprogrammen nicht vom Fleck kommen! Die „oberste" politische Meinungsbildung ist die entfernteste, und obwohl sie meist *alle* Mitglieder des Gemeinwesens betrifft, konstituiert gerade dieses „Betroffensein" nicht den Demokratisierungsanspruch. „Meine Sache" sind der erlaubte Alkoholgehalt im Blut, die Höchstgeschwindigkeit auf der Autobahn, die Zulassungsbedingungen zu den Hochschulen nicht, auch wenn ich Weintrinker, Autofahrer und Vater eines Abiturienten bin. In unserem 60-Millionen-Staat ist dies vielmehr „unsere Sache", und „wir" sind dabei eine viele, viele Millionen zählende Abstraktion. Auf den Komoren oder in einem autonomen Schweizer Bergkanton ist das vielleicht noch anders. — Wo es im Ernst um „unsere Sache" gehen soll und „wir" als Betroffene eine Meinung darüber durchdenken, durchsprechen und durchsetzen wollen, muß die Sache real eingeschränkt werden — so, daß wir das wirklich tun können und konkrete Verantwortung tragen. Jede höhere Beteiligung der Betroffenen an der Meinungsbildung und Entscheidung ist in der Tat ein Gewinn, wo die Beteiligung ihren Namen verdient und nicht das Gegenteil — die totale Abstraktion, Entleerung und Entfremdung — bedeutet. (Darüber wird später, im letzten Kapitel, zu reden sein.) Wo diese Beschränkung der Sache (nicht die Beschränkung des gemeinschaftlichen Anspruchs) nicht gelingt oder nicht ratsam, weil zu kostspielig ist, da muß Delegation eintreten.

In der *politischen Realität* geht es darum, daß man Entscheidungen mittreffen kann, von denen man abhängt. Dies würde ich positive Freiheit nennen im Gegensatz zu der negativen und formalen, die Helmut Schelsky oben formuliert hat. Dies allein ist auch wirksamer Schutz der Minderheiten: indem man ihnen reale Chancen gibt, zu Mehrheiten zu werden. Sie nur schonen oder schützen heißt, sie in ein politisches Getto sperren. (In Klammern sei angemerkt, daß in dem Ausdruck „freiheitlich demokratische Grundordnung" das Wort „freiheitlich" ein dem Adjektiv „demokratisch" untergeordnetes Adverb ist! Sprache ist Glücksache — oder Unglücksache, wie man an Weichmanns Ausdruck von den „politischen Willensträgern" in der Demokratie sehen kann).

c) Die Demokratisierung hat schlimme Folgen auch für die Gesellschaft

„Mehr Demokratie" bedeute *mehr* und *dauernden Konflikt* (Schelsky I), weil — bei der erstrebten Identität von Herrschern und Beherrschten (die bei Rousseau übrigens ein Erklärungsprinzip und nicht ein politisches Programm ist) — die Mehrheit gleichsam ein Veto hinsichtlich des Gemeinwohls hat (vgl. unten S. 194). Es muß also möglichst absolute Mehrheiten, große Wahlbeteiligung, ein großes Identifikationspotential und viele Vermittler des Volkswillens geben. (Schelsky I)
Dies habe ein Denken in Freund/Feind Kategorien zur Folge — *Polarisierung.* Erreicht werde sie durch eine *Primitivierung*, durch „massenpsychologische Vorgänge und Praktiken". Dies bedeute einen prinzipiellen *Verlust an Rationalität.* (Schelsky I)
Daß damit eine Entsachlichung (Hondrich) einhergehe, ist tautologisch mit der „Politisierung". Wichtig sei ein nach Sachgesichtspunkten ausgewähltes Führungspersonal, das bereit sei, Initiative und Verantwortung aufzubringen, „ohne jeweils um sogenannte Machtbehauptung auf dem Felde der Mehrheitsdemokratisierung kämpfen zu müssen". (Schelsky I)

„Wenn (dagegen) ganze Fakultäten bis auf wenige Ausnahmen sich parteipolitisch engagieren, dann wird der zuständige Wissenschaftsminister mit Recht gefragt werden, ob er eine einseitige partei-politische Besetzungspolitik in seinem Hochschulbereich betrieben hat." (Schelsky I)

Das heißt, Politisierung zerstört die Sachlichkeit. Die Sachlichkeit wird weiter dadurch zerstört, daß „der Staat sich davonstiehlt":

„Die Freiheit der Forschung (z. B.) ist vor allem dadurch gefährdet, daß der Staat die Förderung von Forschungsvorhaben und -entwicklungen an die demokratisierten Gremien der Universität abgetreten hat." (Schelsky II)

Antwort: Man kann die Dinge genau umgekehrt sehen: Daß die Gegensätze vor der mit der Studentenrevolte beginnenden Demokratisierung unausgetragen geblieben waren, hat zu jenem Konflikt geführt, der sich jetzt mühsam Regelungsmöglichkeiten sucht. Polarisierung ist immer eine Folge fehlender Kommunikationsmöglichkeit und -notwendigkeit. Sie tritt also leicht auf, wo massenhafte Entscheidungen über sehr spezielle und schwer in allgemeiner Form verhandelbare Gegenstände gefordert werden. Demokratisierung will demgegenüber fort von den seltenen, indirekten und umfassenden Massenentscheidungen (alle vier Jahre zu den Parlamentswahlen) hin zu kleineren, häufiger beratenden und entscheidenden Gremien, in denen es um meine Sache geht und ich nach meinem Urteil reden und abstimmen kann. Die massenpsychologische Primitivierung, die die parlamentarische Massendemokratie in Wahlzeiten erreicht, ist durch nichts mehr zu überbieten.

Es gibt dagegen eine „Vereinfachung", die zu Recht geschieht — das Verständlichmachen einer Sache durch Überzeugungsvorgänge, die zwar Zeit kosten, aber das Ergebnis — nicht nur den Beschluß, sondern das ganze Kooperationsfeld — zu verbessern pflegen. Wichtig ist hier, daß man die richtige Form und das richtige Maß findet.

Manipulationsmöglichkeiten gibt es zwischen Experten und Laien immer. Aber das Augurenlächeln fordert — wie wir wissen — auch seinen Preis.

Die Gleichung Politisierung = Entsachlichung ist durch nichts bewiesen, zu allerletzt durch die oben angeführten Beispiele. Den Wissenschaftsminister sollte man bei jedem Verdacht parteipolitischen Mißbrauchs seines Amtes hart zur Rede stellen; aber was ihm in diesem Fall unterstellt wird, geht doch nicht auf „Demokratisierung" zurück, und die Politik, die ein Professor treibt, nicht notwendig auf „Politisierung". Hier wird — wohl unabsichtlich, aber wirksam — die Politik des Nicht-Politikers überhaupt verdächtigt. (Dies würde *ich* für demokratie-widrig halten!) Außerdem wäre das überwiegende Engagement einer Fakultät für eine Partei auch durch eine streng an Sachkriterien gebundene Auswahl der Mitglieder nicht zu vermeiden. Im Gegenteil. Es ließe sich nur vermeiden, indem man ausdrücklich auf partei-politische Balance, auf Paritat oder Proporz achtet, also genau das tut, was hier kritisiert wird.

Ist es im übrigen ganz ausgeschlossen, daß es Fakultäten gibt, in denen einen bestimmten politischen Gesichtspunkt zu haben, auch der fachlichen Qualität zugute kommt? [1]

[1] Dafür, wie ein Sachgebiet schlechter verwaltet wird, wenn es dem Einwand von Laien, den Fragen des common sense und der allgemeinen Politik

Und mit der „Freiheit der Forschung" — wie war das vorher? Der Staat nahm die Empfehlungen der Ordinarien hin. Er hatte meist keine andere Entscheidungsgrundlage (außer der Knappheit seiner Mittel). Vor allem aber: Wieso ist der Staat „sachverständiger" in diesen Fragen als eine gemischte Gruppe von Wissenschaftlern — „fertigen" und „halbfertigen"? Was hier gesichert werden muß, ist nicht die Entscheidung des Staates *oder* der demokratisierten Forschungskommissionen, sondern ihr gegenseitiges Einspruchsrecht und der Austrag des Streites vor einer Öffentlichkeit, auf die beide am Ende angewiesen sind.

Dies ist ja ein unerläßliches Element jeder Demokratie: der mögliche Appell an die Öffentlichkeit. Es ist darum nicht zu verstehen, wieso Helmut Schelsky es für vorteilhaft und demokratisch halten kann, wenn ein Führungspersonal sich ausdrücklich nicht um Mehrheiten kümmern muß. Wie verhält sich dies zu der von ihm selbst mit Zustimmung bedachten Kennzeichnung der westlichen Demokratie durch Josef A. Schumpeter als einer

> „Ordnung der Institutionen zur Erreichung politischer Entscheidungen, bei welcher einzelne die Entscheidungsbefugnis vermittels eines Konkurrenzkampfes um die Stimmen des Volkes erwerben" [1]

oder wie Schelsky es drastischer sagt: als „Konkurrenzkampf auf offenem politischen Markt um die Mehrheit der Stimmen der Bevölkerung"?

Die Argumente gegen die Demokratisierung tragen selbst die Züge der polarisierten, ideologisierten, primitivierten Auseinandersetzung. Was soll man mit einem Beispiel machen wie diesem:

> „Generäle, Offiziere, Unteroffiziere und Soldaten beschließen, welche Art von bundesdeutscher Sozialordnung und politischer Verfaßtheit sie jeweils zu verteidigen bereit sind" (Schelsky I)?

Wer etwa die Vorstellungen der Darmstädter Leutnants und Jungsozialisten aus dem „Arbeitskreis Bundeswehr" — das bisher radikalste Denkmodell zur Mitbestimmung in den Streitkräften durch Soldatenräte — studiert hat, weiß, daß es gerade hierum, um die Zwecke und die politische Einordnung der Streitkräfte, nicht geht,

---

nicht mehr ausgesetzt ist, habe ich in meinem Aufsatz „Die Sache und die Demokratie" eine Reihe von Beispielen zusammengetragen und erörtert.

[1] Joseph A. Schumpeter: Kapitalismus, Sozialismus und Demokratie, 2. Auflage, Bern 1950 (Francke), S. 248.

sondern um Dienstplangestaltung, Personalplanung im Kompaniebereich (!), Einsatz des Funktionspersonals, Materialerhaltung, Ausbildung, gesellschaftspolitischen Unterricht, Beurteilungswesen und Disziplinarfragen. Es geht mit anderen Worten darum:

„... ein uraltes Vorurteil zu überwinden, das Vorurteil, die Menschen seien außerstande, über ihre Angelegenheiten selbst zu bestimmen.“ [2]

d) Die Demokratisierung ist überflüssig

Wenn die Forderung nach Demokratisierung aus dem Bedürfnis nach mehr Selbstbestimmung entspringt, dann ist diese durch das andere, schon bestehende Prinzip der Gewaltenteilung besser zu erreichen. Man muß es über die klassischen drei politischen Gewalten hinaus weiter ausbauen:

„... eine Fülle funktional unterschiedlicher Institutionen vermögen den ihnen übertragenen Sachbezug ... verhältnismäßig unabhängig von der allgemeinen politischen Willensbildung zu entwickeln und zu vertreten.“ (Schelsky I)

Der Sinn des „institutionellen Pluralismus“ ist, daß ich „als Bundestags- und Landtagswähler nicht auch meine Interessenvertretung als Arbeitnehmer oder Beamter, als Elternteil oder Rundfunkhörer, als Hausbesitzer oder Sparer“ entscheiden muß.

Antwort: Ist das wirklich so? Es sieht wiederum so aus, als sei unter der parlamentarischen, zentralen, durch solche Gewaltenteilung gekennzeichneten Demokratie das Gegenteil der Fall. Ich muß bei jeder Bundestags- oder Landtagswahl alle politischen Entscheidungen mittreffen — auf zwei oder drei Alternativen reduziert. Mit der Stimme für die Partei X entscheide ich über ein außenpolitisches Bündnis, die Konjunkturpolitik, die Art von Schulen, die es geben soll, die Höhe der Steuern, die Lohnentwicklung, die Besetzung der Rundfunkräte und damit die Programme, über Mietpreise, Zinssätze und sogar meine Position als Beamter. Ich ende dabei fast immer mit schlechten Mischungen und Kompromissen. Und das sogar mit einem gewissen Recht. Denn keine jener Einrichtungen ist so unabhängig von den anderen, wie es Helmut Schelsky ausmalt. Unabhängig waren einst Rittergutsbesitzer, Jagdherren, Söldnerführer, Gilden und Zünfte. Sie haben auch behauptet, ihren Sachbezug gut zu verwalten. „Verwal-

[2] Eine Juso-Information, abgedruckt in: FAZ vom 7. 4. 73.

tung von Sachen“ in anderen Worten ist immer auch Herrschaft und verkappte Herrschaft zudem! Schelskys Forderung, die Berufsqualifikation müsse bei der Auswahl des Führungspersonals gesichert sein, verschiebt das Problem nur, sie löst es nicht. Wer stellt die Qualifikationen fest? Im Zweifelsfall die Profession, und wie diese (die Zunft) Herrschaft geübt und wenn nicht Minoritäten, so doch Außenseiter ausgeschlossen hat, darüber belehrt uns unsere eigene Geschichte.
„Daß seine individuellen Interessengesichtspunkte in sachlicher Zuständigkeit und Verantwortung wahrgenommen werden“, das garantiert dem Bürger nicht die institutionelle Gewaltenteilung (Schelsky I), dessen kann er nur sicher sein, wenn Spezialisten nie Herrschaft wollen. Und das wiederum könnte nur der Fall sein, wenn der Beherrschte (sei er Experte oder Laie) seine Lage versteht und die ihm widerfahrende Herrschaft soweit kontrolliert, daß sie nie eine „unnötige“ und „ausbeuterische“ wird. In anderen Worten: Er wird selbst Herrschaft in dem Maße *weniger* erstreben, wie er sie nicht als Gegenherrschaft braucht. Dazu können Maßnahmen beitragen, die man „Demokratisierung“ nennt.

e) Demokratisierung ist gut — aber in Grenzen

Richard Loewenthal, ein, wenn man so will, „Fundamentaldemokrat“, befürwortet die Demokratisierung — er will sie aber dort enden lassen, wo sie mit dem Leistungsprinzip kollidiert. Leistung ist z. B., was der staatlichen Exekutive auferlegt ist; sie stehe

„unter dem Gesetz der Zweckmäßigkeit für die von ihr geforderte Leistung und daher der individuellen Verantwortung und der Unentbehrlichkeit von Sach- und Amtsautorität.“ (Loewenthal)

Außerdem seien staatliche Exekutivorgane ohnehin der demokratischen Kontrolle durch Parlamente unterworfen.
In der Wirtschaft plädiert Loewenthal für eine „soziale Mitbestimmung“, aber „die operative Leistungsfunktion (ist für ihn) selbst nicht effektiv demokratisierbar“.

Antwort: Die Grenzen der Demokratisierung muß man in den verschiedenen Bereichen verschieden ziehen. Ein Stoßtruppunternehmen, eine Krankenanstalt, eine Gewerkschaft, eine Schulklasse, eine politische Partei, ein Betrieb haben sehr verschiedene Funktionen, und da Demokratie selbst ein Verfahren ist, kann sie nicht für alle diese Gruppen gleich sein. Aus demselben Grund ist es aber auch schwer, „prinzipielle Grenzen“ für ihre Anwendung zu setzen. Das könnte man doch nur tun, wenn der andere, sie begrenzende Wert höher ist als der mit der Demokratie angestrebte. Nach allgemeiner Auffassung ist dies die Selbstbestimmung. Ich bestreite niemandem das Recht, hier eine andere Wertung einzusetzen — und auch nicht, daß er damit ein guter Demokrat sein kann. Aber man muß das Ganze dann als das bezeichnen, was es ist: eine subjektive Überzeugung. Das eben doch Gute an dem Wort Demokratisierung ist ja, daß es — anders als das Wort Demokratie — ausdrücklich einen Prozeß bezeichnet, für den es keine feste Zielmarke gibt. „Demokratie haben“ ist eine falsche Wortverbindung: „semantisch-inkongruent“, wie die Linguisten sagen. Demokratie vollzieht sich in der Form ständiger Demokratisierung.

Ein anderer Grund, der Demokratisierung Grenzen zu setzen, wäre der Zweifel an der Aufklärbarkeit und Emanzipationsfähigkeit der Menschen. Diesen Zweifel muß man ernst nehmen, aber auch das, was aus ihm folgt. Der konsequente Schluß daraus wäre die Errichtung einer wohlwollenden Diktatur — nicht auf Zeit wie im Leninismus, sondern auf Dauer!

Die besondere Schwierigkeit, die „Exekutive“ zu demokratisieren, liegt meines Erachtens nicht in dem auch ihr auferlegten Leistungsprinzip (das teilt sie mit allen anderen Einrichtungen), sondern darin, daß sie ihre Struktur aus obrigkeitlicher Zeit übernommen und zwar technisch modernisiert, aber nicht verändert hat. In dieser Verfassung ist sie — um die radikalste Zumutung zu machen — mit Entscheidungen von unten nach oben und Verantwortung von oben nach unten nicht vereinbar. Ich halte dieses Gegenmodell auch nicht für wünschenswert, weil es selbst auf einer vertikalen Ordnung besteht. Es gibt daneben ganz andere Modelle, die auch für eine politische Verwaltung taugen mögen: Ämterrotation, Kollegialentscheidung oder Laiengremien (wie es die athenischen Gerichte oder die angelsächsischen Geschworenen sind). Schwierigkeiten bereitet vor allem — neben der Tradition — die Größenordnung. Auch hier sind darum vermutlich Mischformen am angemessensten (ich werde darauf noch zurückkommen).

Unter die Widerlegungen der Einwände möchte ich einen hiermit zusammenhängenden Leserbrief an die FAZ vom 17. April 1973 zählen, weil er deutlicher als alle Gegenargumentation zeigt, daß „Demokratisierung“ zu einer Angstvorstellung manches deutschen Professors geworden ist, die mit der gemeinten Sache, ihrer Theorie und der wirklichen Problematik nicht mehr viel zu tun hat.

„An den Universitäten wird ‚mehr Demokratie‘ praktiziert und zunehmende Funktionsfähigkeit registriert, ohne Konsequenzen selbstverständlich. Da trotz aller Warnungen und Beschwörungen mit feiner Regelmäßigkeit das Gegenteil von der unübersehbar mit der ‚Demokratisierung‘ herbeigeführten Misere behauptet wird, empfehle ich den betreffenden Landesregierungen — analog dem Verhalten manches verantwortungsvollen Mediziners — einen Selbstversuch. Der könnte beispielsweise so aussehen:
1. Die Landesregierungen werden umgebildet zu dem Zweck, die Entscheidungspraxis zu demokratisieren, sie durchlässiger zu machen und den Informationsfluß zu fördern. Am Entscheidungsprozeß sind alle im gegebenen Zusammenhang berührten Personen zu beteiligen.
2. Dementsprechend werden Gruppen gebildet, die gleichzeitig eine Bereinigung der hierarchisch gegliederten Personalstruktur der Ministerialbürokratie herbeiführen.
3. Die Gruppen setzen sich wie folgt zusammen:
a) Die Abteilungsleiter aller Stufen, die Staatssekretäre und die Inhaber der Ministerämter bilden die Gruppen der Minister. (In der Regel vom Ministerialrat bis zum Inhaber des Ministeramtes aufwärts.)
b) Die Regierungsräte und -direktoren aller Stufen bilden die Gruppe der ministeriellen Mitarbeiter. Sie können zu zeitlich befristeten Assistenz-Ministern ernannt werden. Dieser Gruppe gehören ferner Amtmänner und Amtsräte aller Stufen an.
c) Alle in den Ministerien tätigen weiteren Personen bilden die Gruppe der ministeriellen Hilfskräfte.
4. Die drei Gruppen bilden den Landesregierungsrat. Er ist drittelparitätisch (3 : 3 : 3) zusammengesetzt und wählt den Ministerpräsidenten sowie die Mitglieder des Kabinettsrats.
5. Der Kabinettsrat setzt sich im Verhältnis 4 : 2 : 2 in der Reihenfolge der genannten Gruppen zusammen. Ihm gehören ferner der Ministerpräsident, der die Sitzungen einberuft und leitet, ohne Stimme, ferner die Vorsitzenden der Ressorträte mit beratender Stimme an.
6. Die Ressorträte setzen sich im Verhältnis 4 : 2 : 2 zusammen. Sie wählen einen Vorsitzenden. Der Inhaber des Ministeramts hat ihre Beschlüsse auszuführen.
7. Daneben gelten selbstverständlich die Beschlüsse des Landtags, sofern sie nicht in Konkurrenz zu den demokratisch zustande gekommenen Räten treten. Ihre Ausführung und Durchführung wird von Ressorträten überwacht.
8. Im übrigen bedarf eine solche Regelung ständiger demokratischer Weiterentwicklung bis hin zu der — dann wohl sehr schnell sich durchsetzenden — Erkenntnis, daß ‚Demokratisierung‘ noch lange nicht ‚mehr Demokratie‘ bedeutet.“ [1]

[1] Leserbrief von Professor Dr. Werner Pöls, Braunschweig, an die Redaktion der Frankfurter Allgemeinen Zeitung, FAZ vom 17. 4. 1973.

Was ist daran so grotesk? Worauf gründet der karikaturistische Effekt? — auf der Unvereinbarkeit zweier Strukturen, nicht auf der Unvereinbarkeit von Zweck und Struktur. Motorboote und Segelschiffe sind beide geeignet, das Wasser zu befahren. Stelle ich fest, daß Motorboote durch Lärm und Ablassen von Gasen und Öl „umweltfeindlich" sind, kann ich sie abschaffen und durch Segelboote ersetzen — aber sie nicht durch bloßes Auftakeln verändern. Sie werden nicht vom Fleck kommen oder kentern. Es ist aufschlußreich — auch innerhalb einer Übertreibung — daß die Vorstellungen von Demokratisierung sich derart auf die Strukturen fixiert haben und nicht auf die Zwecke und den gesellschaftlichen Rahmen. Dieser Tadel trifft die Demokratisierer fast noch mehr als ihre Gegner.

Ich meine, die Kritik an der Demokratisierung müßte prinzipiell folgende Form haben: Wenn alles demokratisiert wird, hebt sich Demokratie auf in einem von zwei Extremen

— alles wird zu Staat (wie unter den Nazis / wie im Stalinismus / wie in „1984")
— alles wird zu Gesellschaft (wie in der Vorstellung der Anarchisten).

Wenn das Modell dieses ist: Alle „Autorität" liegt bei der Basis, und alle Institutionen haben ihre eigene Basis,
dann sind diese Institutionen der Aufsicht, Führung und Regulierung durch und einer Appellation bei der gewählten Regierung entzogen. Schüler können dann ihre Lehrer entlassen, Patienten den Chefarzt wechseln, zwei Angestellte mehrheitlich beschließen, ihren Boß abzusetzen, Gemeinden nach eigenem Gesetz „ordnungsgemäß" Grundstücke enteignen ... etc.

Dieses Modell macht gerade den Schutz deutlich, den uns die zentrale Instanz gewährt, eine Instanz, die der Kontrolle der großen Öffentlichkeit unterliegt. In der Demokratie schützt der Demos den einzelnen vor Sektierertum, dem kollektiven Haß der Nachbarn, einer beliebigen Gruppe, die erst ihre Mehrheit feststellt und sich dann als politische Einheit konstituiert.

Daß Demokratie nicht Etatismus ist, bedarf keiner Widerlegung.

So bleiben die gemischten Formen, die schon Thukydides und Aristoteles so geschätzt haben und deren Überzeugungskraft unter den extremen Bedingungen unserer Zivilisation — immer mehr Menschen werden von weltweiten Großstrukturen abhängig und zugleich erheben immer mehr Menschen den Anspruch auf Emanzipation, Selbstbestimmung und Gleichheit — zunimmt, mögen die Extremisten einstweilen auch lauter sein.

Ich fasse thesenartig zusammen:

1. Die Bereiche angeblicher natürlicher Ungleichheit sind genau diejenigen, in denen heute die Überwindung von „Herrschaft aus der Ungleichheit" erstrebt und geleistet werden muß — in einem didaktischen Prozeß.
2. Im Rahmen einer übergeordneten politischen Demokratie ist eine autokratische Verfassung von Schulen, Familien, Betrieben, Parteien nicht nur unerträglich, sondern unzweckmäßig; sie erschwert ihre Rolle im weiteren gesellschaftlichen Rahmen.
3. Gesucht wird für diese Bereiche ein Höchstmaß an innerer Demokratie, deren Prinzipien — Minderheitenschutz, institutionelle Sicherung der Überzeugungsprozesse, Chancengleichheit (die die einzige realistische Form der gesellschaftlichen Gleichheitsforderung ist) — mit denen der „politischen" Demokratie identisch sind. Die Verfahren und Institutionen der inneren und der verfaßten parlamentarischen Demokratie können sich dagegen unter Umständen sehr unterscheiden. Mehrheitsbeschluß z. B. müßte nicht unbedingt Merkmal jeder demokratisierten Einrichtung sein; Parlament und Familie können nicht die gleiche Ordnung haben; Schüler sind nicht das „Wahlvolk", und Lehrer sind nicht „Regierung". Aber es müssen *analoge* Verfahren und Strukturen gefunden werden. Eine demokratische s. v. v. „Infrastruktur" für die Mitbestimmung bei der Planung von Schulen erfordert z. B. die folgenden Einrichtungen: ein Kommunikationsnetz unter den Schulen / allgemein zugängliche Informationsquellen / eine institutionelle Unterstützung für abweichende Pläne, soweit sie begründet sind / Appellationsinstanzen für den Konfliktfall / Ausgleichshilfen bei den notwendig auftretenden Unterschieden. Das heißt: Demokratisierung rechnet mit Unterschieden und Schwierigkeiten, sie vermeidet sie nicht.
4. Die Trennung von politischer Herrschaft und gesellschaftlicher Abhängigkeit ist künstlich bzw. historisch begründet, ist also ein Bewußtseinsproblem; Erfahrung mit anderen gemischten Formen fehlt. Aus diesem Grund ist auch die Gegenüberstellung von Demokratie als Staatsform (Herrschaftsprinzip) und Demokratie als way of life (Existenzprinzip) akademisch und für die Praxis uninteressant.

5. Die Metapher „oben—unten“ stimmt nicht mehr in der technischen Zivilisation, in der immer weniger Tätigkeiten auswechselbar sein werden und damit aufhören, Opfer von Herrschaft zu sein. Die Figur: hie unkundiges Volk, da eingeweihtes Establishment ist dysfunktional und beweist, wo man es aufrechterhält, daß die Herrschaft beabsichtigt ist.
6. Das Verhältnis „Laie—Experte“ muß anders bestimmt werden: Jeder ist jedem anderen gegenüber in den jeweiligen gemeinsamen Arbeits-, Erkenntnis-, Entscheidungsprozessen sowohl das eine wie das andere. Es gibt darum eine gegenseitige Erklärungspflicht. Noch immer wird für eine Demokratisierung die „Informiertheit unten“ gefordert und nicht auch die „Informiertheit oben“ — diese hält man für gegeben. Zu fordern wäre dagegen eine gegenseitige Neugier und Gelegenheiten des Austauschs. Alle, die sich klüger dünken und aufgeklärter vorkommen, haben sich so zu verhalten, daß sie einen Unaufgeklärten oder weniger Intelligenten überzeugen können. Die gemeinte soziale Wahrheit liegt im Kommunikationsprozeß. Meist ist er keiner.
7. Gerade die Urabsichten der Demokratie (Macht/Willkür zu beschränken oder zu eliminieren) müssen heute über die klassischen politischen Bereiche hinaus ausgedehnt werden, weil wir sonst nur die Erschwernisse der Demokratie haben (und ihre Gefahren) und nicht die gemeinten Vorteile. Ja die eben gewählte Ausdrucksweise bedarf der Korrektur: die Demokratisierung dringt nicht aus der verfaßten Politik in die Gesellschaft vor, sondern ist, wie ich zu zeigen versucht habe, ein aus den gesellschaftlichen Verhältnissen selbst hervorgehendes Bedürfnis.
8. Demokratisierung wird sich nur durchsetzen, wenn wir einen neuen Begriff von „Produktivität“ entwickeln, der die Verständlichkeit und Kritisierbarkeit der Produkte so einschließt, wie heute ihre Menge, ihre Qualität, ihre Neuheit, ihren Preis und die Verpackung. Kommunikation ist ein Teil der Arbeit.
9. Gesucht werden Mischformen zwischen zentraler politischer Planungs- und Entscheidungsbefugnis und örtlicher sachbezogener Selbstbestimmung, die man Räte oder anders nennen mag. Die Räteordnung wird durch übergeordnetes, vom Parlament gemachtes Gesetz geregelt. Die Politikwissenschaftler hätten ihre Anstrengung darauf zu richten, nicht das eine *gegen* das andere

zu rechtfertigen und durchzusetzen, sondern das eine *mit* dem anderen sinnvoll zu verbinden.

10. Mitbestimmung ist nicht ein Luxus, sondern eine notwendige, sehr schwer zu lernende Lebensform, „notwendig“ nämlich, wenn nicht mehr die Produktivität oder das Leistungsprinzip Maß und Grenze der demokratischen Ordnung ist, sondern die Humanität: Zwecke müssen erkennbar, Prozesse durchschaubar, Situationen erlebbar sein, wenn Menschen nicht wie die Termiten leben sollen.

7. Mitbestimmung / Selbstbestimmung / Übereinstimmung

Die Demokratisierung, und d. h. die Ermöglichung von mehr Politik für mehr Individuen hat sich in den letzten Jahrzehnten verschiedene Formen der politischen Verwirklichung gesucht. Die zwei wichtigsten und jedenfalls am meisten erörterten sind (a) die Mitbestimmung, wie wir im Deutschen weniger zutreffend für „participation“ (Teilnahme/Beteiligtsein) sagen, und (b) die Selbstbestimmung im Sinne wirklicher Autonomie. An beiden hat das sogenannte Rätesystem Anteil; es ist jedoch — belastet mit einer Fülle unbekömmlicher historischer Reminiszenzen — seit der Zeit nach dem Ersten Weltkrieg in Deutschland praktisch nicht mehr versucht, geschweige denn verwirklicht worden. In der sozialistischen Welt kommen die Selbstverwaltungseinheiten in Jugoslawien der Rätedemokratie am nächsten; in der nichtsozialistischen Welt kann man im Kibbuz eine Grundform kollektiver Autonomie sehen. — Natürlich gibt es auch undemokratische autonome Gebilde, d. h. solche mit hierarchischer Binnenstruktur. Die Autonomisierungsbewegung, von der hier die Rede sein soll, folgt jedoch im allgemeinen der Leitidee, den einzelnen mehr Gelegenheit zur selbständigen Bestimmung ihrer Ziele, Einrichtungen, Mittel und Verfahren zu geben. Wie wir sehen werden, sind außerdem Mitbestimmung und Selbstbestimmung, Partizipation und Autonomisierung, in vieler Hinsicht aufeinander angewiesen. Gleichwohl sollen sie hier, wo es nicht um Beschreibung von Phänomenen, sondern um Ordnung von Bedeutungen geht, getrennt und in einem gewissen Gegensatz zueinander behandelt werden.
Ich kann und möchte über diesen ganzen Komplex keine systematische Abhandlung schreiben, sondern für beide Fälle Thesen und Bei-

spiele vortragen, die dem eingestandenen Zweck dienen, den Leser auf eine dritte Möglichkeit vorzubereiten: (c) die Konsensgruppe, die also, um im Reim zu bleiben, auf Grund von Übereinstimmung handelt. Es geht dabei um eine Mischung aus Autonomie einer kleinen Einheit mit umfassender „Mitbestimmungspraxis" im Inneren und Verantwortung gegenüber der bestehenden Demokratie nach außen auf Grund von Konsens.

Dieser Konsens wird als fortwährender Prozeß aufgefaßt und setzt nicht die maximale Erfüllung von individuellen Bedürfnissen und Interessen („Selbst-"), aber auch nicht eine bleibende Identität einer Gruppe, an deren Bestimmung man dann teil hat („Mit-"), an den Anfang, sondern eine Aufforderung um einer Sache X willen zu freiwilliger Gemeinsamkeit („Überein-") zu kommen. Ein solches Konzept erfordert eine Reihe von Maßnahmen, die es weiter unten im einzelnen zu schildern und zu prüfen gilt. Die Hypothesen, unter denen das geschieht, sind:

Die *Mitbestimmung* oder *Partizipation* wird überfordert und muß scheitern, wenn sie an Stellen eingerichtet wird, an denen es nichts (mehr) zu bestimmen gibt. Sie setzt stets mehr Veränderung voraus, als im interdependenten Gesamtsystem zu leisten ist. Sie ist dadurch nicht einfach falsch, aber sie fordert größeren Einsatz und erzeugt höhere Erwartungen, als sie erfüllen kann.

Die *Selbstbestimmung* oder *Autonomie* ist aus ähnlichen Gründen in einem System von Großstrukturen schwer durchzusetzen und noch schwerer durchzuhalten.

Beide erscheinen von daher weniger als Mittel zur Verwirklichung einer demokratischen Politik denn als die Vorwegnahme eines Zustandes, in dem dieses schon geschieht.

Die *Übereinstimmungs-* oder *Konsensgruppe* dagegen ist ein Versuch, das vorhandene System mit den Mitteln des Systems selbst erst umzugewöhnen und dann umzuwandeln, so, daß seine Absicht und Angewiesenheit auf Selbstbestimmung ihr Recht erfahren.

Mitbestimmung
oder: Von der Schwierigkeit, das schon Bestimmte mitzubestimmen.

Ich nehme wieder ein Beispiel aus meinem eigenen weiteren Arbeitsbereich, das zugleich den Vorteil hat, relativ komplex und gleichwohl vielfältig übertragbar zu sein: die Mitbestimmung in der Planung von Bildungseinrichtungen und -prozessen. Es geht mir vor allem um die daraus zu gewinnenden allgemeinen Erkenntnisse über Mitbestimmung (oder Partizipation) als Einrichtung und Verfahren, mit deren Hilfe Politik in größeren Systemen wiederhergestellt werden kann [1].

Das Thema „Wie plant man pädagogische Prozesse?" wird vorwiegend von Fachleuten — Wissenschaftlern, Verwaltern, Planern — behandelt. Es ist gleichwohl in erster Linie ein politisches Thema, und das rechtfertigt, daß man auch hier an eine „Beteiligung der Betroffenen" denkt. „Planung" ist selbst ein Zwitter. „Planung" hat in den letzten Jahrzehnten begonnen, die klassische Webersche Gegenüberstellung von „Wissenschaft" (als der organisierten Suche nach Erkenntnis) und „Politik" (als der organisierten Ausübung von Macht) aufzuheben. Planung ist die systematische Anwendung objektiver Daten und Analysen auf die Verwirklichung des menschlichen Willens. Wie Planung — mit welchen Aufgaben, Mitteln, Befugnissen — ausgestattet und in einem bestimmten Bereich eingerichtet werden soll, also die Planung der Planung, ist dagegen sicherlich eine politische Frage. Und selbst innerhalb der Planung von Bildungseinrichtungen und -prozessen genügt es nicht, sogenannte „Trends" zu ermitteln, zu fördern oder zu widerlegen, weil diese Trends zumindest vieldeutig sind. Sie festzustellen, enthält selbst schon Elemente der politischen Entscheidung.

Die Tatsache z. B., daß die meisten Industrienationen eine Krise ihrer herkömmlichen sozialen und politischen Einrichtungen durchmachen und zugleich neue Initiativen von der „Basis" her erleben, könnte bestätigen, daß es einen allgemeinen und ernstzunehmenden „Trend" zu einer (wie es gleich zünftig heißt) Partizipationsgesellschaft gebe [2].

---

[1] Es gibt hierzu eine ausgedehnte Fachliteratur, die ich hier nicht referieren und deren Einzelargumenten und Vorschlägen ich unter der gewählten Perspektive nicht gerecht werden kann. Die beste Übersicht bekommt der interessierte Leser durch eine demnächst erscheinende Empfehlung der Bildungskommission des Deutschen Bildungsrates: Zur Reform von Organisation und Verwaltung im Bildungswesen, Teil I: Verstärkte Selbständigkeit der Schule und Partizipation der Lehrer, Schüler und Eltern, Bonn 1973 (Bundesdruckerei). — Einblick in einen instruktiven Einzelbereich erhält man durch: Sabine Gerbaulet et al.: Schulnahe Curriculum-Entwicklung, Stuttgart 1972 (Ernst Klett).

[2] Diese Behauptung ist auf einer Tagung der OECD mit dem Thema: Participatory Planning in Education, die im Januar 1973 in Paris stattgefunden hat, mehrfach und mit großer Geläufigkeit aufgestellt worden.

Mit dieser Auskunft im Rücken könnte man dann ans Werk gehen und die Konsequenzen ziehen: Mitbestimmung allerorten institutionalisieren und praktikabel machen.
Es könnte auch das Gegenteil wahr sein: So wie Menschen sich um so mehr um Sonnenbräune bemühen, je weniger sie das gesunde outdoor life haben können, so könnte der immer lautere Ruf nach Mitbestimmung sehr wohl der Beweis für ihren absoluten Rückgang sein — eine Reaktion auf das Bewußtsein, daß unser Beteiligungspotential endgültig erschöpft ist. Der wahre Zug unserer Zeit könnte sein: eine absolute Zunahme der Systemzwänge (die als Sachnotwendigkeiten oder gar Annehmlichkeiten maskiert werden), mehr Zentralismus, größere Abhängigkeit von der Autorität der Experten, zunehmende Einschüchterung des common sense durch indirekte, wissenschaftliche Methoden, die Unterwerfung auch der Politik unter die Techniken der Datensammlung, Datenordnung und Datenverrechnung (so daß aus verantwortlicher Entscheidung ein gigantischer und automatischer Ausgleichsprozeß wird), mehr Anfälligkeit und Angst vor der Störung subtiler Planungen durch spontane Akte und individuelle Abweichungen — und daher am Ende eine kalkulierte Kanalisierung der Mitbestimmungsbedürfnisse in auffällige und aufwendige, aber politisch wirkungslose und psychologisch beschwichtigende Mechanismen.
Und auch diese Auslegung ist nicht zwingend. Woher, wenn sie stimmte, käme der heftige Widerstand gegen die Mitbestimmung? Irgend jemand muß hier irgend etwas zu verlieren haben! Professoren und Militärs, Unternehmer und Bürokraten, Verleger und Techniker vereinigen sich zu einmütiger Abwehr von Mitbestimmungsforderungen zum Schutze der „Kompetenz“ — oft in Bereichen, für die sie selber keine haben. So fühlt sich die Bundesvereinigung der deutschen Arbeitgeberverbände aufgerufen, eine Stellungnahme zur „Mitwirkung im Schulwesen“ abzugeben. Sie warnt nachdrücklich vor Demokratisierung und „zu weitgehender Mitwirkungsregelung“, „insbesondere (vor) einer zu starken Ausweitung entsprechender Mitwirkungsrechte“ und vor deren „Institutionalisierung“; diese würde nur eine „Bürokratisierung“ der Mitwirkung bedeuten und die Beteiligten von anderen „wesentlichen pädagogischen Aufgaben“ abziehen. Denn die BDA weiß, was die „wesentliche Aufgabe der Schule“ ist, nämlich: „Wissen zu vermitteln“; sie weiß auch, daß Mitwirkung sich nach der Entscheidungsfähigkeit zu richten habe und daß diese wiederum vom Alter abhänge (von welchem an?) und von der „Sach-

kenntnis". So schließt sich der Kreis im Engsten. „Die persönlichen politischen Interessen der Schüler können in anderen politischen Institutionen auf freiwilliger Basis wahrgenommen werden." [1]

Die Opposition gegen die Mitbestimmung verfügt über das, woran die anderen Anteil haben wollen: Macht. Man mag ihre Argumente beurteilen, wie man will, sicher ist, daß, weil die Opposition zur Mitbestimmung per definitionem „mächtig" ist, die Verwirklichung der Partizipation entweder außerhalb der allgemeinen Machtstrukturen stattfindet oder eine Täuschung bleiben wird, die am Ende den Konfliktstoff vermehrt. Die Ent-Täuschung wird dann diejenigen, die sich dem Partizipationsprogramm anvertraut haben, zu Despoten oder Anarchisten machen.

Eine Zeitlang hat es so ausgesehen, als sei die Mitbestimmung ein Teil der human-relations-Bewegung oder des social engineering. Die Hoffnung, durch „participation" das Betriebsklima zu verbessern, und mit dem Betriebsklima die Betriebsleistung, spricht heute nicht mehr automatisch *für* die Mitbestimmung, ja in vielen Fällen *gegen* sie. Die Betriebseffizienz unterstützt man nicht! Und so sind auch die Unternehmen selbst mit dem Argument vorsichtiger geworden. Wenn sie die Mitbestimmung weiterverfolgen, dann, weil diese erfolgreich behauptet, ein Bestandteil der Demokratie zu sein. Wer die Mitbestimmung — aus welchen Gründen auch immer — nicht will, muß vor allem versuchen, sie von der Demokratie zu trennen, z. B. indem er Demokratie ausschließlich als Staatsform ausgibt oder als mit der verfaßten Leistungsgesellschaft identisch erklärt — als Gegensatz zur Privilegiengesellschaft, so daß Sachkompetenz das mit Recht und buchstäblich herrschende Prinzip ist. Mitbestimmung als etwas, was dann in der Form überall möglich wäre, müßte sich mehr in seinem Verhältnis zur Leistungsfähigkeit der Institution als in seinem Verhältnis zu unseren gemeinsamen politischen Werten bewähren. Das läßt sich, wie wir gesehen haben, am besten auf hoher theoretischer Ebene abhandeln.

Die Befürworter der Mitbestimmung versuchen dagegen, das Ganze auf die Ebene praktischer Verwirklichung zu bringen.

Auf diese Weise verfehlen sich die Kontrahenten nicht nur gegenseitig, sie versäumen auch, ihr eigenes Argument zu verbessern und voll

[1] Bundesvereinigung der deutschen Arbeitgeberverbände: Stellungnahme zur Mitwirkung im Schulwesen, im Oktober 1972 vom Präsidenten der BDA versandt.

zu entfalten. Das wird auf die Dauer dem Herausforderer mehr schaden als dem Verteidiger: Jener ist geneigt, direkt auf die Bedürfnisse und Probleme zu antworten, wie sie sich stellen, und nicht auf die Bedingungen einzugehen, die sie hervorgebracht haben.

Das Mitbestimmungssyndrom kann auf drei Ebenen erörtert werden:

— auf der Ebene einer gesellschaftlichen Theorie; diese würde so unterschiedliche Themen umfassen wie: den Widerspruch zwischen geteilter Arbeit und gemeinsamer Verantwortung; die angebliche Autonomie der „technischen Realisation"; die verschiedenen Formen der Systemanalyse; die Anprangerung der sogenannten Technokratie im Dienste des Kapitalismus; die Vorschläge von Ivan Illich zum retooling der Gesellschaft, also zu ihrer Umrüstung mit neuen Instrumenten, als Gegenschlag gegen die „radikalen Monopole"; bis hin zur Wiedergeburt anarchistischer Theorien einerseits und behavioristischer Anthropologie auf der anderen.

  In alledem geht es um die Frage: *Welche Gründe* sprechen für Mitbestimmung? Was macht eine Umverteilung der Macht, der Instrumente, der Chancen und Verantwortungen nötig?

— auf der Ebene praktischer organisatorischer Probleme; hierzu gehören technische, rechtliche, wirtschaftliche Fragen; alle strukturellen und quantitativen Aspekte; der Grad und die Grenzen der Mitbestimmung; die Identifizierung der Gruppen, also der Partizipationseinheiten, ihre Größe und ihre Repräsentationsverhältnisse; die Festlegung der Aufgaben und Verfahren; die Maßnahmen zur Sicherung der Kommunikation, der Information, der Appellation; ein Programm für die Weiterentwicklung und Ausbreitung der Mitbestimmung etc.

  In alledem geht es um die implizite Frage: *Welche Einrichtungen* ermöglichen die Mitbestimmung?

— auf der Ebene der (Wort-)Bedeutungen und der geschichtlichen Vorbilder; dies würde die Frage einschließen, ob Partizipation zu Recht als ein Bestandteil der Demokratie angesehen werden kann und ob Demokratisierung ihrerseits heißen kann (oder soll): die Übertragung der Prinzipien der politischen Demokratie auf andere Lebensbereiche.

  In alledem geht es um die Frage: *Welche Verständigungsmittel* haben wir bei der Bewertung und Kritik von Mitbestimmung?

Die Mehrzahl der Äußerungen zur Mitbestimmung beziehen sich auf die letzten beiden Ebenen, die organisatorischen Probleme und die „Semantik". Die Ebene der politischen Theorie hat man dagegen den Ideologen überlassen. Das Hauptinteresse der beruflichen Planer gilt den Mechanismen, Strategien, Strukturen, Wahl- und Repräsentationsmodi und ihren jeweiligen Erfolgen oder Mißerfolgen.

Aber was sind die Kriterien des Erfolgs? Was *könnten* sie sein? Die in der Literatur angegebenen sind durchweg funktional: „das System läuft weiter", „Veränderungen und Fortentwicklung finden statt", „Widersprüche zwischen den erklärten Zielen und der Praxis der Einrichtung sind verringert worden", „Unzufriedenheit, Unruhen und Proteste haben nachgelassen" und dergleichen mehr.

Wo von Selbsterfüllung, Selbstbestimmung und selbständigem Urteil die Rede ist, werden daraus alsbald *pädagogische* Ziele. Gesellschaftliche Gründe und eine politische Anwendung für sie gibt es nicht. Wo sie im Bereich der Planung von Bildungsprozessen genannt und politisch ernstgenommen werden, wie in den Hessischen Rahmenrichtlinien für Gesellschaftslehre, lösen sie Erschrecken aus.[1] Mitbestimmung erscheint als ein sehr allgemeines, keine weiteren Erklärungen forderndes „menschliches Bedürfnis". Warum das Bedürfnis nach Mitbestimmung gerade jetzt — so allgemein und heftig — auftaucht, untersucht in einer so gut wie alle einschlägigen Autoren vereinenden

[1] In *einem* Sinn mit Recht: sofern sie sich bemühen, die — schon ratlosen — Menschen primär auf negative Ziele auszurichten (von denen man nie weiß, wann man sie erreicht hat und die einem ständig von den Gegnern umgedeutet werden). Sie verpflichten die Lehrer und Kinder auf den Kampf gegen Herrschaft — meist verborgener, struktureller Art (die man darum ebenso schwer angehen kann wie die gewalttätige offene!) — und scheinen nichts mehr gelten zu lassen, was diesem Kampf nicht dient.

Daß die Menschheit insgesamt eine immer größere Frustrationstoleranz nötig habe, leiht sich als allgemeine Maxime dem Mißbrauch. Aber daß sie *keine* haben dürfe, daß jeder Zwang abgeschüttelt werden könne und müsse, ist ein Betrug und ein — auch für die Emanzipation — gefährlicher obendrein.

Wenn dann auch noch die Forderung nach Kreativität, Selbstentfaltung und den entsprechenden „individualistischen" Geistestugenden als bürgerliche Prärogative verketztert werden, als etwas, was auf „die Arbeitenden" nur „erniedrigend wirken", sie nur „lähmen" könne; wenn statt dessen die Solidarität der Klasse im doppelten Sinn die beherrschende Erfahrung und Idee sein soll (Konrad Wünsche: Die Wirklichkeit des Hauptschülers, Kiepenheuer & Witsch, S. 30 f.) — dann hat damit die Emanzipationspädagogik die Grenzen ihrer ursprünglichen Berechtigung erreicht: sie emanzipiert nicht mehr nur, sie unterwirft von neuem. Vgl. hierzu auch: Hartmut von Hentig, Unlust an der Schule, in: Gesamtschule, 1973.

Sammelpublikation mit dem Titel „Partizipation" nur ein einziger Beitrag in sehr allgemeiner Form.[2] Aber solange diese Fragen nicht untersucht und beantwortet sind, darf man sich nicht wundern, wenn „Mitbestimmungsmodelle" scheitern oder, was schlimmer ist, unbemerkt in die alten Praktiken zurückmünden.

Dies gilt auch für die Mitbestimmungsmodelle in der Wirtschaft. Für den Nichtbeteiligten und zugleich an der umfassenderen gesellschaftlichen Problematik Interessierten hat das Hin- und Herschieben von Stimmen der Anteilseigener, leitenden Angestellten, gewählten Arbeitnehmervertreter und Gewerkschaftsfunktionäre in den Vorschlägen der verschiedenen Parteien etwas Makabres — zumal die Unternehmerspitze und die Gewerkschaftsspitze durch den jahrzehntelangen Kampf um das gleiche Machtmittel offensichtlich auch ganz gleiche Vorstellungen von seinem Gebrauch entwickelt haben. In der Thyssen-Gesellschaft ist der Vorsitzende des deutschen Gewerkschaftsbundes auf Grund der dort geltenden paritätischen Mitbestimmungsregelung (die die Gewerkschaft allgemein befürwortet) stellvertretender Aufsichtsratsvorsitzender. Der Fusion mit Rheinstahl, also einem unter dem Gesichtspunkt der Monopolbildung gesellschaftspolitisch höchst bedenklichen Akt, hat er in dieser Funktion zugestimmt. Ernst Joachim Mestmäcker bemerkt dazu, deutlicher lasse sich die Feststellung im Bericht der Mitbestimmungskommission nicht exemplifizieren: daß zur Kontrolle wirtschaftlicher Macht die Mitbestimmung ungeeignet sei (vgl. oben S. 104).

„Mitbestimmung in der Planung" vollends wird nicht erstrebt, weil sie aus den und den Gründen sachlich notwenig erscheint oder in sich Freude macht, sondern weil Planung bisher ein Privileg weniger gewesen ist.

Beteiligung an der Planung markiert eine dritte Phase innerhalb einer größeren Mitbestimmungsbewegung. Zuerst kam die Berater- oder Anhörungs-Phase. Gruppen oder Institutionen — z. B. Universitäten oder Lehrergewerkschaften oder die organisierte Elternschaft — wollten beides: informiert und angehört werden, bevor eine Maßnahme getroffen wurde, die sie berührte. Danach kam die Mitentscheidungs-Phase. Die verschiedenen Gruppen beanspruchten Sitz und Stimme in den Entscheidungsgremien, und mit diesen Maßnah-

[2] Klaus Tuchel: Kultur im Werden, in: Partizipation, Aspekte politischer Kultur, Heft Nr. 101 von: Offene Welt, Opladen 1970 (Westdeutscher Verlag), S. 15 ff.

men kam der Kampf um die Paritäten auf, also um die Stimmenanteile in den jeweiligen Körperschaften. Die dritte Phase begann, als man einsah, daß die wichtigsten Entscheidungen immer schon gefällt sind, wenn einmal der Rahmen oder die Curricula oder die Ziele und Maßstäbe feststehen. Die entscheidende Macht liegt in der Verfügung über die Instrumente der Planung, der Koordinierung und der Kritik; die Stimmen, die man hinterher in der XYZ-Kommission abgibt, können nichts Nennenswertes mehr bewegen.
Der Wunsch nach Mitbestimmung in den Planungstätigkeiten ist solange elementar und stark, wie diese von einer kleinen Gruppe kontrolliert werden, von der man ständig das Gefühl haben muß, sie benutze die Planungsprozesse gegen das Interesse derer, für die geplant wird. Die Mitglieder der Planungsoligarchie versuchen auf der anderen Seite, ihre Sache so gut wie möglich zu machen, weil sie genau wissen, worauf ihr Privileg letztlich beruht: auf der Tatsache, daß sie mehr wissen, mehr arbeiten, die anderen mit ihrer Expertise und Wirksamkeit beeindrucken, wenn nicht einschüchtern, und so alles in allem den Anschein erwecken, daß nur sie dies tun können. Aus dieser Position heraus sich der Kritik und den Anregungen von unten zu öffnen, fällt nicht schwer, weil es im Prinzip die eigene hierarchische Position bestätigt.
Sollte aus der Beteiligung an der Planung eines Tages eine allgemeine Praxis oder gar eine Verpflichtung werden, werden die Menschen sie entweder vermeiden oder vernachlässigen [1]. In der „demokratisierten Partizipation“ könnten sie erkennen, um welchen Preis jenes „Privileg“ erkauft worden ist: man arbeitet länger und muß doch immer früher entscheiden, als man eigentlich entscheiden kann; man setzt sich ständig Vorwürfen aus und bekommt selten Dank; man trägt allgemeine Verantwortung und gibt die eigenen Interessen und die eigene Schaffenskraft daran; man erliegt der Gruppendynamik, den Eitelkeiten und Minderwertigkeitskomplexen von Leuten, die weniger Ideen und (darum?) mehr Zeit haben. Auf diese Weise ist schon manche Mitbestimmung das Opfer der Mittelmäßigkeit geworden.
Mit anderen Worten: wenn Mitbestimmung in der Planung (aber

[1] In Jugoslawien, so versicherte der jugoslawische Delegierte Bozidar Pasarić auf einer OECD-Tagung über „Participatory Planning in Education“ in Paris im Januar 1973, in dem es ein ausgebildetes System des „self-management“ gibt, sei das Hauptproblem für kritische und tüchtige Leute, wie sie sich der Partizipation entziehen.

nicht nur dort) sinnvoll und befriedigend sein soll, muß sie durch gut begründete und gut dokumentierte Antworten zu folgenden Fragen gedeckt sein:

— Welche Bedürfnisse soll die Beteiligung an der Planung tatsächlich erfüllen (sind es bleibende oder nur vorübergehende? gesellschaftliche oder private? sachliche oder politische? etc.)?
— Läßt sich Beteiligung wirklich mit „Eine-Sache-erledigen" so vereinbaren, daß beide bleiben, was sie sind? (Was geschieht z. B. mit den vielen „Sachen", die die Kompetenz und den Einfluß der „Beteiligten" überschreiten? Und was wird aus der „Beteiligung", die auf „gemeinsame Anwesenheit bei der Verhandlung nichtgemeinsamer Gegenstände" hinausläuft?)
— Welche Folgen wird die Mitbestimmung für die Aufrechterhaltung von Wohlstand und Sicherheit, von Konkurrenz und Kompetenz — die wir in unserer Gesellschaft so hoch schätzen — haben? Müssen wir sie gegen andere Werte auswechseln, oder werden sie sich von alleine durch die Partizipation ändern, oder wird umgekehrt Mitbestimmung sich einstellen, wenn man nur endlich die formalen Strukturen fallenläßt, die jene Werte und Verfahren stützen?
— Welche institutionellen Bedingungen müssen gegeben sein, bevor wir uns, z. B. in der Planung von Bildungsprozessen, auf Mitbestimmung einlassen können — welcher Grad von Autonomie, Vereinfachung, Übersichtlichkeit der Einheiten muß hergestellt sein und so fort? Welche Kenntnisse über die Fähigkeit des Kindes zur Selbstbestimmung müssen wir vorweisen, bevor man uns erlaubt, weitergehende Mitbestimmungsmodelle in den Schulen einzuführen?

Für die Beantwortung der ersten Frage ließe sich z. B. folgendes Hypothesenraster aufstellen:
In einer hochkomplexen Gesellschaft, die auf Arbeitsteilung, rationalisierter Kommunikation und hoher Produktivität aufbaut, ist Mitbestimmung sowohl ein Mittel als auch ein Zweck. Sie antwortet auf eines oder auf mehrere der folgenden unterschiedlichen und in mancher Hinsicht einander sogar ausschließenden Bedürfnisse:

— viele Menschen — vor allem unterprivilegierte und moralisch empfindsame — wollen den uralten Kampf um die Beschränkung von Herrschaft weiter- und wenn möglich zu Ende kämpfen; notwendige Herrschaft muß verantwortlich gemacht werden; unnötige, nicht institutionalisierte und nicht legitimierte Herrschaft muß aufgedeckt und abgeschafft werden; vermutlich wird Herrschaft immer wieder nachwachsen, so daß Mitbestimmung ihren Zweck nicht auf einmal erfüllt und dann als Instrument ausgedient hat; sie wird vielmehr selber zum Zweck;

— viele Menschen hoffen, sich durch Mitbestimmung vom psychologischen und moralischen Druck ihrer Entscheidungen zu befreien; immer mehr Personen haben Verantwortungen zu tragen, denen sie nicht gewachsen sind; und so bringen sie ihre einsamen Entscheidungen und Verantwortungen in Gruppenprozesse ein; auch ihnen wird das Mittel der Mitbestimmung zu einem Zweck;

— auf der anderen Seite hoffen viele Menschen auf bedeutsamere Tätigkeiten. Ihnen ist der hohe Preis bewußt geworden, den sie für ihren Lebensstandard, für den Zuwachs an Chancen und Freizeit zu zahlen haben; der Preis heißt: Bedeutungslosigkeit, ja Trivialität ihrer Existenz; sie wollen der Bruchstückhaftigkeit und Leere ihrer privaten Tätigkeiten inmitten gesellschaftlicher Not entfliehen; sie sind bereit, Risiken, Kampf und Opfer durch Beteiligung auf sich zu nehmen, und erwarten als Lohn ein Gefühl der Befriedigung und Berufung;

— viele Leute schließlich leiden unbewußt an den Folgen der eingangs geschilderten Krise der technischen Zivilisation, die Dinge, Vorgänge und Verhältnisse hervorbringt, die keine einzelne Person gewollt zu haben scheint — die gleichsam automatisch zustande kommen; diese Menschen durchschauen die Automatik dieser Prozesse als die Folge der Fragmentarisierung unseres Lebens und versuchen, der subjektlosen Exponentialkurve wieder ein handlungs- und hoffentlich vernunftfähiges Subjekt zu geben: durch die Verwirklichung einer allgemeinen politischen Mitbestimmung.

Unter diesen vier Gruppen von Menschen mit unterschiedlichen Bedürfnissen und Problemen wird eine Mitbestimmung bei der Planung und Entscheidung sie betreffender übergreifender Angelegenheiten allenfalls der zweiten helfen. Und sie hat die schlechteste, unpolitischste Erwartung an die Partizipation — diejenige vor allem, die mit den drei anderen am wenigsten in Einklang zu bringen ist. — An dieser Begrenzung oder Schwäche der Mitbestimmung werden auch noch so klug ausgedachte Beteiligungsmechanismen und Repräsentationsmodi nichts ändern!

Mit den anderen drei Fragen gerät man in nicht geringere Schwierigkeiten. Es sind die, die die Diskussion ständig nach oben spült. Sie müssen hier nicht wiederholt werden.

Mitbestimmung ist allem Anschein nach selbst auf viel größere Veränderung angewiesen, als wir *vor* der Einführung von Mitbestimmung und *ohne* sie zuwege bringen. Alle bisherigen Erfahrungen scheinen obendrein zu zeigen: die Depersonalisierung wird durch Dezentralisierung nicht automatisch aufgehoben; der Ruf nach mehr Mitbestimmung hat in der Regel zu mehr Mitbestimmung durch Experten geführt; die Frage, wer die jeweils „Betroffenen" sind, gibt Anlaß zu ständigem Streit; Mitbestimmung, wo sie zu einem Selbstzweck geworden ist, bestätigt den kranken Zustand unserer Zivilisation mehr, als sie ihn aufhebt. Es wird deutlich: Die Strukturen unserer Gesellschaft, die Mitbestimmung in der Planung wünschenswert machen, sind die gleichen, die die Wirkung der Mitbestimmung begrenzen oder gar verderben.

Ich fasse meine Beobachtungen und Überlegungen zu folgenden Thesen zusammen:

— Mitbestimmung in der Planung und an den Entscheidungsprozessen kann die Frustration, die die Menschen heute in der fragmentarisierten und entfremdeten Zivilisation empfinden, noch vergrößern. Auf den *unteren Ebenen* ist der Spielraum für wirkliche Veränderungen zu gering; auf den *oberen Ebenen* ist die Substanz zu dünn, um Befriedigung zu gewähren. Die „oberen Ebenen" implizieren Gegenstände von großer Tragweite, die nur in formalisierter oder gar quantifizierter Weise gehandhabt werden können. Wo Planung eine hochspezialisierte und außerordentlich zeitraubende Tätigkeit geworden ist, kann sie mit der Ausführung, mit Experiment und Korrektur an der sich langsam entwikkelnden Sache kaum mehr verbunden werden. Mit anderen Worten: Planung wird selbst zu einer entfremdenden Funktion.

— Mitbestimmung hat nicht nur mit den vertikalen, sondern sehr viel mehr noch mit horizontalen Abgrenzungen zu kämpfen. Die bei weitem größten Kommunikationsschwierigkeiten innerhalb unserer Zivilisation bestehen zwischen „gleichberechtigten" spezialisierten Bereichen oder Phasen unseres gesellschaftlichen Lebens. Nichts verhindert die so oft geforderte Transparenz mehr als die Kompetenzschranken. Innerhalb der einzelnen sozialen

Bereiche gibt es keine „absolute“ Macht und nur sehr wenig wirkliche Hierarchie. Das „Vorrecht“ der Vorgesetzten besteht heute meist darin, oberflächlich sein zu dürfen, unspezialisiert, fähig, die verstreuten Spezialisierungen anderer zu koordinieren auf Grund einer vagen Vorstellung von dem, was nebenan geschieht. Diese Vorstellung versagt sich der Spezialist. Hinzu kommt die Reziprozität der Abhängigkeitsverhältnisse. Der Macht von Eltern und Lehrern z. B. steht eine sehr andere, damit inkongruente Macht der Kinder gegenüber. Ein schreiender Säugling hat auch Macht über seine Umwelt — und das ist vielleicht nicht ohne Absicht so! [1]

— Mitbestimmung wird solange frustrierend sein, wie örtliche Interessen den regionalen oder überregionalen Kompromissen unterworfen werden müssen. Wenn Partizipation nicht mit einem hohen Grad von Autonomie verbunden werden kann, wird sie notwendig den Funktionären in die Hände fallen, und zwar eher früher als später!

— Mitbestimmung jedoch, die sich auf eine größere Autonomie kleinerer Einheiten gründet, wird geringere Produktivität bedeuten, und das heißt: weniger von jenem Reichtum hervorbringen, aus dem wir Muße, die Mittel und zum Teil das Motiv für Mitbestimmung ziehen.

— Mitbestimmung innerhalb autonomer kleiner Einheiten dürfte Provinzialismus und Ideologien fördern. Vor allem Mitbestimmung in der Planung von Bildungseinrichtungen und -prozessen durch individuelle Gruppen kann zu elitären oder sektiererischen Schulen und Curricula einerseits und zu einer Ungleichheit der Chancen und Immobilität andererseits führen, die ohne Beispiel in unserer kulturellen Geschichte sind (noch nie waren ja die Lebens- und Fortkommenschancen in solchem Maß von der Erziehung abhängig wie heute).

— Mitbestimmung könnte nicht nur eine neue Quelle von Frustration sein, sie könnte auch in sich verworfen werden. Viele Menschen werden lieber „Schicksalsschläge“ erleiden oder einem ge-

[1] Vgl. hierzu Urie Bronfenbrenner: An Emerging Theoretical Perspective for Research in Human Development (Ein Arbeitspapier für ein Kolloquium über Sozialisationsforschung im Zentrum für interdisziplinäre Forschung der Universität Bielefeld, April 1973, demnächst auf deutsch in: Neue Sammlung).

meinen Vorgesetzten die Schuld geben, als sich selbst die Folgen eigener Entscheidungen und eigener Phantasielosigkeit zuschreiben zu müssen.

— Mitbestimmung wird — durch sich selbst — die schon so komplexen Verhältnisse noch undurchsichtiger und komplexer machen. Mehr Menschen werden an mehr verschiedenen Stellen mit mehr verschiedenen Gruppen zu tun haben, die ihrerseits unterschiedliche Identitäten, widerstreitende Interessen, Temperamente und Terminkalender haben. Die Koordination der verschiedenen Gelegenheiten und Formen der Beteiligung, die Berechnung des Aufwands, die Bestimmung der verschiedenen Prioritäten — sie alle fordern eine eigene Planung. Wer wird diese Planung planen und wer an dieser Planung der Planung partizipieren? D. h.: Die Mitbestimmung schafft immer auch die Aussicht auf eine Herrschaft professioneller „Mitbestimmer".

— Mitbestimmung — in der Planung mehr als in anderen Tätigkeiten — setzt nicht nur eine andere Mentalität voraus, sondern auch eine Veränderung der materiellen und organisatorischen Verhältnisse. Beide jedoch, die neue Mentalität und die neuen Verhältnisse, werden voraussichtlich nur als Folge einer partizipatorischen Praxis entstehen.

Es hat also den Anschein, daß Mitbestimmung im allgemeinen und Mitbestimmung in der Planung von pädagogischen Prozessen im besonderen sehr viel mehr erfordern als ihre eigene Institutionalisierung. Organisatorischer Optimismus könnte sehr wohl die Chancen dieser Idee zerstören. Was nötig ist, ist eine Kombination von Verzichten, Vorkehrungen und Vorsichten:

Wir müssen verzichten auf

— den Zentralismus von Planung, Entscheidung und Personalpolitik
— die Fiktion von Einheit, Einheitlichkeit und Vollständigkeit in der Planung (die Forderung z. B. nach Standardisierung von Schulen, Prüfungen, Lehranforderungen etc. wird mit der Begründung erhoben, daß Gerechtigkeit und Mobilität gesichert werden müßten; aber die Mobilität ist in den offeneren Nicht-Systemen des amerikanischen und englischen Schulwesens sehr viel größer als unter den streng zentralisierten und uniformierten Systemen des europäischen Kontinents; die Einheitlichkeit und Einheit der Planung fixiert die Aufmerksamkeit auf äußerliche

Kriterien und lenkt von der Wahrnehmung und Lösung der zugrundeliegenden Schwierigkeiten ab)
— das gegenwärtige System „einheitlicher" Beurteilungen und Berechtigungen
— einen Teil jedenfalls der Fülle, Billigkeit und Perfektion der pädagogischen Materialien und Apparate (dies alles kann zu so niedrigen Preisen nur bei großer Auflagenhöhe und bei einem berechenbaren Markt hergestellt werden)
— den Jargon, den wir im pädagogischen Establishment sprechen
— das Gefälle von erziehungswissenschaftlicher Forschung und Theorie am oberen Ende zur Lehrtätigkeit am unteren (die Schüler liegen noch weiter darunter).

Wir müssen dagegen sorgen für

— kleinere Einheiten mit einem höheren Grad von Autonomie in bezug auf ihre Planung, ihre Rekrutierung und die Anlage ihrer Mittel; aber gleichzeitig auch für
— einen allgemeinen rechtlichen Rahmen, der die Autonomie dieser Einheiten schützt, begrenzt und herausfordert
— ein Überwachungssystem, das die einzelnen Institutionen der öffentlichen Aufmerksamkeit und Diskussion aussetzt
— einen Informationsdienst in der Form von Datenbanken, regionalen pädagogischen Zentren und einer neuartigen, hochqualifizierten „fliegenden" Beratung (die Information sollte unmittelbare organisatorische Hilfen und Modelle für Satzungen, Wahlordnungen, Planungsstrategien, Haushaltsgebaren, Medien und Curriculumentwicklung einschließen)
— Publikationsorgane, Kommunikationsmittel und Druckkostenfonds
— ein System der Finanzierung, das den einzelnen Institutionen ihren Grundbedarf nach allgemeinen Maßstäben sichert, ihnen aber zusätzliche Zuwendungen ermöglicht (die einzelnen Einrichtungen sollten ihre Haushaltsposten innerhalb bestimmter Grenzen konvertieren und Überträge vom einen Jahr zum anderen machen können; Bildungsgutscheine könnten hierzu ein dienliches Mittel sein, das sowohl minimale Anforderungen als auch Flexibilität sichert)
— Schlichtungsstellen für Konfliktfälle, Appellations- und Rehabilitationsinstanzen — und allgemeine Maßstäbe, nach denen hier judiziert werden kann

— Beispiele fröhlicher und erfolgreicher Beschränkung im Angesicht lästiger Fülle (Schulen können billiger *und* besser, kleiner *und* wirksamer, öffentlicher *und* glücklicher zugleich sein)
— die Möglichkeit, daß einzelne Personengruppen ihre eigene Institution selber herstellen; *wie* und in *welchem Stil* eine Gruppe ihre eigene Form der Mitbestimmung hervorbringt, ist wichtiger als die Regeln, Prozeduren und Einrichtungen, mit denen sie am Ende aufwartet (dies gilt um so mehr, wenn Entfremdung und Herrschaft in der Tat dadurch verursacht sind, daß man die Institutionen nicht mehr meistert, die einem dienen sollten; man kennt das am besten, was man selbst gemacht hat)
— ein Minimum von Vielfalt oder Pluralismus (ein Mittel, dies zu erreichen, ist, die Einheit in Untergruppen von mathematischer Symmetrie zu unterteilen — wie in der Verfassung des Kleisthenes; wichtig ist, daß keine Gruppe allein handeln kann, daß also „Grenzgänger" notwendig und am Ende sogar geschätzt, Überzeugungsprozesse nicht nur erduldet, sondern gebraucht werden).

Wir müssen uns vorsehen vor

— einer sterilen Gleichsetzung der Regeln und Prozeduren der parlamentarischen Demokratie mit den Regeln und Prozeduren von Mitbestimmungsgruppen (die Regeln der großen und der kleinen Demokratie sollten sich entsprechen, müssen aber nicht identisch sein)
— dem „hidden curriculum" von Gruppendynamik und Partizipationsdruck, die *mein* Problem zu erdrücken, *meine* Pläne zu entwerten, *meine* Initiativen zu entmutigen geneigt sind.

Wenn diese Bedingungen erfüllt sind, kann Beteiligung in der Planung der Erziehung selbst zu einer erziehlichen Tätigkeit werden. Aber gerade als solche sollte die Mitbestimmung nicht geplant werden.

Das größte Hemmnis der Demokratie in unserer Massengesellschaft besteht in der Tatsache, daß die Menschen nicht an die demokratischen Institutionen und Prinzipien glauben, jedenfalls nicht so, wie sie an Druck und Gegendruck, Wettbewerb und Beschwichtigung glauben. Sie glauben nicht an die demokratischen Regeln, weil ihre eigenen Lernprozesse in erster Linie Erfahrungen mit der Autokratie und deren Allmacht waren. Demokratie aber heißt nicht in erster Linie „demokratisch verfaßt sein" oder „eine demokratische Ge-

sinnung haben", sondern meint vor allem: die gesicherte Gelegenheit, den Sinn demokratischer Verfahren und Institutionen lernen und bestätigen zu können, indem man sie benutzt.
Die dabei stets vorkommenden Schwierigkeiten und Verwirrungen sollten als willkommener Anlaß genommen werden, die Stichhaltigkeit der Prinzipien und die Wirksamkeit des Instrumentariums zu prüfen. Nirgends kann das besser geschehen als in der Planung. Diese Planung beginnt bei den Lehrern. Wenn die Lehrer nicht selbst planen, sondern subaltern — als Wissenschaftler wie als Beamte — ausführen, was andere geplant haben, werden sie selbst nur subalterne und bestenfalls aufsässige Schüler hervorbringen.

Meine Thesen sind ein Plädoyer *für* die Mitbestimmung in der Planung pädagogischer Einrichtungen und Prozesse. Sie sind eine Warnung vor voreiligen Lösungen auf der Ebene der Techniken und Organisationsformen ohne die Beteiligung derer, deren primäres und zum Teil irrationales Problem dies geworden ist. Wenn wir ihre unterschwelligen Motive und Störungen nicht erkennen und ernst nehmen, werden wir mit der „Partizipation" nur ein weiteres Alibi für die vorhandenen Institutionen liefern. Diejenigen, die Mitbestimmung in der Planung erstreben, die ihnen bisher versagt war, haben mit zwei Dingen zu kämpfen: mit wirklichen Mißständen *und* mit ihrer eigenen unbewußten Frustration, die ihre Ursache weit außerhalb der Tätigkeit hat, an denen sie Beteiligung suchen.
Bei der Lösung dieser Probleme müssen wir auf der Hut sein vor zwei Fehlern: vor der Technokratie und vor der Therapie. Erziehung kann und darf keines von beidem sein und auch nicht in ihrem Geist geplant werden.

Selbstbestimmung
oder: Von der Schwierigkeit, das „Selbst" zu bestimmen, das sich bestimmen kann

In einem komplexen und interdependenten System kann kein Teil volle Autonomie oder Selbstbestimmung haben — es sei denn, er ist ein Fremdkörper, ein zufällig dorthin verschlagenes Wesen oder Gebilde, ja es müßte obendrein eines sein, das keiner „Umwelt" bedarf. Die Autonomie, von der hier die Rede ist, kann also immer nur relativ sein. Den Grad von Autonomie zu bestimmen, der diesen Namen noch verdient, stellt dann nicht nur eine Schwierigkeit für den Theoretiker dar, diese Bestimmung wird vielmehr selbst ein Existenzproblem der jeweiligen Einheit und kann so kontrovers sein, daß sie fast zu einem Einwand gegen Autonomisierung überhaupt wird.

Das Muster einer autonomen Gemeinschaft ist die griechische Polis. Polis ist weder Stadt noch Staat. Es ist etwas, was wir nicht haben, weshalb auch keine Übersetzung des Wortes etwas taugt. Aristoteles beschreibt die Poleis, die griechischen Stadtstaaten, er klassifiziert sie und versucht ihre Verfassungen und Verhältnisse im Vergleich zu bewerten. Eine Polis muß autark sein, sich verteidigen können und zu vernünftiger Selbstregierung fähig sein. Und was heißt das? Äußerlich: man muß alle Bürger mit seiner Stimme auf einmal erreichen können, ohne ein Stentor zu sein. Man muß seine Mitbürger von Angesicht kennen (Politik, 1326 b). Es muß einer an die Gesamtheit appellieren können, wenn er glaubt, daß ihm Unrecht widerfahren sei, und es müssen alle den Lebenswandel des einen beurteilen können, wenn sie sich etwas bemühen [1]. Politisch-moralisch ist die Polis durch das Prinzip der Verantwortung gekennzeichnet: es muß für jeden herrschaftlichen Akt Rechenschaft gegeben werden — und dieses Prinzip war mit Monarchie, Oligarchie und Demokratie gleich vereinbar. Unmöglich ist Rechenschaft, wenn es einen Tyrannen gibt oder wenn das Staatsgebilde zu groß — die Bevölkerung zu zahlreich, das Territorium zu weitläufig — ist. Die Polis macht ihre Bürger „frei" durch die Herrschaft des Gesetzes, „und das bleibt sich immer gleich", wie Demaratos den erstaunten persischen Großkönig belehrt (Herodot VII, 101—105). Die Polis gibt ihren Bürgern die Möglichkeit, ihre Einzelfähigkeiten, ihr kurzes Leben, ihre begrenzte Kraft in ein überschaubares und sinnvolles Ganzes einzubringen; sie erzieht ihre Bürger; sie befähigt sie sowohl zu herrschen wie zu gehorchen (Politik, 1277 a).

Alle Griechen, die über ihr Leben in irgendeiner Weise geschrieben haben, schildern uns die Polis und wie man Polites ist, so, daß Kittos Erklärung plausibel wird; entgegen den Bemühungen, die Polis und ihre für andere — für Römer, Perser und uns — unverständliche Kleinheit mit wirtschaftlichen und geographischen Umständen zu begründen, sagt er: Die Griechen lebten in der Polis, weil sie so leben

[1] Vgl. das außerordentlich aufschlußreiche Kapitel: Die Polis, in: H. D. F. Kitto: Die Griechen, Von der Wirklichkeit eines geschichtlichen Vorbilds, Stuttgart 1957 (Ernst Klett).

wollten. Wir leben in großen Staaten, weil wir nicht mehr anders *können.*

Auch die kleinsten Kleinstaaten der Gegenwart erfüllen weder die politischen Bedingungen noch erreichen sie die äußeren Verhältnisse (Platon meint, daß 5000 Bürger eine gute Polis ergäben, und nur drei griechische Städte zählten in klassischer Zeit mehr als 20 000 Einwohner), noch gewähren sie die geistige, soziale und politische Befriedigung einer antiken Polis. Wenn heute zaghaft die Überzeugung durchbricht, daß unsere Staaten zu groß seien, die Nationen — trotz Nationalelf, Nationalhymne und Nationalgeschichte — den Menschen keine rechte Identifikation erlaubten, daß die kleinere Stadt, deren Gebiet, Grenzen, Eigenheiten und Veränderungen wir überschauen, die eigentliche Heimat des Menschen bleibe — dann ist das nicht nur Nostalgie und kleinbürgerliche Romantik, sondern gibt einem wohlbegründeten sozialpsychologischen Gesetz Ausdruck. In „Limits to Growth" befindet sich ganz am Anfang (S. 24) eine Tafel, auf der zu sehen ist, wie sich die Gedanken, die Gefühle, das „Beteiligungspotential" des Menschen auf das engere Umfeld eines Hier-und-Jetzt-Punktes konzentrieren. Je weiter die Objekte, die unsere Aufmerksamkeit beanspruchen könnten, in Raum und Zeit entfernt sind, um so dünner sind sie gestreut.

Diese Tafel macht zugleich deutlich, wie weit wir von der Polis entfernt sind — und warum! Wir haben unsere physische Existenz auf andere Verhältnisse gegründet, als unsere soziale Existenz erträgt oder braucht — auf Großsysteme, ferne Ursachen und weitreichende Folgen. Zu den elementaren Sozialbeziehungen gehört die Gegenseitigkeit. Deutlich wird dies vor allem am Fernsehen, das uns zwar Fernes nahe bringt, aber uns nicht erlaubt, darauf einzuwirken. Wir bleiben mit dem, was wir empfangen, allein. Alle Bemühungen, den Zuschauer zu einem Beteiligten zu machen, müssen an der Tatsache scheitern, daß das planende, filmende und sendende „Subjekt" nicht beliebig vermehrt werden kann.

In seinem Buch „Weniger Staat" hat Leopold Kohr [1] mehr die außenpolitischen Probleme der großen Staaten und ihr Unvermögen, uns den Frieden zu sichern, behandelt, aber es wird darin zugleich sichtbar, daß „mehr Freiheit für die Regierten" und mehr „Würde unserer Existenz" in kleineren Einheiten besser gesichert sind. Seine Wege dorthin sind freilich noch undeutlicher (und noch weniger begangen)

[1] Vgl. oben S. 11, Anm. 2.

als der, den Emery Reves in seinem genau entgegengesetzten Programm nach dem Zweiten Weltkrieg vorschlug — den Weg zur Weltregierung [1].

Was bedeutet im Angesicht dieser Tatsachen „Autonomisierung“ der Teil- oder Subsysteme? Welche reale Chance haben sie?

Zunächst: Wie mit „Demokratisierung“, so ist auch mit „Autonomisierung“ nicht ein absolutes Ziel gesetzt, sondern eine Richtung bezeichnet, in der die Entwicklung lieber vor sich gehen solle. Sodann: hochkomplexe Systeme funktionieren nur bei relativer Autonomie der Einzelteile. Das lehrt nicht nur die Systemtheorie, sondern auch die praktische Erfahrung. Das auffälligste Beispiel hierfür ist die innenpolitische Entwicklung in der Sowjetunion nach dem Tode Stalins. Es war die schiere ökonomische und soziale Vernunft, den russischen Koloß zu „liberalisieren“, wie wir es genannt haben, oder zu „dezentralisieren“, wie man es dort nannte. Andererseits heißt das nicht, daß in einem liberalistischen System die umgekehrten Entwicklungen nicht noch lange weitergehen könnten und werden, bis der Punkt erreicht ist, an dem zentrale Planung und dezentrale Selbstverantwortung (immer auf das Ganze hin) in ein wohlbalanciertes Verhältnis zueinander gelangt sind. Vor allem aber: die Autonomisierungsbemühungen drücken hier in der westlichen Welt fast nie den Wunsch nach mehr Effizienz, sondern fast immer nach mehr Abweichung und Individualität aus. Diese Tendenz macht „autonome Gebilde“ gegenüber dem Ganzen zu Enklaven, gegenüber den anderen Teilen zu Herausforderungen — zwei zunächst hinderliche, wenn nicht verhindernde Voraussetzungen.

Dies sei an einem Beispiel kurz illustriert:

Ocean Hill-Brownsville Demonstration District ist einer von drei Schuldistrikten, denen die Stadt New York im Jahre 1967 volle Autonomie über ihre Einrichtungen und Verfahren einräumte. Der schwarzen Bevölkerung dieses Raumes sollte eine möglichst unangreifbare Chance gegenüber der weißen Mammut-Zentralbürokratie des New York City Board of Education und gegenüber möglichen internen Anfechtungen gegeben werden. Die Selbstbestimmung der Bevölkerung und ihrer eigenen örtlichen Organe sollte helfen, den notorischen und lebensgefährlichen Rückstand der Kinder dieses Wohnbereichs aufzuheben. Es ging dabei von vornherein sowohl um das

[1] Emery Reves: The Anatomy of Peace, New York/London 1947 (Penguin).

pädagogische Problem: die schlechten Leseleistungen zu verbessern, wie um das politische Problem: eine Minorität und ihr gestörtes Selbstbewußtsein zu stärken.

Das von der Gemeinde beschlossene System enthielt alsbald alle verfügbaren Neuerungen: einen Montessori-Kindergarten, ein Bereiter-Engelmann-Programm, ein Madison-Mathematik-Projekt, eine zweisprachliche Schule, selbstprogrammierte Lesematerialien und so fort. Man vermied Integrations- und Kompensationsprogramme. Man war selber vorn. Weiße Mittelstandsklassen-Standards galten nicht. Man war sich selber Maßstab.

Dies alles führte sofort zu einem Kampf mit der United Federation of Teachers und führte zu einem völligen Bruch mit allen Lehrerorganisationen, als die Lehrer von Ocean Hill-Brownsville den Streik der Lehrer von New York City brachen: Was ging sie in ihrer Autonomie der Unmut an, den ihre Kollegen um sie herum hatten! Sie blieben bei ihren Kindern in der Schule! Städtische und Bundesgelder halfen ihrer Autonomie nach, und erst recht ein Dezentralisierungsgesetz der Stadt New York vom Jahre 1969.

Alles dies weckte hohe Erwartungen und brachte lange Pilgerströme von auswärts nach Ocean Hill-Brownsville auf den Weg. Der Optimismus war groß: „Alle Kinder werden Leser sein!“ Das war die stolze Hoffnung.

Aber dann kam die Reaktion. Und die Berichte über das ganze Projekt lassen sich einteilen in diejenigen, die dies für die Folge des schon eingetretenen Versagens, und in diejenigen, die dies für die Ursache des nun anhebenden Streites ansehen. Die einen meinten: daß alle Kinder Leser sein sollten, sei selber der falsche (wir würden bei uns hören: ein bürgerlicher) Maßstab. Lesen, sich diszipliniert verhalten, in standardisierten Tests gut abschneiden — das alles gehe an der von OHB gemeinten Erziehung vorbei. Die anderen bestanden darauf, daß das „Überleben“ der Kinder davon abhänge, ob sie lesen könnten. Resigniert sagte eine Lehrerin: „We must miseducate our children before we will be allowed to educate them.“ „Wir müssen unsere Kinder pädagogisch verbiegen, bevor wir sie pädagogisch fördern dürfen.“

Die Spaltung der Gemeinde über diesem Problem war innerhalb eines Jahres total: die liberalen Gründer standen gegen die Mehrheit der Bevölkerung. McCoy — der gewählte Verwalter des Projekts — forderte: „Legalize your child's failure“ „ Jedem Kind sein Recht auf

Versagen!" Er weigerte sich, in den drei Jahren seiner Amtszeit irgendwelche Tests an den Kindern vorzunehmen.

Dann kam die Auflösung der Projekte im Zuge einer neuen Distrikteinteilung. Im Jahre 1971 mußten die acht Schulen sich dem Lesetest unterziehen — mit einem katastrophalen Ergebnis. In der besten der acht Schulen von OHB hatten 24,5 % eine Lesefähigkeit des Durchschnitts oder besser. Die schlechteste der acht Schulen hatte 5,5 % ihrer Kinder in dieser Kategorie. Die Ergebnisse lagen im Ganzen sogar unter der als desolat bezeichneten Ausgangslage vom Jahre 1967. Der Hohn und die Empörung der Umwelt war groß, war doch die Ausstattung dieser Schulen ungewöhnlich gut — von den Gebäuden über die pädagogische Hardware bis zur Lehrer/Schüler-Relation!

Aber die Eltern erwarteten in erster Linie die „normale Lesefähigkeit" und hatten damit ja nicht so unrecht. Dies ist es, was sie nicht lehren können und weshalb es Schulen gibt.

Fazit: Die Autonomie der parent-community-boards sind konservativer, kleinbürgerlicher und traditionsorientierter als die von der Zentralbehörde ausgebildeten und mit Richtlinien versehenen professionellen Erzieher. Und vor allem: Die Mittelklassenkinder lernen besser, ganz gleich von wem und wie autonom die Schule kontrolliert wird [1].

Die Folgerung aus dieser Geschichte darf nicht sein: Autonomisierung, d. h. die Vermehrung der Selbstbestimmungsmöglichkeiten für einzelne Lebens- oder Arbeits- oder Funktionsgemeinschaften, ist nicht (mehr) möglich. Die Folgerung muß vielmehr sein: Autonomisierung kann man nicht auf einmal, ohne Vorbereitung und nur für *einen* Teil des gemeinsamen Lebens einführen — es sei denn, daß dieser für das Überleben der betroffenen Personen schlechthin entscheidend ist: z. B. die Besitz- oder Eigentums- oder Produktionsverhältnisse (gelänge *das*, das Interesse an und die Einmütigkeit in der Selbstbestimmung hätten eine gute Aussicht zu überdauern). Außerdem müssen die Schwierigkeiten, die aus der Autonomisierung erwachsen, vorweggenommen und der Gruppe mitgeteilt werden, ja man muß sie im Aushalten und Überwinden solcher Schwierigkeiten förmlich trainieren. Schließlich muß man auch der Umwelt die Seltsamkeiten, die sich in ihrer Mitte abspielen werden, rechtzeitig erklären

[1] Vgl. hierzu den Bericht von Diane Ravitch: Community Control Revisited, in: Commentary, Februar 1972, S. 69 ff.

und zugleich mit positiven Selbstdarstellungen, vor allem aber mit der Prognose von Erfolgen zurückhaltend sein.

Das Allerwichtigste freilich ist, daß die Identität der Gruppe mit der Autonomie eng und fest verbunden wird: Wer „wir" sind, muß sichtbar mit der Anstrengung zusammenhängen, die die Selbstbestimmung kosten wird. Je größer die Probleme werden, um so größer auch das Bewußtsein, sie gemeinsam durchhalten zu müssen. Unsere Praxis ist anders, und zwar gerade auch die „demokratisierte": Wir wählen Leute, die wir nicht kennen, für Funktionen, die wir nicht kennen, in Gremien, in denen wir einander nicht kennen. Es hängt auch von den einzelnen Akten im Augenblick selten mehr ab als unser jeweiliges Wahl- oder Abstimmungsimage. „Wir" kennen „uns" also nicht nur nicht, „wir" scheinen „uns" nicht zu brauchen. Aber eine mehrheitliche Wahl oder Entscheidung ohne gemeinsame Erfahrung und ohne vorherige Kommunikation ist ein leeres Ritual, ein Hohn auf alle daran Beteiligten, eine Verballhornung der Selbstbestimmung. Eine Vielheit der Subjekte hat von sich aus kein „Selbst", das sie wahrnehmen, geschweige denn bestimmen könnte.

Neben den wirtschaftlichen Lebensgrundlagen gehört auch der Gegensatz zu anderen Gruppen zu den Voraussetzungen von *auto*-Nomie: Man braucht die *heteroi,* die anderen, zur Wahrnehmung des Selbst. Ob wir uns in einer schon äußerst spannungsgeladenen Gesellschaft die Pflege solcher Gruppengegensätze leisten können oder ob umgekehrt dies die Spannungen vermindern könnte, zumal wenn man sie ritualisiert, ist jeder Spekulation offen. Das Experiment Israels mit dem Kibbuz läßt einstweilen noch beide Deutungen zu, nicht zuletzt, weil noch so viele andere Faktoren mit im Spiel sind.

Obwohl in den letzten Jahren die meisten Kooperative und Initiativen von Bürgern aus gemeinsamen Sorgen um die Kinder und ihre Erziehung hervorgegangen sind (K. Oevermann spricht davon, daß das Kind einen „sozialen Sinn stiftet", d. h. am Kind erfährt man, warum es eine Lebensgemeinschaft geben muß) — so scheinen das Kind und die Schule nicht auszureichen, um eine anderweitig tief zerklüftete Gemeinschaft zusammenzufassen und -zuhalten. Kinder sind einerseits ein Kristallisationspunkt des sozialen Egoismus: Familien, Schichten, ganze Wohnviertel erkennen sich und ihr Schicksal daran, wie ihre Kinder aufwachsen und vor allem von anderen behandelt werden. Kinder sind aber auch lästig und darum sind Eltern andererseits geneigt, Leistungen, die sie selber für das Kind aufbringen sollten und könnten, auf die Gesellschaft, die gemeinsamen Institutionen abzuschieben. Man interessiert sich also für Kindergärten, Vorschulen, gute Schulen überhaupt — und das sieht dann wie ein soziales Engagement aus. In Wirklichkeit dient die Bürgeraktion häufig der eigenen Entlastung, und jedenfalls ist sie für die Erwachsenen und ihre öffentliche Rolle unmittelbar befriedigend.

Das Selbst-Bewußtsein der Bevölkerung von Ocean Hill-Brownsville war so lange direkt mit den Kindern verbunden, wie die Kinder unter der weißen Schulverwaltung und den weißen Mittelstandsdirektoren litten. Als der Gegensatz zu der anderen politischen Kultur fortfiel und die Fremd-Bestimmung in eine Sach-Bestimmung überging, löste sich dieses Selbst auf und die Bestimmung der Erziehungsziele, -mittel und -einrichtungen fiel an die anderen und deren Maßstäbe zurück.

Übereinstimmung

oder: Von der Schwierigkeit, gemeinsam nützlichen Wahrheiten näher zu kommen.

Die sich selbst regelnde Gruppe

Es gibt zwei Arten von Funktionsgruppen: solche, die durch alte, gewohnte, gefestigte Institutionen zusammengeholt und -gehalten werden und einen relativ bekannten, ja genau definierten Auftrag ausführen; und solche, die einer neuen Aufgabe folgen, und das heißt heute in der Mehrzahl der Fälle: diese selbst noch zu bestimmen haben. Wäre es nicht so, man würde die Aufgabe den alten Institutionen zuweisen. Diese Gruppen müssen sich — oft ohne Vorbild und Vorschrift im Rahmen eines allgemeineren Problems auf praktische Lösungen hin — für ihre Prinzipien, ihre Zielmarken und die Rang- und Reihenfolge ihrer Tätigkeiten entscheiden. Dies ist oft ihre schwierigste, vom Auftraggeber weder vorher bei der Ausstattung noch nachher beim Dank gebührend mitveranschlagte Aufgabe.

Es gibt drei grundsätzliche Möglichkeiten, sie anzugehen:

(1) Man kann sich mit Hilfe von Objektivierungen einigen, also auf so etwas wie eine wissenchaftliche Ermittlung und/oder Bestätigung der Zieldaten (z. B. der allgemeinen Lernziele für den Schüler, der Funktionsziele der Institution, der Erkenntnisziele der Wissenschaft X oder des Forschungsinstituts Y). Man stellt fest: „*Wenn* es darum geht, die heute in Gesellschaft und Beruf gestell-

ten Anforderungen besser zu erfüllen, *dann* muß man die Qualifikationen auf die und die Weise erheben und in Lernmöglichkeiten umsetzen..." Oder: „*Wenn* es darum geht, die heute/immer schon gegebenen Bildungsmittel besser zu nutzen, *dann* muß man die in ihnen enthaltenen Motivationen und Funktionen, die Lehr- und Transfermöglichkeiten exakt ermitteln und dem Unterricht verfügbar machen ..." Oder: „*Wenn* der Lernprozeß optimiert (angenehmer, wirksamer, beschleunigt, verbilligt) werden soll, *dann* muß man die Gesetze, unter denen sich die kognitive, emotionale, motorische Entwicklung vollzieht, feststellen und ihnen bei der Anordnung der Lernerfahrungen Rechnung tragen ..."
Dieses Vorgehen bedeutet den Verzicht auf andere als die solchermaßen objektivierbaren und bedingten Ziele, also alle, die jenseits des schon irgendwie Verwirklichten oder Vorhandenen liegen.

(2) Man kann sich auf eine Grundidee, einen Zielwert einigen, der allen Beteiligten einleuchtet (z. B. auf den Zielwert „Emanzipation" oder „Systemüberwindung" oder „intersubjektive Gewißheit", also strenge Positivität). Wem er nicht einleuchtet, der beteiligt sich nicht. Von diesem vorgegebenen Ziel werden dann die einzelnen Mittel und Maßnahmen hergeleitet oder sie werden darunter subsumiert. Allgemein wie dieser Wert formuliert sein wird, erlaubt er dann zwar immer noch recht unterschiedliche Auslegungen, aber über das Auslegungsverfahren kann man sich vorgängig verständigen und sich darauf festlegen.
Dieses Vorgehen bedeutet den Verzicht auf andere Personen als die, die den Zielwert von vornherein akzeptieren, und auf fast alle anderen nicht im voraus angegebenen zusätzlichen Ziele, da sie von einigen Gruppenmitgliedern abgelehnt werden könnten und man sich gerade nicht auf einen wissenschaftlichen Nachweis von Zielen eingelassen hat.

(3) Man einigt sich auf ein Verfahren (z. B. auf zeitlich begrenzte offene Überzeugungsprozesse, denen bestimmte Abstimmungsmodi folgen, oder auf die Delegation bestimmter Entscheidungsbefugnisse oder auf deren Rotation etc.).
Dies bedeutet den Verzicht auf jegliche wertende Stellungnahme oder auf Beeinflussung des Vorhabens, das selber vermutlich aus einer Parteinahme gegen einen Mißstand für ein Gut hervorgegangen ist.

Alle drei Formen haben die Eindeutigkeit ihrer Grundentscheidung gemeinsam, und das spricht für sie. Zugleich machen sie — gerade wenn sie *darauf* Wert legen — jede in ihrer Weise Schwierigkeiten, wenn man mit ihnen zum Handeln oder zu handhabbaren Ergebnissen kommen will oder muß:

— Die wissenschaftliche Erhebung der Grunddaten dauert in einem komplexen Zusammenhang zu lange — und der Zusammenhang wird komplex sein, weil man sonst keine Gruppe darauf angesetzt hätte. Man kann von einem Zentrum für interdisziplinäre Forschung oder einem Zentrum für Wissenschaft und berufliche Praxis oder einer Curriculumwerkstatt Laborschule[1] nicht erwarten, daß sie das Wissen von dieser Welt erst einmal verdoppeln, bevor sie an ihre eigentliche Arbeit gehen. Wissenschaftliche Erhebung setzt im übrigen selbst dauernd Wertentscheidungen voraus (2) und ist ihrerseits eine Verfahrensregelung (3).

— Das Ausgehen von einem oder mehreren Zielwerten verlagert die Schwierigkeit der Verständigung nur aus der Gruppe oder Institution heraus in das Verhältnis zwischen ihr und ihrer Umgebung, die die gewählten Prämissen vielleicht nicht einleuchtend findet und jedenfalls nicht einfach hinnimmt. Außerdem sind Deduktion und Subsumtion selbst höchst prekäre Verfahren, die ihrerseits objektiver Daten (1) und fester Entscheidungsregeln (3) bedürfen.

— Die formalen Methodenregeln schließlich lassen sich leicht mißbrauchen, und zwar um so leichter, wenn es keine inhaltlichen Kriterien — objektiver (1) oder subjektiver Art (2) — gibt, denen sich alle Beteiligten jenseits einzelner Kontroversen verpflichtet fühlen.

Darüber hinaus ergibt sich in allen drei Formen der Grundsatzbestimmung ein Herrschaftsproblem dadurch, daß eine größere Nähe einzelner zum absoluten Ausgangspunkt — zur wissenschaftlichen Kompetenz oder zur ideologischen Wahrheit oder zur funktionalen Selbstverwaltung — auch eine größere Macht bedeutet, die durch nichts anderes innerhalb des ganzen Prozesses aufgehoben wird.

So bietet sich schon nach einer sehr allgemeinen Musterung der theoretischen Voraussetzungen an, das Problem der Ziel-, Grundsatz- und Verfahrensbestimmung einer gemischten Regelung anzuvertrauen. In ihr werden notwendigerweise Personen und ihre Beziehungen eine größere Rolle spielen, als man das in Einrichtungen und in einer Zeit

[1] Drei Einrichtungen der Universität Bielefeld

gewohnt ist, in denen sonst nur Entpersonalisiertes für kontrollierbar und darum für zulässig gehalten wird.

Ich schlage also vor: Die Mischung des Reglements wird in einem kontinuierlichen interpersonalen Prozeß vorgenommen, der nicht so sehr auf Konsens beruht als vielmehr Konsens hervorbringt — diesen dann aber auch nutzt. Die Entscheidungen folgen einem „jeweiligen Konsens" auf Grund eines vorgängigen allgemeineren Konsens.

Folgt man einer solchen — von tautologischen Momenten nicht ganz freien — Theorie der Gruppenkooperation mit Hilfe von Konsens, dann wird zweierlei auf einmal sehr wichtig:

— die Zusammensetzung der Gruppe, genauer: der Vorgang, durch den sie entsteht,
— die objektiven Korrektive, die man der Dynamik des con-sentire zuteil werden läßt.

Ich bin überzeugt, daß die Weise, in der eine Institution entsteht[1] — durch Einsetzung von oben, oder spontan, oder durch einen fortschreitenden Konsolidierungsprozeß einer sich selbst regulierenden Gruppe — für die Funktionsfähigkeit, Dauerhaftigkeit, Sparsamkeit und gesellschaftliche Bedeutung dieser Institution zunehmend wichtiger sein wird als die Möglichkeit, sie verläßlich zu planen oder ihre Ergebnisse verläßlich vorherzusagen und zu bewerten. Ich bin ebenso überzeugt, daß Gruppendynamik in ihrer geläufigen Form *hierzu* nichts beiträgt, weil ein großer Teil des Gelingens gerade davon abhängt, daß nicht jeder alles weiß, was hinter- und untergründig in jeder anderen Person und ihren gegenseitigen Beziehungen vor sich geht. Gruppendynamik — wenn sie gut geht — setzt die Gruppenmitglieder von unbewußten oder unterschlagenen Bindungen, Abhängigkeiten, Rücksichten, Selbstunterdrückungen frei, die die Kooperation belasten: sie erlaubt diese Tatbestände zu sehen und gemeinsam zu verarbeiten. Dabei wird oft das Gerüst der heilsamen und notwendigen Disziplinierung angegriffen. Schonung und Toleranz, Höflichkeit und Diskretion sind Bestandteil einer bewährten Gesittung, die — auch vorübergehend — aufzugeben nicht folgenlos bleibt. Vollends aber wird Gruppendynamik zu einem Widersacher der Politik, wenn sie die Menschen verführt, wehleidig oder „moralisch" zu werden und andere mit ihrer Schwäche zu erpressen, wo sie Ich-Stärke gewinnen sollten. Wenn zu den Zwängen der Sachsysteme auch noch die der psychischen und Bewußtseinssysteme hinzukommen, wird kooperatives

[1] Vgl. oben S. 167 f.

Handeln endgültig nur noch Neurotikern oder Flachköpfen Freude machen. Die hier vorgetragene Konsenstheorie besagt nicht: „Wir sind alle immer schon — auch unausdrücklich — und prinzipiell einig; wir handeln überhaupt nur, wenn sich eine solche Einigung durchgängig eingestellt hat; Mehrheiten stellen wir darum gar nicht erst fest, denn: wann reichen sie aus!?" Konsenstheorie ist keine Harmonietheorie. Sie ist vielmehr in erster Linie ein Stück „Außenpolitik" der Gruppe — sie legitimiert ein praktisches, nicht vollständig objektivierbares Handlungsprinzip. Der Konsens und *wie er zustandekommt* bindet die Gruppe und gibt ihr doch Spielraum. Die sich selbst regelnde Gruppe bekommt ja keine Ziele und Verfahren vorgeschrieben, sondern bestimmt diese von sich aus, von Fall zu Fall, so gut es geht, gestaffelt und darum in Kontinuität, nach allgemeinem Grundsatz. Den Konsens über *diesen* Grundsatz kann die Gruppe nicht durch Mehrheitsbeschluß aufgeben — er ist der einzige, den sie einstimmig aufbringen *muß*, gleichsam als ihren Contrat Social —, ohne allen Beteiligten die individuelle Chance zu geben, neu zu entscheiden, ob sie noch dazu gehören wollen und was aus ihrem bisherigen Arbeitsanteil werden soll. — In dieser Konsenstheorie geht es also um Legitimierung nach außen und — ganz stark! — darum, die Probleme, die in gemischten Kooperativen auftreten, durch ein Verfahren zu lösen, das die Autonomie der Beteiligten so nachhaltig schützt wie nur möglich.

Ich werde später objektive Gründe für dieses scheinbar „subjektive" Verfahren anführen (vgl. unten S. 196 f.). Hier zunächst die beiden oben aufgestellten Forderungen zur Zusammensetzung und Korrektur der Gruppe:

Wie sollte eine Gruppe entstehen? Was wären günstige Voraussetzungen? Man braucht die Fachleute von Platon bis Hofstätter nicht zu bemühen, um zu wissen, daß es gut ist, wenn die Mitglieder

— mit einem gewissen Maß von Wohlwollen füreinander
— sich freiwillig
— um eine von ihnen für bedeutend gehaltene Aufgabe versammeln
— deren Lösung im Bereich ihrer Kräfte und Möglichkeiten liegt.

Wer stellt diese Bedingungen fest? Wie kann man wissen, welches Maß an Wohlwollen ausreicht, und wie beurteilt man, in welchem Verhältnis diese Indices zu anderen stehen — Kompetenz oder Problembewußtsein oder Geltung und Wirkung nach außen?

Kriterien hierfür wird man nicht leicht nennen und auch solche, die man dereinst vielleicht haben wird, nur mit Mühe anwenden können, und so bleibt allein die naheliegende, die Common-sense-Lösung: Diejenigen beurteilen dies, die sich gegenseitig und die Folgen aushalten müssen, die die Zusammensetzung für ihre Sache hat — also die Gruppe selbst. Die Auswahl der Mitglieder geschieht aufgrund von Begegnungen in Lagen, die denen ähnlich sind, in denen man später zusammenarbeiten wird, an Problemen, die allen gleichermaßen ungewiß sind, unter offengelegten Bedingungen und in Anwesenheit von kritischen Beobachtern, Freunden, die nicht zur Gruppe gehören werden, aber an ihrem Schicksal interessiert sind.

Welche Korrektive kann man einführen, damit aus Konsens nicht Kungelei und nicht ein Deckwort für Indifferenz oder unterdrückten Dissens wird? Was bewahrt die Konsensgruppe vor unbewußter Korruption? Wie wird vermieden, daß die jeweils schon vorhandenen Gruppenmitglieder nur Konformisten kooptieren?

Es sollten folgende zehn Regeln gelten:

1. daß zur Wahl stehende neue Mitglieder grundsätzlich *nicht allein* geladen werden
2. daß bei der Auswahl grundsätzlich ein *offizielles Plädoyer für* und eines *gegen* den Kandidaten gehalten wird
3. daß auch die in Aussicht genommenen Mitglieder grundsätzlich ihr *Urteil über die schon vorhandene Gruppe* abgeben und dazu einen Anwalt zur Seite gestellt bekommen — hierdurch wird manifestiert, daß sich *beide* Seiten gegenseitig wählen
4. daß insgesamt *nicht mehr Personen* aufgenommen werden als in einer Plenarsitzung noch direkt miteinander reden können — darüber hinaus müßte eine neue Gruppe konstituiert und deren Verhältnis zu der anderen Gruppe geregelt werden[1]
5. daß — um der Aufgabe willen — darauf geachtet wird, daß alle *unterschiedlichen und gegensätzlichen Positionen* vertreten sind, die für die umfassende Bestimmung der Sache wichtig sind (wissenschaftliche Arbeitsgruppen ohne Marxisten und Liberalisten, ohne Humanisten und Positivisten wären heute unsachgemäß zusammengestellt; vollends ist Interdisziplinarität bei jeder wissenschaftlichen Aufgabe ein Vorteil, weil sie zur Relativierung des eigenen Standpunktes und zur Klärung der Gedanken und Begriffe im Verständigungsprozeß zwingt)

[1] Vgl. hierzu die Berechnungen von Peter R. Hofstätter: Einführung in die Sozialpsychologie, Stuttgart 1966 (Kröner), S. 312 ff., die die Kontakthäufigkeit und -dichte, die Binnen- und Außendistanz zugrundelegen.

6. daß jedes Mitglied eine besondere, ausweisbare, für die Sache unentbehrliche *Kompetenz* hat
7. daß die Gruppe für eine *längere Dauer* zusammenzubleiben genötigt ist (weniger durch Verpflichtung als durch äußere Umstände), zugleich aber ihrer Arbeit einen *terminus* setzt
8. daß die Gruppe ihre Aufgabe an die *Notwendigkeit zu konkretem Handeln* bindet
9. daß Umgangssprache prinzipiell den Vorrang vor Fachsprache hat, so daß interne und externe *Öffentlichkeit* jederzeit herstellbar ist
10. daß bestimmte *Kontrollmechanismen* — von der Dokumentation bis zum Gruppentraining reichend — zu Routine-Elementen der Arbeit gemacht werden.

Dialektische Prozeduren, eine Beschränkung der Zahl derart, daß kritische Kommunikation möglich ist, weltanschauliche Heterogenität, fachliche Kompetenz, Realitätskontrolle, Dauer und Terminiertheit der Gruppenarbeit, äußere und innere Öffentlichkeit und die Anwendung sozialwissenschaftlicher Techniken auf die Arbeitsformen selbst — sie alle zusammen sollten die befürchtete Subjektivität des Konsens in relativ kleinen, sich selbst schaffenden Gruppen wirksam ausgleichen. Darüber hinaus verspricht ein solches Vorgehen, die Ausbildung von Hierarchien zu verhindern (man muß grundsätzlich alle Gruppenmitglieder von allem überzeugen) und ein hohes Maß an Handlungsfähigkeit zu erhalten (Konsens läßt sich auch für listige, temporäre, halbgute aber notwendige Maßnahmen und Setzungen erreichen).

Daß alle Personen um einer bestimmten, deutlich gemachten Leitidee willen zusammengekommen sind, muß gerade nicht heißen, daß ihr Konsens unkritisch sein wird, es kann vielmehr auch heißen, daß sie sich für die Leitidee und ihr Schicksal mitverantwortlich fühlen und darum nicht dulden, daß andere — auch die schon länger Anwesenden — ihr fahrlässig oder mutwillig Abbruch tun.

Es wäre nun vermessen zu sagen: in den Aufbaukommissionen der Schulprojekte der Universität Bielefeld sei man just so verfahren. Ich kann nicht einmal behaupten, daß wir von vornherein oder bis heute alle so verfahren wollten. Aber die wichtigsten Grundfiguren des geschilderten oder geforderten Vorgehens habe ich aus der bisherigen Geschichte der Aufbaukommissionen gelernt. Sie müssen also wohl darin vorkommen. Um dies zu bestätigen und zugleich um zu zeigen, wie schmuddelig und oft genug negativ der Ausgangspunkt unserer Erfahrung war, möchte ich aus einem Bericht zitieren, in dem Wolfgang Harder die bisherige, dreijährige, Geschichte der Schulprojekte festgehalten hat:

„Januar 1971 bis August 1971

Curriculumarbeit

(1) Die Fülle der von uns auf sehr verschiedenen Ebenen zu fällenden kurz-, mittel- und langfristigen Planungsentscheidungen, die Ratlosigkeit, in die uns eine Prüfung des Konstanzer LOT-Projekts gestürzt hatte, und das verbreitete Unbehagen darüber, daß wir zwar immer wieder faktische Konsensbildungen bzw. überzeugende Mehrheitsentscheidungen konstatieren, aber beinahe nie für uns oder andere ‚transparent' machen konnten, wie es jeweils dazu gekommen war und ob — und wenn ja welche — übergeordnete Kriterien sich dafür angeben ließen, bewirkten, daß wir uns im ersten Vierteljahr 71 in zahlreichen Plenums- und Gruppensitzungen mit Entscheidungstheorien beschäftigten. Grundlage dafür waren ein Referat und ein längeres Papier eines Mitarbeiters, in dem Thesen behandelt wurden wie
— pädagogische Prozesse lassen sich mit der Automobilherstellung vergleichen,
— es gibt überall systeminhärente Qualitätskriterien, die meßbar sind und bestimmte Entscheidungen erzwingen,
— etwa 10 % des Aufwandes an Zeit, Geld und Arbeitskapazität in einem Projekt müssen in Planung eingehen.

Die Diskussionen endeten immer wieder bei der Schwierigkeit bzw. Unmöglichkeit, gerade die wichtigsten Elemente einer Entscheidungssituation zu quantifizieren, und bei der Frage, wie die Gewichtung einzelner Entscheidungskriterien intersubjektiv verbindlich und nicht nur im dezisionistischen Zugriff erfolgen könne. Wir wünschten uns Kataloge mit Entscheidungskriterien für 22 verschiedene Planungsaufgaben (von der Stundentafelfestlegung über Materialbeschaffung und Lernzielermittlung bis zur Forschungsplanung und Evaluation) und versuchten arbeitsteilig, je einen Katalog zur Bauplanung und zur Auswahl künftiger Aufbaukommissionsmitglieder zusammenzustellen.

Aber: was bei diesen Versuchen die einen als systematisch und stringent bezeichneten, analysierten andere als reine Willkürakte (und umgekehrt). Das Ergebnis, auf das sich alle Mitarbeiter einigen konnten, war z. B. für die Personalauswahl ein entscheidungstheoretisch äußerst bescheidener Kriterienkatalog ..., bezogen auf die Personaldaten, die schriftliche Fragenbeantwortung und die Diskussionsteilnahme der Bewerber. Der Katalog sollte so etwas wie eine ‚Systematisierung von common sense' darstellen, die ‚Sensibilisierung' der Auswählenden leisten und insgesamt ein ‚Katalysator' für notwendige Entscheidungsdiskussionen und Abstimmungen sein.

Angewandt wurde der Katalog im Frühsommer 71 bei der Ausschreibung für die noch offenen 4 Planstellen ...

(2) Ein weiterer umfangreicher Teil der Plenumsarbeit in dieser Zeit galt dem Thema ‚Evaluation' ... Die Auseinandersetzungen brachten uns alle einerseits zu der Einsicht, daß Evaluation eine Grundbedingung für ein sich selbst veränderndes System sei und daß wir dazu sowohl einzelne Curricula wie die Einrichtungen insgesamt evaluieren und dazu wiederum entsprechende Meßniveaus und -verfahren festlegen müßten. Sie warfen andererseits immer mehr Fragen und Probleme auf, wie z. B.:

— Wo liegt die vertretbare Mitte zwischen unreflektierter Wurstelei und einem Evaluationssystem, das vielleicht funktioniert, aber für Lehrende und Lernende unaushaltbare Bedingungen schafft?
— Gibt es zwischen ‚Divination' und ‚Technokratie' das ‚vernünftige Gespräch' der unmittelbar Beteiligten, für die z. B. Ergebnisse informeller und standardisierter Tests primär Anlässe zur Reflexion und Veränderung sind?
— Wie läßt sich die Komplexität der Aufgaben so reduzieren, daß nicht nur Quisquilien evaluiert, sondern exemplarische Lehr- und Lernsituationen so sorgfältig ausgewertet werden, daß sie Aussagen über ganze Lernbereiche bzw. die Institutionen Laborschule und Oberstufen-Kolleg insgesamt zulassen?
— Wie lassen sich insbesondere nicht-verhaltenstechnologisch orientierte — oder in heutiger Terminologie: ‚offene' — Curricula evaluieren?
— Wie ist angesichts unserer begrenzten Kompetenz und Arbeitskapazität zu sichern, daß Evaluationsinstrumente bei der Curriculumrevision von Anfang an mitentwickelt werden?

In der Folgezeit stellten wir Typologien von Evaluationsinstrumenten auf, von ‚Expertengesprächen' über ‚Unterrichtskritik durch Schüler' bis zu Klausuren, Tests etc. Und wir übten die Konstruktion bestimmter Tests am Beispiel einzelner Einheiten aus dem ‚Social Science Laboratory Units' Curriculum von Lippitt/Fox/Schaible ... Wir formulierten Lernziele und entwickelten dazu open-end Fragen und multiple-choice Tests ...

Arbeitsverfahren

... Im Mai 71 billigte die ‚Planungskommission Schulprojekte' die ‚Vorläufige Verfahrensordnung der Aufbaukommissionen', die wir aus praktischen Überlegungen heraus einer regelrechten — dann von Verfassungsausschuß und Senat der Universität und den zuständigen Ministerien zu genehmigenden — Satzung vorgezogen hatten ...

Die ‚Vorläufige Verfahrensordnung' bestimmt die Rechtsstellung und generelle Aufgaben der Aufbaukommissionen, definiert deren ‚Mitglieder' und ‚Angehörige' und regelt Zusammensetzung und Aufgabenfelder der wichtigsten Organe der Aufbaukommissionen ... Wichtig ist dabei vor allem die formelle Konstituierung der Geschäftsführung, die vom jeweiligen ‚Sprecher' der Laborschule und des Oberstufen-Kollegs sowie vom Finanzreferenten wahrgenommen wird.

Diese Verfahrensordnung hat sich für die Arbeit der Folgezeit als flexibel und handhabbar zugleich herausgestellt. Unsere Erfahrungen mit dem Prinzip zeitlich begrenzter Wahlämter, der Aufgabenverteilung zwischen den einzelnen Organen und Ausschüssen und der Entscheidungskompetenz des Plenums lassen uns hoffen, daß interdisziplinäre Zusammenarbeit und kollektive Selbstverwaltung bei einem Minimum an hierarchischen Strukturen sich auch bei der künftigen Arbeit der Laborschule und am Oberstufen-Kolleg als realisierbar, effizient und — vom Betriebsklima her gesehen — als äußerst erstrebenswert erweisen werden ...“

So wird die gemeinsame Arbeit durch eine „vorläufige Verfahrensordnung“ geregelt, die auf formeller Übereinkunft beruht. Aber das würde nicht genügen, um eine Konsens-Gruppe in Gang und Laune zu halten. Jenseits der sozialen Logik und Ordnung braucht sie vor allem Spielraum, Anreiz für soziale Phantasie und die Bereitschaft, ihr eigenes Regelgebäude gelegentlich zu durchbrechen; sie braucht Geselligkeit, und der wiederum bekommt etwas sehr Altmodisches — Bildung! Eine Zeitlang waren in den Aufbaukommissionen der Bielefelder Schulprojekte (zufällig) die M's dran: Mozart und Musil, Marx und Morgenlauf. Im Augenblick stehen Gastarbeiterkinder, Hochschulpolitik und Volleyball weiter im Vordergrund. Es sind Beschäftigungen, die gemeinsame Verständigungsmöglichkeiten und Herausforderungen bieten. Aus ihnen erwachsen informelle Gewohnheiten, die die formellen Gruppenprozesse erfreulich und wirksamer machen. Ich zitiere wieder aus dem Bericht von Harder:

„Da ist die ‚Hauspostille‘, ein internes Informationsblatt, das ursprünglich nur die allwöchentliche Routinesitzung von mündlichen Tätigkeitsberichten entlasten und einzelne Tagesordnungspunkte vorstrukturieren sollte. Die erste Nummer erschien im Februar 71, die 100. im März 73. Auf 3—10 Seiten stehen hier Terminankündigungen (wer ist wann warum nicht ‚im Haus‘), Tagesordnungsvorschläge, Tagungsberichte, Protokollnotizen über Gespräche und Verhandlungen; aber auch Hinweise auf Universitätsveranstaltungen, wichtige Bücher und Aufsätze, eingegangene graue Materialien, Filme in Bielefelder Kinos; aber auch Beschwerden über das Nicht-Funktionieren des Dokumentationsverfahrens, der Zusammenarbeit mit der Arbeitsstelle Pädagogik, des Kaffeetassenabwaschens; aber auch Zeitungsausschnitte mit Rezensionen, bildungspolitischen Kommentaren, Fachbeiträgen, Karikaturen; aber auch — last not least — ‚Persönliches‘ (Bitten um Unterstützung beim Wohnungstapezieren, Suche nach ausgedienten Schreibmaschinen für den Kinderladen, kommentierende Gedichte, Einladungen zum Pizzaessen, der Appell, das Wort ‚Anliegen‘ zu meiden etc.). Die ‚Hauspostille‘ hat keinen Redaktionsstab, sondern nur freie Mitarbeiter: alle Aufbaukommissionsmitglieder. Stil und Umfang wechseln ständig; gleichbleibend ist ihre Funktion, Kommunikation zu erleichtern, Information zu sichern, Entscheidungen vorzubereiten.

Ein zweites Beispiel: die ‚Lesezeit‘, eingeführt im Februar 71 angesichts der Schwierigkeit, neben den zahllosen Sitzungen in Gruppen wie im Plenum

noch Literatur aufzuarbeiten. Nachdem alle Versuche gescheitert waren, einen oder zwei Wochentage von Sitzungen ganz freizuhalten, wurden schließlich die Vormittagsstunden bis 11.00 Uhr zur individuell zu nutzenden Lesezeit deklariert, in der keine Sitzungen stattfinden und Telefongespräche möglichst nicht vermittelt werden sollten. Diese Einrichtung bewährte sich über viele Monate, mußte aber gegen Jahresende doch wieder aufgegeben werden, weil die vielen Kleingruppensitzungen in den verbleibenden Tagesstunden nicht mehr koordiniert werden konnten ...
Ein weiteres Beispiel für informelle Verfahrensregelungen, das ich hier aufführen möchte, betrifft die Gruppensitzungen. Wir hatten mit der üblichen Ordnung — (wechselnde) Diskussionsleiter, Rednerliste — begonnen, fanden sie aber bald sehr unbefriedigend, weil insbesondere die Rednerliste das kontinuierliche Gespräch und das spontane Eingehen auf einen Diskussionsbeitrag unmöglich machte. Einigermaßen skeptisch versuchten wir daher, auf eine formelle Diskussionsleitung ganz zu verzichten und damit jedem einzelnen Gruppenmitglied die Verantwortung für den Gesprächsverlauf zu übertragen. Das Ergebnis war für die meisten von uns sehr überraschend: selbst in Sitzungen mit 25—30 Teilnehmern verliefen die Diskussionen zielstrebig und am Thema bleibend, konnte jeder einzelne seine Position einbringen, kamen von immer anderen Mitarbeitern Strukturierungsvorschläge, Mißverständniserklärungen, Gesprächszusammenfassungen, Abstimmungsanträge. Und was am erstaunlichsten war: die Sitzungen wurden dadurch (in der Regel) nicht nur lebendiger und für den einzelnen befriedigender, sondern — wie uns schien und scheint — sogar kürzer. Daß wir dieses einfache Verfahren bis heute beibehalten haben, liegt einmal an seinen für uns alle evidenten Vorteilen, zum anderen an der Flexibilität auch dieser internen Regelung, denn sie schließt nicht aus, daß auf Antrag doch ein Diskussionsleiter gewählt wird (vor allem bei besonders emotional besetzten Themen, aber neuerdings regelmäßig auch bei der wöchentlichen Routinesitzung des Plenums) und daß auch andere Diskussionstechniken angewandt werden (wie z. B. strenge Reihum-Statements mit anschließender Abstimmung ohne weitere Aussprache oder die ‚Aus-Zeit' von 5 Minuten, in denen alle Diskussionsteilnehmer im Raum bleiben, aber niemand reden darf)." [1]

Noch eines mag man diesen winzigen Ausschnitten aus dem Arbeitsalltag einer sich mit Hilfe von Konsens selbst regelnden Gruppe entnehmen: daß die gemischte Prozedur das soziale Selbstbewußtsein festigt und die soziale Phantasie anregt. Wenn die Schulprojekte auch nur durchschnittlich tüchtig sind — durch jene Eigenschaft werden sie noch über andere hinausgehoben. Es ist heute schwerer, den Frustrationen zu entgehen als sein Soll zu erfüllen!
Gleichwohl: die Einwände werden bleiben. Diejenigen, die auf strenge Wissenschaftlichkeit halten, werden sagen, dieses Einigungs-

[1] Auszüge aus einem internen Arbeitspapier des PEP (Projektentwicklungsplan von Laborschule und Oberstufen-Kolleg) II/3,4 vom 30. 3. 1973.

verfahren erbringe — mit all seinen sogenannten Korrektiven — doch nur eine unverbindliche, nicht überprüfbare Meinung, die Gruppe bleibe eingetaucht in eine nicht aufgehellte Ideologie, einen unausdrücklichen Vor-Konsens: Stallgeruch.
Diejenigen, die für wichtige gesellschaftliche Ideen oder Aufgaben Partei nehmen, werden der so verfahrenden Gruppe Angst vor dem großen Engagement vorwerfen: Schrebergartenmentalität.
Diejenigen, die öffentliche Tätigkeiten an dem Maßstab ordentlicher Verwaltung und hoher Produktivität messen, werden das Verfahren romantisch, verwirrend, dilettantisch finden: Stümperei.

Allgemeiner und jeweiliger Konsens

So unterschiedlich diese Kritiken im Ganzen sind, in einem Punkt konvergieren sie: in der Zurückweisung des Konsens, genauer: des Konsens einer kleinen Gruppe im Rahmen einer öffentlichen Angelegenheit. Sie werden bemängeln, daß er *nicht frei* oder daß er *zu frei* sei. Und damit werden sie sich nicht gegenseitig aufheben, sondern nur deutlich machen, was der eigentliche wunde Punkt ist: daß im Konsens nicht erkennbar wird, worauf er beruht, worin sein Maßstab liegt. Dies genau hatte ja auch der Bericht von Wolfgang Harder herausgestellt. Konsens, so kann man sagen, löst das Problem — wie aus vielen *doxai* (Ansichten) eine Wahrheit werden kann — nicht, er weist auf das Problem hin. Die hartnäckige Vielfalt der Ansichten kann in der Tat ausgelegt werden
— als der Ausweis dafür, daß Wahrheit eine Fiktion ist, oder
— als ein möglicher Weg zur Wahrheit, oder
— als notwendige Voraussetzung dafür, daß man sie erkennt.
Konsenstheorie muß stets etwas anderes bedeuten, je nachdem welche Philosophie hinter ihr steht. Anders ausgedrückt: der Konsens kann den Maßstab nicht ersetzen, an dessen Stelle er erscheint. Wo ein Konsens naiv dafür benutzt wird, wird man ihn mit Recht als „Willkür" denunzieren (= zuviel Freiheit), oder als unbewußte Hörigkeit, Ausgeliefertsein an Zufälle, Zeitdruck, Außenbedingungen, Personen, Vorerfahrungen, Sprache (= zu wenig Freiheit), oder schließlich als eine bewußte Einordnung in das pluralistische System (= weder Freiheit noch Unfreiheit).
Es ist darum gut, den Vorgang, den ich Konsens nenne, noch einmal

genauer zu prüfen und sein Verhältnis zur „Wahrheit" zu bestimmen, womit ich zunächst formal alles bezeichne, was Anspruch auf Absolutheit erhebt — wissenschaftliche, politisch-historische, metaphysische. Es muß dabei zugleich geprüft werden, wie sich der Konsens der besonderen Gruppe zu einem möglichen allgemeinen Konsens verhält.

Ich will dazu auf einen großen Sachverständigen in der Frage nach dem Maßstab der Wahrheit zurückgehen, auf Platon. Sachverständig war er aufgrund einer außerordentlichen Schwierigkeit, in die ihn die Geistesgeschichte seiner Zeit gestürzt hatte: Die Sophisten hatten die geglaubte Wahrheit widerlegt — d. h. den Kosmos, den in den Dingen liegenden Grund von Erkenntnis und Ordnung zugleich —, und Sokrates hatte den sophistischen Relativismus widerlegt — d. h. die Behauptung, daß es keine für alle verbindliche Erkenntnis gebe. Er hatte dies als vor der eigenen Erkenntnis widersprüchlich überführt. Aber die alte Wahrheit hatte er nicht wiederhergestellt. Man konnte nun weder auf Ideen (die geistige Evidenz) noch auf Phänomene (die empirische Evidenz) bauen, sondern mußte sich auf einen komplizierten und langwierigen Prozeß einlassen, das *philosophein* und *dialegesthai*. Die Suche nach der Wahrheit — das *ist* die Wahrheit für den Menschen, und hierfür braucht man Maßstäbe. Die mathematischen Formen einerseits und die Macht der sinnlichen Eindrücke andererseits sind die erfahrbaren Hinweise auf die Extreme, zwischen denen der Prozeß sich abspielt.

Die Verbindung zwischen wahrem Begriff und wirklicher Erscheinung wird durch verständliche Benennung hergestellt. Versteht ein anderer, was die von mir gemeinte Sache ist und was der von mir benutzte Begriff bezeichnet, ist man der Wahrheit einen Schritt näher, nämlich einer verläßlichen Erkenntnis bleibender Beziehungen. Versteht der andere nicht, muß man die Verbindung anders knüpfen. Das heißt, daß wir uns im Dialog „dialektisch" auf das Unverstandene im Verstandenen aufmerksam machen, auf die Irrtümer, Scheinschlüsse, Selbsttäuschungen, Sichtverengungen. In einem langen Prozeß des Miteinanderlebens und Miteinandersprechens geht dann die Wahrheit auf, sie wird entzündet „wie durch einen überspringenden Funken". Dieser mehr abwehrenden, esoterischen Beschreibung aus dem 7. Brief stehen die zahllosen offen belehrenden Beispiele aus der sokratischen Gesprächspraxis zur Seite.

Ich nehme den „Kriton". Sokrates ist im Gefängnis und erwartet die

Hinrichtung. Kriton kommt, um ihn zu befreien und hält ihm vor, daß diesen ungerechten Tod zu erleiden nicht nur ein Unglück, sondern auch ein Schimpf sei. Aber Sokrates sträubt sich. Er meint, er müsse „seinen früheren Worten“ treu bleiben. Er will mit Kriton

„gemeinsam prüfen, ob mir, da ich jetzt in dieser Lage — d. h. vom Tode bedroht — bin, etwas anderes richtig erscheint als vorher oder sonst (nämlich, daß man auf die Meinungen der einen zu achten habe und auf die der anderen nicht).“(46 d)

Es ist, als wolle Sokrates diese einmalige Gelegenheit für einen Test nutzen, der für sein zeitlebens erforschtes Problem von größter Wichtigkeit ist. In einem typischen sokratischen Dialog läßt er sich zunächst bestätigen, daß „das Wort von vorher“ zwischen Kriton und ihm noch gilt — die Feststellung, es sei wichtiger, richtig zu leben als überhaupt zu leben. Als nächstes geht es darum, ob wider den Willen der Athener (der Obrigkeit) zu fliehen gerecht oder richtig sein könne.

„Nachdem wir in jenem übereinstimmen ... wollen wir nun dies gemeinsam prüfen, und wenn du etwas einzuwenden hast, dann tue es, und ich werde dir folgen, mich dir öffnen. Wenn du aber nichts einwendest und mich nicht überzeugst, dann höre auf, mein Lieber, mir immer wieder dasselbe zu sagen ...“(48 d)

Wenig später warnt Sokrates — wie so oft — „Paß aber auf, wenn du mir zustimmst, daß du nicht wider deine Meinung zustimmst!“ (49 d) So geht der Dialog dann seinen bekannten Weg.

Diese Gesprächsstücke enthalten alle für mich wichtigen Elemente:
— in einem Bereich, in dem es keine Wahrheitsinstanz gibt, kein von sich aus evidentes — also erkennbares und unverrückbares — Gesetz und somit auch keinen „Beweis“, muß man vernünftige Übereinkunft suchen
— (die Alternativen zu Übereinkunft sind Willkür, Widersprüchlichkeit, Betrug, Gewalt — sie werden im weiteren Verlauf des Dialogs vorgeführt)
— die Übereinkunft ist nicht schon dadurch richtig, daß sie zustande kommt; sie kann irren, aber das kann man herausfinden
— „vernünftig“ kann die Übereinkunft zunächst nur genannt werden, weil vernünftige Personen, Menschen, die sonst auf verständige und verständliche Weise miteinander umgehen (und die man daran erinnern, daran festhalten kann), ihn treffen
— alles Weitere muß sich erst herausstellen, denn die Kriterien für

die „Richtigkeit" der Übereinkunft sind: ihre Dauerhaftigkeit, die Vielseitigkeit der Anwendung, die sie erlaubt, ihre Resistenz gegen extreme oder irrationale Belastungen: ‚Dies gilt sogar im Angesicht des Todes!'

— dem Konsens geht eine gemeinsame Prüfung vorauf
— in dieser Prüfung sind die Partner prinzipiell gleich
— von den äußeren Umständen wird hypothetisch abgesehen
— aber auf sie — auf die reale Lage — hin wird die Wahrheit letztlich gesucht
— das Mittel der Prüfung ist der Einwand, der Widerspruch
— der Einwand muß vom anderen berücksichtigt werden und man selber muß wissen, daß der andere bereit ist, sich zu öffnen
— man darf nicht gegen seine eigene Überzeugung zustimmen
— man muß zu seinem Wort, zum Konsens stehen oder ihn aufgeben — eine Folgerichtigkeit, die in den sokratischen Dialogen nie nur logisch, sondern immer auch moralisch-existentiell ist.

Dieses ganze „System" vernünftiger Übereinkunft durch Dialektik hat freilich nur dann einen Sinn, wenn es einen Sinn hat, der Wahrheit zu folgen (die es also gibt und die damit zur stärksten Seinskategorie erklärt wird), ja, wenn es für den Menschen wenigstens grundsätzlich möglich ist, sein Leben nach ihr einzurichten. Platon war der Meinung, daß das Philosophieren selbst ein Hinweis auf die Wahrheit und damit auf diesen Sinn der Übereinkunft sei: Es ist sogar den Leugnern solcher Wahrheit nicht gleichgültig, ob man sie bei einem Widerspruch ertappt und ob sie verstanden werden. Wenn sich ein Sophist in einen Dialog mit Sokrates einläßt, hat er schon dadurch seine „Schwäche für die Wahrheit" bekannt und seine Sache so gut wie verloren. Das jedenfalls mußten Thrasymachos und Kallikles erfahren. Was es aber heißt, sein Leben nach dieser Wahrheit einzurichten, das hat Platon in seiner Politeia geschildert. Der Preis für das philosophische Leben ist so hoch, daß die jungen Zuhörer den Sokrates verlachen. Wer heute nicht nur von Selbstbestimmung *in* der Gesellschaft, sondern von Selbstbestimmung *der* Gesellschaft redet — und das heißt doch: von einer Gesellschaft, die nach gemeinsamen Vorstellungen von gemeinsamen Ordnungen, also „philosophisch" lebt — der tut gut, noch einmal bei Platon nachzulesen, wie gründlich man die Verhältnisse ändern muß, damit das geht. Schon für einen „herrschaftsfreien Raum" müssen sehr viel radikalere Forderungen erfüllt sein, als wir sie je für unsere (fortschrittlichen) wissenschaftlichen Seminare auch nur stellen. Auch in unseren akademischsten Akademien bleiben wir im Vollbesitz unserer inneren und der internalisierten äußeren Unfreiheit. Auch Platon konnte erst an einer Utopie erkennen lassen, welche Klärung und Ordnung ein Konsens, zu dem man durch philosophischen Dialog kommt, der verwirrenden, schwer durchschaubaren Wirklichkeit zu geben vermag, und warum sie dauerhafter und einsichtiger sind, als was *irgendein* Konsens leistet. Der wäre — um bestehen zu können — auf Macht angewiesen oder auf sehr viel List oder sehr viel Glück. Und wer hätte die schon! Wer hätte sie dauernd!

Dem platonischen Sinn von vernünftiger Übereinkunft, nämlich *die Vernunft selbst abzubilden,* steht ein anderer gegenüber: die oder *eine Vernunft herzustellen.* Die Attribute solcher Vernunft werden als Chancen oder Voraussetzungen in den Dialog oder Diskurs eingebaut.

Er soll

— frei von Herrschaft

— frei vom Druck der Realität

— frei von zeitlicher Terminierung sein.

Nur der hieraus hervorgehende Konsens sei als Regel für das gemeinsame Handeln annehmbar. Es ist nicht gesagt, daß er zustandekommt. Es bleibt offen, wie diese drei „Freiheiten von ..." mit dem Sinn des Diskurrierens zusammenhängen. Dies gilt — schon vor solchem Diskurs — als evident, weil uns diese Freiheiten fehlen!

Man könnte nun meinen: die letzten beiden seien für praktische Wahrheiten fragwürdig und wenigstens die erste für alle Wahrheiten fiktiv: Stärkere Argumente konstituieren selbst Herrschaft mit allen Folgen, die dies auch für die Rationalität hat.

Wer heute den freien und reinen Diskurs fordert — wie Jürgen Habermas —, um damit Vernunft herzustellen oder zu ermöglichen, muß umgekehrt argumentieren: Gerade wenn man *praktische* Fragen lösen will (und das heißt, die Welt besser machen), muß die Erörterung frei von den verzerrenden Bedingungen der Wirklichkeit sein. Im heiligen Hain des Akademos fort und fort Erörterungen zu führen, aus denen keine Handlungen folgen oder die in Aporien enden, das ist zwar, wie man seither sagt, „akademisch" oder „platonisch". Aber nur außerhalb von Realitätszwang und Zeitdruck läßt sich Herrschaftsfreiheit simulieren. Diese ist nötig als Antizipation herrschaftsfreier Existenz. Und diese wiederum braucht man, um die

Realität zu kritisieren und zu verbessern. Man spricht so miteinander, als sei man frei, gleichberechtigt, in gleichem Maße zu Urteil und Vernunft fähig. Das ist ein altbewährtes pädagogisches Rezept.

Es wird Jürgen Habermas nicht erstaunen, wenn man ihm somit nachweist, daß er — in dieser Beziehung — doch ein Platoniker sei. Schwieriger wird es für ihn, wenn er sich — von Robert Spaemann[1] — sagen lassen muß, daß er im Grunde eine Synthese von Kant und Marx versuche: Kantisch sei, daß Freiheit niemals das Ergebnis von Manipulation — auch nicht von pädagogischer — sein könne; das Fingieren von Freiheit bringe keine Freiheit hervor. Marxisch sei, daß es nicht einfach die Autonomie des Menschen gebe; es gebe vielmehr durch die Umstände ganz und gar mit Unfreiheit geschlagene Menschen und also „legitime Opfer" einer Herrschaft, die zwar die Befreiung von Herrschaft zum Ziel habe, von den Nichtemanzipierten aber ständig reproduziert werde.

„Ist vernünftiger Konsens bei Kant notwendige, kontrafaktische Antizipation des moralisch, d. h. autonom Handelnden, so ist er für Marx real herzustellender Zustand." (S. 747)

Der Habermassche Diskurs ist das eine und hat das andere — die reale Emanzipation des Menschen — im Sinn. Das sei aber nur sinnvoll, wenn Mündigkeit als ein evidentes Interesse eines jeden Menschen unterstellt werden könne (S. 748). Ist das nicht der Fall, bleiben nämlich diejenigen, die den Diskurs führen, allein und über den anderen — nicht nur, weil diese nicht mitmachen oder weil sie ihren Standpunkt nicht artikulieren können, sondern weil viele Interessen und Bedürfnisse von authentischer Artikulation überhaupt ausgeschlossen sind: die von Kindern, oder Geisteskranken, oder kommenden Generationen, oder Abwesenden. Sie müssen in jedem Fall „repräsentiert" werden, und das setzt ein allgemeines, vorgängiges Prinzip voraus, nach dem das geschieht.

Damit sind wir wieder bei der Frage nach der Wirklichkeit des Maßstabes: Wie allgemein kann ein Konsens sein? Gibt es — platonisch gesprochen — ein bonum commune, an dem man letztlich alles messen kann? Oder mit Rousseau gefragt: Gibt es eine volonté générale? Und wie erkennt man sie?

Ich stelle die Antworten — grob typisiert — noch einmal zusammen:

[1] Robert Spaemann: Die Utopie der Herrschaftsfreiheit, S. 747.

Die einen Sophisten sagten: Es gibt eine solche allgemeine Vernunft nicht, und wenn es sie gäbe, wäre sie für uns nicht erkennbar. Es kann also auch keine allgemeingültige Vereinbarung darüber geben, es sei denn eine erzwungene, die sich damit selbst widerlegt.
Die anderen Sophisten sagten: Der Mensch ist ein Teil der Natur. Dies gilt es zu erkennen, und über die Art solcher Erkenntnis kann und muß man sich einigen; man muß z. B. absehen von den überhöhten Selbstauslegungen des Menschen und die komplexe und wandelbare Naturgeschichte der menschlichen Sozietät — „beyond freedom and dignity" — beobachten. Diese Ansicht ist über Thomas Hobbes und Charles Darwin auf uns gekommen. Wir würden uns ausrotten im Kampf ums Dasein, wenn wir nicht ein so natürliches Regulativ wie die Herrschaft (gewöhnlich des Stärkeren) duldeten. Sie sichert uns immerhin Frieden, die Alternative zum Desaster.
Platon sagte: Es gibt einen Sinn, eine übergeordnete Vernunft, und sie legitimiert den Konsens, den wir im Dialog — nach Art der Vernunft — suchen und prüfen. Nach Art der Vernunft aber heißt: widerspruchsfrei, zweckhaft, auf unser Leben beziehbar.
Marxistische Denker sagen: Vernunft muß gesellschaftlich hergestellt werden. Die Bedingungen, unter denen Vernunft allein real werden kann, müssen im Diskurs antizipiert werden.
Liberale Denker sagen: Hergestellte Vernunft, ja schon ihre Antizipation leite das Ende des sozialen Wandels ein; dieser sei die Potentialität der Vernunft, und wenn Ungleichheit ein Motor des Wandels ist und zugleich eine Bedingung von Herrschaft[1], dann folgt, daß

[1] Ralf Dahrendorf: Über den Ursprung der Ungleichheit unter den Menschen, Tübingen 1966 (J. C. B. Mohr), wiederabgedruckt in: Pfade aus Utopia, München 1967 (Piper), S. 373 ff. — Das Dahrendorfsche Argument ist in folgenden Zitaten zu fassen, die in seiner Schrift in der umgekehrten Reihenfolge stehen, weil diese ja vom Ursprung der Ungleichheit und nicht von der Wohltat der Herrschaft handelt:
„*Daß es* überhaupt *Ungleichheit* unter den Menschen *gibt, ist,* indem es die Geschichtlichkeit von Gesellschaften garantiert, *ein Moment der Freiheit.*" (S. 379)
„Weil das ‚Wertsystem' einer Gesellschaft nur im Sinne der Geltung gemeinsam, in Wirklichkeit aber herrschend ist, weil daher das System der sozialen Schichtung nur Maßstab für den Konformismus des Verhaltens sozialer Gruppen ist, *wird die Ungleichheit zum Stachel, der soziale Strukturen in Bewegung hält.*" (S. 379)
„Da jede Gesellschaft, indem sie ein moralisches Gemeinwesen ist, in diesem Sinne gegen bestimmte Positionen (und damit alle ihre Träger) diskrimi-

Herrschaft für eine *moralische*, nämlich Unterschiede zwischen Gut und Böse, besser und schlechter machende Gesellschaft eine wohltuende Notwendigkeit ist.

Undogmatische Beobachter der Szene — von Aristoteles über Rousseau zu Robert Spaemann — sagen: Die Antizipation des universellen Konsens — das ist nichts anderes als das, was bei Platon „Gerechtigkeit" heißt — kann nur mit Überzeugung und der sie legitimierenden Bereitschaft vertreten werden, um ihretwillen selbst den Verlust der Zustimmung der anderen zu riskieren: den Mehrheitskonsens, auf den sich die eigene politische Macht gründet oder gründen könnte. Diese moralische Einsamkeit ist nur im „herrschaftsfreien" Diskurs aufzuheben, der aber nicht in der Politik stattfinden kann. Dort gibt es immer Herrschaft, Realitätsdruck, „Schluß der Debatte". Die dann fälligen Entscheidungen sollten wenigstens an den tatsächlichen Mehrheitskonsens gebunden sein.

„Die Mehrheit repräsentiert nicht das Ganze, aber gegen sie kann niemand das Ganze zu repräsentieren beanspruchen. Auch dann nicht, wenn er im Namen eines künftigen Konsens handelt, den er kraft wissenschaftlicher Theorie adäquat zu antizipieren behauptet." [1]

Was hat diese Prüfung des Konsens erbracht? — Wenn es über die Bedingungen des allgemeinen Konsens so wenig allgemeinen Konsens gibt [2], kann man entweder nur ganz auf ihn verzichten und die ganze Problematik von Wahrheit, Herrschaft und Gerechtigkeit durch Systemtheorie ersetzen (wobei die Leistungen und Eigenschaften des Sysems, weil sie am Systemganzen gemessen werden, immer erst nachträglich festgestellt werden können; alles Planen solcher Leistungen und Eigenschaften führt, weil es im einzelnen geschieht, schnurstracks in die alte Problematik zurück!). Oder man begnügt

---

niert, da jede Gesellschaft überdies solcher Diskriminierung durch Sanktionen Wirksamkeit verschafft, *begründen soziale Normen und Sanktionen* nicht nur soziologisch amorphe Rangabstufungen zwischen einzelnen Menschen, sondern auch *bleibende Strukturen sozialer Positionen.*" (S. 370)

„Die Möglichkeit, Sanktionen zu verhängen, ist der abstrakte Kern aller Herrschaft." (S. 375)

[1] Robert Spaemann: Die Utopie der Herrschaftsfreiheit, S. 751.

[2] Ich habe absichtlich die üblichen Konfrontationen weggelassen — die von Marxisten und Nicht-Marxisten, Systemerhaltern und Systemveränderern, Naturwissenschaftlern und Geisteswissenschaftlern, sog. Theoretikern und sog. Praktikern.

sich mit dem jeweiligen Konsens — dem fortgesetzten Einigungs*prozeß* unter hinreichend schweren und durchschaubaren Bedingungen — mit disziplinierter Sophistik.
Ich nehme einmal an, daß diese allgemeine Begründung das vorgeschlagene Verfahren einstweilen theoretisch deckt — bis die Schwierigkeiten in der Praxis sichtbar werden. Welche Schwierigkeiten sind zu erwarten?

Es wird *erstens* prophezeit: daß man zu keinem Ergebnis kommen werde. Das hat Harald Weinrich nicht so sehr vorhergesagt als vielmehr der schon gehabten Erfahrung entnommen: Diskurse führen „nicht zum Konsens in der Wahrheit (was immer das sein mag), sondern einzig zu einem Konsens im Weiterreden: Diktatur des Sitzfleisches“[1]. Eben deshalb halte ich den „Realitätsdruck“ und die Terminierung nicht für eine Belastung des Diskurses, sondern eher für sein Heil. Im Angesicht aber von Realitätsdruck wäre der gelegentliche „Konsens im Weiterreden“ zu begrüßen. Jedenfalls erfahren wir täglich, wie unfertige Angelegenheiten zu Scheinabschlüssen gebracht werden und uns darum auf kostspielige Weise später wieder beschäftigen.

Es wird *zweitens* prophezeit: daß man sich mangels anderer Autoritäten in der Gruppe nur auf Allgemeines, auf sogenannte Prinzipien einigen wird, im übrigen seine Sondermaßnahmen so gut wie möglich camoufliert und jedenfalls den Konflikten ausweicht. Wolfang Harder registriert in seinem Bericht über die Schulprojekte[2], es sei nicht gelungen, (revidierbare) Detailfestlegungen in formalisierten Entscheidungsverfahren zu treffen, und fährt dann unvermutet optimistisch fort:

„Diese Kritik, die in modifizierter Form und in sehr verschiedenen Zusammenhängen immer wieder formuliert wird, ist für mich ein bedenkenswertes Indiz für einen im günstigen Fall äußerst fruchtbaren, im ungünstigen Fall extrem lähmenden idealtypischen Gegensatz zwischen den ‚Pragmatikern‘ einer Planungsgruppe, die angesichts komplexer Projektaufgaben auf systematische und verbindliche Konkretionen und Festschreibungen drängen, und den ‚Theoretikern‘, die bereit sind, sich mit dem — u. U. nicht einmal schriftlich fixierten — Konsens über Grundsätze zu bescheiden, größere Offenheit und mehr Dissens aushalten wollen und im übrigen auf die

[1] Harald Weinrich: System, Diskurs und die Dikatatur des Sitzfleisches, in MERKUR 292, August 1972, S. 809.
[2] Vgl. oben S. 183 f.

Wünschbarkeit und Realisierbarkeit ‚vernünftiger' ad-hoc-Entscheidungen im theoriegeleiteten Diskurs setzen." (S. 39)

Man möchte hinzufügen: Es ist der ausgemachte Sinn der (platonischen) Konsens-auf-Grund-von-Diskurs-Regelung, daß sie den vorhandenen oder möglichen *Dissens* hervorbringt und so lange offenhält, bis er verarbeitet ist.

Es wird *drittens* prophezeit: daß das Konsensverfahren am Ende auf die Unterwerfung der Theorie unter die Realität hinauslaufe. Aber ist das wirklich immer ein Schaden? Ich möchte an einem relativ subtilen Beispiel zeigen, daß das nicht so sein muß.
Eine Mitarbeiterin stellt die Frage: „Was geschieht, wenn der Konsens einer Gruppe (von Curriculummachern) plötzlich in den Stand der Maßstäblichkeit erhoben wird?" und antwortet selbst mit einer Analogie aus dem Drama, in dessen Verlauf es einen Punkt gebe, in dem der Zufall anfange, in Notwendigkeit umzuschlagen: Die Hauptfigur begreife, daß die Ereignisse — scheinbar von außen kommend — von ihrem Inneren herbeigerufen waren, und zwar von einer Instanz dieses Inneren, die sie bis dahin nicht kannte. Jener „Zufall", der in der Gruppe der Curriculummacher als Notwendigkeit durchschaut werden müsse, sei, daß das Lernschicksal der Lehrer notwendig zum Lernschicksal der Schüler werde. Denn wenn die Gruppe dieses Gesetz als störende Ausnahme oder Abweichung (also diese Notwendigkeit als Zufall) verkenne, dann werde sie ihr keinen Platz einräumen und sie in irgendwelche Nischen verdrängen. In seinem Buch „Lehrer, die wir hatten"[1] hält Ernst Heimeran Erinnerungen fest, wie sie viele von uns mit sich herumtragen, daran, wie die Besonderheit eines Lehrers zur Absonderlichkeit geworden war und wie die Schüler solche Lehrer liebten oder doch achteten als Menschen, die eine Not bewältigen. Weil man mit der Subjektivität rechnete, war sie in Ordnung.
Wenn nun die Gruppe beschließt, die Verarbeitung eines Problems durch ein Subjekt zu einem von ihr gemeinsam verantworteten Prinzip zu erheben, dann hat sie einen pädagogischen Fort-Schritt getan, wie ihn keine Unterrichtsverwaltung und keine allgemeinen Richtlinien wagen und decken können. Sie hat nicht die Theorie der Realität unterworfen, sondern sich ein Stück Realität — die seit eh und je wirksam ist — nutzbar gemacht.

[1] Ernst Heimeran: Lehrer, die wir hatten, München 1954 (Ernst Heimeran).

„Wenn der Lehrer sich als Repräsentant *eines* Lernschicksals und nicht als Funktionär einer ‚objektiven Wissenschaft' vor seine Schüler hinstellen könnte, dann könnte er der *Suche* nach Objektivität besser dienen.
Dieses Selbstverständnis entspräche einer modernen Wissenschaftstheorie, die die statische abgelöst hat. Sie geht mit Karl Popper von der Voraussetzung aus, daß das induktive Element der Forschung mit den deduktiven Elementen auf eine Weise verquickt ist, daß es ‚unoekonomisch' sei, die Wahrheitssicherung nur dem deduktiven Element aufzulasten. Die *ständige* Revidierbarkeit der alten induktiven Forschungsergebnisse durch neuere macht die Beobachtung des wissenschaftlichen Prozesses zum einzigen Mittel der Wahrheitssicherung (= durch ‚Falsifizierung').
Der Lehrer als Element im Prozeß der Forschung ist der Kritik der Kollegen und Schüler in prinzipiell gleicher Weise ausgesetzt, wie sich auch der Schüler dem Grundvorgang zu stellen hat, daß das Bessere der Feind des Guten ist.
Der Lehrer, der sich als Repräsentant seines noch unabgeschlossenen Lernschicksals versteht, gewinnt an Objektivität eben dadurch, daß er dem Schüler ermöglicht, den Lehrer auf dem Hintergrund seiner Bedingtheiten zu sehen — ihn zu relativieren.
Trotz dieses Bekenntnisses zur Subjektivität bedarf es natürlich einer Begründung dafür, warum der Lehrer mit einem gewissen Führungsanspruch ausgestattet ist und ein Gehalt in Anspruch nehmen darf.
Diese Begründung liegt m. E. in einer Gegebenheit, die innerhalb der Geisteswissenschaft mit dem Begriff ‚hermeneutischer Zirkel' gekennzeichnet wird: die ständige Erweiterung der Bewußtseinsstruktur und -inhalte eines Subjekts durch den Umgang mit einem bestimmten Gegenstandsbereich, macht ihn *als Subjekt zum Experten.*" [1]

Diese Vorstellung schlägt unmittelbar als Forderung in die Gruppe zurück — sich nämlich so zu rekrutieren, daß dieses möglich ist, und sich mit Verfahren zu versehen, die die Einbeziehung der Subjektivität in die objektive Arbeit der Gruppe sichern.
Solche Verfahren gibt es. Sie reichen vom Rollenspiel in seinen verschiedenen Funktionen[2] über sogenannte Kraftfeldanalysen[3] bis hin zu Gesprächs-, Sitz- und Verfahrensordnungen, oder Frage-, Mode-

---

[1] Irmingard Habbel: Curriculum-Konstruktion durch Konsens, ein internes Arbeitspapier der Aufbaukommissionen der Bielefelder Schulprojekte Laborschule und Oberstufen-Kolleg (1973). Mit dem „induktiven" Element ist das empirische, mit dem deduktiven das theoretisch-begriffliche gemeint.
[2] Ronald Lippitt unterscheidet — subtiler als andere Rollenspielspezialisten — zwischen den folgenden möglichen (sich z. T. überlappenden) Funktionen: Rollenspiel als
1. vorgeführte Handlung zur Analyse von Verhalten
2. Übung in anderen Verhaltensmustern
3. Vorwegnahme einer schwierigen Situation (Fortsetzung S. 198)

rations- und Beratungsübungen oder Sammlungen von Verfremdungsschemata, Kommunikationshilfen und -verhinderungen[1].

Das wichtigste Mittel unter ihnen allen ist freilich noch immer das des sokratischen Dialogs: die Eironeia — die Aufklärung des anderen, indem man sich selbst von ihm aufklären läßt.

Die prophezeiten Schwierigkeiten werden kommen, aber man muß sie nicht mehr fürchten als die Arbeit oder die Politik überhaupt. — Die größte Schwierigkeit wird freilich immer in der Bewältigung des Übergangs liegen. Noch wird auf jede bescheidene Anregung, es mit Konsens-Gruppen zu versuchen, mit den Einwänden aus dem gegenwärtigen System geantwortet. Es werde z. B. nicht möglich sein, Lehrern die Wahl ihres Kollegiums zu überlassen und den Kollegien die Wahl ihrer Mitglieder. Das setze einen Lehrerüberschuß voraus; die Schulen auf dem Lande blieben unversorgt; für die meisten Lehrer — wie für andere Berufe auch — sei die Gruppe gar nicht die Hauptsache, man nehme sie in Kauf, um in *dieser* Stadt, an *dieser* Schule, *dieses* Fach zu lehren und sein Brot damit zu verdienen; die Freiwilligkeit der Gruppe — eine der Voraussetzungen, die ich oben gemacht hatte (S. 180) — sei nicht gegeben; und in der Industrie oder der Verwaltung sei das alles natürlich erst recht so!

Dies aber sagt nur, daß die Menschen die Selbstbestimmung der Gruppe

---

4. Übertragung von Lebenserfahrung in anderen Lagen durch Abspielen bestimmter Verhaltensteile, Typen, Muster
5. Veranschaulichung von makro- oder mikrosozialen Phänomenen aus anderen Kulturen
6. Bewußtmachen der Rollen, die wir unbewußt haben, indem wir sie absichtlich spielen.

Entsprechend hat Lippitt sehr unterschiedliche Spielformen und -regeln. Vgl. Lippitt/Flox/Schaible: Social Science Laboratory Units, Chicago 1969, (Science Research Associates), Band: The Teacher's Role in Social Science Investigation, S. 38 ff. und Eva Schindler-Rainman/Ronald Lippitt: Team Training for Community Change: Concepts, Goals, Strategies and Skills, Riverside/Calif. 1972 (University of California Extension).

[3] Vgl. Kurt Lewin: Feldtheorie in den Sozialwissenschaften, Stuttgart 1963 (Huber).

[1] Z. B. sogenannte Killerphrasen: „das ist grundsätzlich richtig, aber bei uns unanwendbar", „wenn das ginge, hätte das schon längst einer gemacht", „dafür kriegen Sie keine Mehrheit" — Äußerungen, die einen inneren Widerstand signalisieren, aber nicht preisgeben und damit das Gespräch weit über den Anlaß hinaus belasten oder blockieren.

Vgl. Cloyd/Schrader-Klebert/Schleiermacher/Schnelle: Gesprächstechnik für Gruppen, Metaplan-Reihe 2, Quickborn 1973 (Metaplan GmbH).

hauptsächlich deshalb nicht wollen oder für eine Nebensache halten, weil sie sie nicht kennen oder weil sie der Fremdbestimmung nicht entrinnen können. Was nützt es, diese Schule zu verlassen, wenn an den anderen die gleichen Verordnungen und Richtlinien, die gleichen Hierarchien und die gleichen Außeneinflüsse herrschen! Wenn Lehrerkollegien so etwas wie Individualität haben könnten — wie es bei den gedachten Konsens-Gruppen notwendig der Fall ist —, dann könnte aus der Selbstbestimmung der Gruppe doch etwas wie eine Hauptsache werden. Dadurch wiederum würde sich ihre Leistungskraft steigern und mit dieser ihre Erfolgschance, ihre Freude, ihr Selbstbewußtsein. Der Mangel stünde der Mobilität vielleicht nicht mehr im Wege, ja die knappe zentrale Planung, die jeden Spielraum, der den Individuen gewährt wird, für Verschwendung hält, könnte sich auf die Dauer als zu kostspielig erweisen, weil sie den wichtigsten ökonomischen Faktor nicht beachtet: das Wohlbefinden der Menschen und die von ihm ausgehende Motivation.

Sich selbst regelnde, auch für ihren allgemeinen Sachauftrag auf immer neuen internen Konsens angewiesene Gruppen — diese Lebens- und Arbeitsform wird in unserer Gesellschaft an Bedeutung gewinnen in dem Maß, in dem die Systeme, von denen wir leben, umfassender, unentrinnbarer und damit vermutlich unbewußter werden. Diese gesteigerte Bedeutung ist nicht nur sozialpsychologisch begründet (die Konsens-Gruppe dient gleichsam als innere Emigration), sondern auch rechtlich, politisch und ökonomisch. Es wird sonst *keine* Verantwortung geben — und das kommt, wie man weiß, sehr teuer. Weder Datenbanken, noch Rand-Corporations, noch zentrale Parlamente, noch herrschaftsfrei diskutierende Theoriezellen werden uns helfen, wirklich gemeinsam nützlichen Wahrheiten näher zu kommen. Wir werden aus vielen Gründen umgruppieren müssen; Transparenz bleibt eine Leerformel — ohne Verkleinerung und Vereinfachung des Entscheidungsrahmens; Partizipation bleibt eine Leerformel — ohne mehr Autonomie für die Partizipationseinheit; das von Ivan Illich geforderte retooling der Gesellschaft, die Neuverteilung der Instrumente, bleibt eine Leerformel — ohne Preisgabe von Ansprüchen auch auf Sicherheit und Objektivität. Schülergruppen, Lehrerkollegien, Fakultäten, Redaktionen, Kommunalräte, Betriebsräte, Parteiräte, Planungsteams, Forschungsteams, Produktionsteams — sie alle sollten und können eine Größe haben, die Face-to-face-Beziehungen, direkte mündliche Aussprache aller miteinander und die strenge

Prüfung des Konsens erlauben. Sie können es, weil und sofern die Systeme wirklich rational sind. Umgekehrt werden diese nur rational sein, wenn wir sie wenigstens zu unserem Teil verstehen und bestimmen. Wir haben nur die Alternative: kleine Entscheidungsgruppen mit den Großstrukturen unserer technischen Lebensbasis vereinbar zu machen oder der großen Anonymität anheimzufallen, in der auch ein „allgemeiner" Konsens in Form von wissenschaftlicher Wahrheit und sozialer Gerechtigkeit nur eine automatische Systemeigenschaft ist.

SCHLUSSBEMERKUNG

Die Aufforderung dieses Buches lautet: zur Politik zurückkehren. Der Weg, den es zeigt, heißt: erst die *Voraussetzungen* für Politik schaffen; die Vorstellung, wir könnten zur Politik greifen wie zu einem abgelegten Gerät, ist eine Täuschung; eine Täuschung ist ebenfalls, daß wir die Gesellschaft jetzt noch politisch steuern; wir reden von Selbstbestimmung und werden immer mehr von unseren eigenen Mitteln beherrscht. Daß dieses Wiederherstellen der Möglichkeit von Politik selbst als eine politische Aufgabe anzusehen sei, steht in einem ausdrücklichen Gegensatz zu drei mir unheilvoll erscheinenden Verfahren, die in unserer Umwelt täglich Anwendung finden:

— Gesellschaftliche Probleme werden von den zentralen politischen Instanzen, von professionalisierten Verwaltern und sogenannten „politischen Willensträgern" (vgl. oben S. 139) beseitigt. Sie tun mit ihren gewaltigen Mitteln und Apparaten, was sie immer getan haben. Gelegentlich stellt sich ihnen ein besonderer „Widerstand" entgegen. Dann schaffen sie ihn weg — mit mehr Mitteln und mehr Apparaten. Gelegentlich gelingt das nicht. „Es läßt sich eben nicht alles Schlimme in dieser Welt vermeiden." „Jede Gesellschaft hat die Politik — nicht, die sie verdient, sondern — die ihr möglich ist." — Ich nenne dies die *Bagger-Politik:* man hat große Maschinen — in Bonn oder in Washington — die wegschaufeln, was ihnen in den gewohnten oder vorgeschriebenen Weg kommt, irgendwohin!

— Gesellschaftlichen Problemen wird mit vorpolitischen Maßnahmen vorgebeugt. Ob wir es mit Umweltverseuchung oder Krieg und Gewalt, mit Verkehrstod oder Rassenkonflikt, mit der notwendigen Steigerung irgendeiner Leistung oder der Überwindung der Klassengesellschaft zu tun haben — immer heißt es: „Die Pädagogen an die Front!" Und diese wiederum, wie die ihnen helfenden Psychologen, konzentrieren sich auf das Kind und nicht auf die vielen Dinge, die man als Dinge ändern kann — freilich nicht ohne Politik. — Ich nenne dies die *Düngemittel-Politik:* man tut etwas in den Boden, was allemal die richtige Ernte garantiert!

Mit diesen beiden habe ich mich in diesem Buch ausführlich auseinandergesetzt. Ich kann es nicht schließen, ohne ihnen eine dritte Art von Politik zur Seite zu stellen, die ich die *Drachentöter-Politik* nennen will. Drachentöter sind Menschen, die etwas Wichtiges tun wollen, z. B. die Menschen vom Übel befreien. Das Gute ist nicht (mit Wilhelm Busch) „das Böse, das man läßt", sondern „das Böse, das man austreibt oder tötet" — wie einst Drachen. Leider gibt es nicht so viele Drachen wie es gute Menschen gibt, die Drachen töten wollen, und schon gar nicht Drachen, die einem so einfach in das Schwert der Gerechtigkeit laufen. So machen sich die Drachentöter Drachen, um sie zu töten. Und da die gemachten Drachen nicht gleich für jedermann sichtbar sind („Wie? Das ist doch unser guter Nachbar Meier!"), beginnt man mit Verdächtigungen und Entlarvungen. Wer dagegen zurückschlägt, zeigt schon damit den Drachen, den er in sich trägt.

Die Drachentöter werden mit diesem Geschäft auf die Dauer für sich nicht glücklich und für andere nicht wichtig werden. Sie sollen ihre kritische Wachsamkeit gegen Bosheit, Mutwillen und Dummheit bewahren, aber sie werden lernen müssen, daß Dreiviertel des Guten in dieser Welt allein durch geduldige Arbeit, sorgfältige Erkenntnis und freundliche Zuwendung entsteht.

Die mechanische Politik, die chemische Politik und die moralische Politik sollten durch eine politische Politik abgelöst werden, in der es für alle Bürger Entscheidungen von einiger Tragweite, Verantwortungen mit einigem Risiko und darum mit Freude an wirklicher Selbstbestimmung gibt. Diese Politik verstehe ich am besten am Gleichnis der griechischen Polis, die mich zugleich belehrt, warum wir, die wir in und von Großstrukturen leben, dorthin nicht zurückkehren können: Unsere Lage und folglich unsere Stimmung sind eher die eines Epiktet als die eines Platon.

Die Aristotelische Definition des Menschen lautet richtig übersetzt: Der Mensch ist ein Wesen, das in der Polis lebt. Dort muß er Politik treiben, wie er arbeiten, essen, schlafen, sich erholen muß. In unseren gesellschaftlichen Gebilden muß er das nicht nur nicht, er *kann* es nicht, und weil er es nicht kann und in seinem Leben nie gekonnt hat, *will* er es auch nicht. So wäre die erste Voraussetzung für die Wiederherstellung einer Politik, mit der wir die vom Menschen gemachte Welt meistern können, die Wiederherstellung der Erfahrung von Selbstbestimmung. Dies geht nur durch etwas, was just denen so

schwerfällt, die diese Einsicht haben: Vereinfachung, Vorläufigkeit und Zutrauen zu gemischten, nicht reinen Verhältnissen.
Vielleicht haben wir uns auch in der Selbstbestimmung getäuscht, vielleicht macht sie uns am Ende auch nicht glücklicher. Guy Mollet, der französische Sozialistenführer, hat in einer seiner Wahlreden im vergangenen Jahr gesagt:

„Wenn die Menschen *heute* zu den Kommunisten übergehen, dann nicht — wie einst — aus Mangel an Lebens-Mitteln, sondern aus Mangel an Lebens-Gründen."

Ob der Mensch seinem Leben, dem einen Absoluten und Unverfügbaren, das er hat, selbst einen Grund geben kann, ob dieser nicht immer, um glaubhaft und mächtig zu sein, von außen kommen *muß*, verdient philosophischen Zweifel. Aber dieser Zweifel wird in der Wirklichkeit nicht beantwortet — weder beschwichtigt noch bestätigt — werden, solange unsere politische Selbstbestimmung, eine im Vergleich zur moralischen und metaphysischen so einfache und greifbare, nicht erfüllt worden ist.

BIBLIOGRAPHIE

Aristoteles: Politik

Bell, Daniel: Die nachindustrielle Gesellschaft, in: Das 198. Jahrzehnt, Eine Teamprognose für 1970—1980, Hamburg 1969 (Christian Wegner)

Berg, Ivar: Education and Jobs, The Great Training Robbery, New York 1971 (Praeger)

Berrigan, Daniel: America is Hard to Find, Garden City/New York 1972 (Doubleday)

Bronfenbrenner, Urie: An Emerging Theoretical Perspective for Research in Human Development (Ein Arbeitspapier für ein Kolloquium über Sozialisationsforschung im Zentrum für interdisziplinäre Forschung der Universität Bielefeld, April 1973, demnächst auf deutsch in: Neue Sammlung)

Boulding, Kenneth E., in: Public Interest, 5/1966

Bundesvereinigung der deutschen Arbeitgeberverbände: Stellungnahme zur Mitwirkung im Schulwesen, im Oktober 1972 vom Präsidenten der BDA versandt.

Cloyd/Schrader-Klebert/Schleiermacher/Schnelle: Gesprächstechnik für Gruppen, Metaplan-Reihe 2, Quickborn 1973 (Metaplan)

Dahrendorf, Ralf: Über den Ursprung der Ungleichheit unter den Menschen, Tübingen 1966 (J. C. B. Mohr), wiederabgedruckt in: Pfade aus Utopia, München 1967 (Piper)

Deutscher Bildungsrat, Die Bildungskommission: Empfehlungen zur Reform von Organisation und Verwaltung im Bildungswesen Teil I: Verstärkte Selbständigkeit der Schule und Partizipation der Lehrer, Schüler und Eltern, Bonn 1973 (Bundesdruckerei)

Eberle, Walter/Schlaffke, Winfried: Gesellschaftskritik von A—Z, Freiburg, Basel, Wien 1973 (Herder)

Ellul, Jacques: The Technological Society, New York 1967 (Alfred A. Knopf)

EMNID-Institut: Freizeit im Ruhrgebiet, Untersuchung über das Freizeitverhalten und die Freizeitbedürfnisse der Bevölkerung, Bielefeld, Essen 1971 (EMNID), 2 Bände

Engels, Wolfram: Die öffentliche Verschwendung, in: FAZ vom 22. Juli 1972

Fechner, Erich: Über die Begründung einer neuen Sittlichkeit, ein Rundfunkvortrag, abgedruckt in: Das Gespräch aus der Ferne, Nr. 235, Mai/Juni 1972

Flügge, Johannes: Schulmitbestimmung und rechtsverbindliche Schulverantwortung, in: Fragen der Freiheit, Heft 98, November 1972

Forsthoff, Ernst: Der Staat in der Industriegesellschaft, München 1971 (C. H. Beck)

Fuller, Buckminster: Operating Manual for Spaceship Earth, New York 1970 (Simon & Schuster)

Gerbaulet, Sabine et al.: Schulnahe Curriculum-Entwicklung, Stuttgart 1972 (Ernst Klett)

Gewerkschaft Erziehung und Wissenschaft: Demokratisierung von Schule und Schulverwaltung, Bühl-Baden (Konkordia)

Goodman, Paul: Growing up Absurd, New York (Vintage Books), in deutscher Übersetzung als: Aufwachsen im Widerspruch, Über die Entfremdung der Jugend in der verwalteten Welt, Darmstadt o. J. (Darmstädter Blätter)

Habbel, Irmingard: Curriculum-Konstruktion durch Konsens (Ein internes Arbeitspapier der Aufbaukommissionen der Bielefelder Schulprojekte Laborschule und Oberstufen-Kolleg, 1973)

Habermas, Jürgen: Strukturwandel der Öffentlichkeit, Neuwied 1962 (Luchterhand)

Habermas, Jürgen u. a.: Student und Politik, Neuwied 1961 (Luchterhand)

Harder, Wolfgang: siehe Projektentwicklungsplan von Laborschule und Oberstufen-Kolleg

Heck, Bruno: Der Staat als Widerpart der Gesellschaft, in: FAZ vom 29. 3. 1973

Heimeran, Ernst: Lehrer, die wir hatten, München 1954 (Ernst Heimeran)

Hennis, Wilhelm: Demokratisierung, Zur Problematik eines Begriffs, Köln, Opladen 1970 (Westdeutscher Verlag)

Hentig, Hartmut von: Die Sache und die Demokratie, in: Neue Sammlung 2/1969

Hentig, Hartmut von: Systemzwang und Selbstbestimmung, Über die Bedingungen der Gesamtschule in der Industriegesellschaft, 2. Auflage, Stuttgart 1969 (Ernst Klett)

Hentig, Hartmut von: Demokratisch leben, in: Neue Sammlung 4/1970

Hentig, Hartmut von: Cuernavaca oder: Alternativen zur Schule? Stuttgart, München 1971 (Klett/Kösel)
Hentig, Hartmut von: Schule als Erfahrungsraum? Eine Übung im Konkretisieren einer pädagogischen Idee, Stuttgart 1973 (Ernst Klett)
Hentig, Hartmut von: Unlust an der Schule, in: Gesamtschule, August 1973
Hessisches Kultusministerium (Hrsg.): Rahmenrichtlinien, Sekundarstufe I, Gesellschaftslehre (ohne Ort und Jahr); 1973
Herodot: Historien
Hofstätter, Peter R.: Einführung in die Sozialpsychologie, Stuttgart 1966 (Kröner)
Hondrich, Karl Otto: Demokratisierung und Leistungsgesellschaft — Macht- und Herrschaftswandel als sozioökonomischer Prozeß, Stuttgart, Berlin, Köln, Mainz 1972 (Kohlhammer)
Illich, Ivan: Anglo American Law and a Convivial Society, CIDOC-Dokument I/V 72/7
Illich, Ivan: Tools for Conviviality, New York 1973 (Harper & Row)
Jencks, Christopher et. al.: Inequality, A Reassessment of the Effect of Family and Schooling in America, New York 1972 (Basic Books)
Kahn, Herman/Wiener, Anthony: Ihr werdet es erleben, Voraussagen der Wissenschaft bis zum Jahre 2000, Wien, München, Zürich 1968 (Fritz Molden)
Kitto, H. D. F.: Die Griechen, Von der Wirklichkeit eines geschichtlichen Vorbilds, Stuttgart 1957 (Ernst Klett)
Koch, Claus: Mystifikationen der „Wachstumskrise", in: Merkur 297, Januar 1973, S. 80 ff.
Koch, Claus: Wo hält die „wissenschaftlich-technische Revolution"?, in: Merkur 295, November 1972, S. 1065 ff.
Koeck, Wolfgang: Keine Angst vor Morgen, Düsseldorf 1972 (Econ)
Kohr, Leopold: Weniger Staat, Gegen die Übergriffe der Obrigkeit, Düsseldorf 1965 (Econ)
Krauch, Helmut: Computer-Demokratie, Düsseldorf 1972 (VDI)
Krockow, Christian Graf von: Mehr Demokratie — weniger Freiheit?, in: Die Zeit vom 23. 2. 1973
Kolakowski, Leszek: Die Freiheit und die Freiheiten, in: Merkur 292, August 1972
Kübler-Ross, Elisabeth: Interviews mit Sterbenden, Stuttgart, Berlin 1971 (Kreuzverlag), 2. Auflage

Lear, John: Where is Society Going?, The Search for Landmarks, in: Saturday Review, 15., April 1972, S. 39

Lewin, Kurt: Feldtheorie in den Sozialwissenschaften, Stuttgart 1963 (Huber)

Linden, Eugene: Fragging and other Withdrawal Symptoms, The Demoralization of an Army, in: Saturday Review vom 8. 1. 1972

Linder, Staffan B.: Das Linder-Axiom oder warum wir keine Zeit mehr haben, Gütersloh 1971 (Bertelsmann)

Lippitt/Fox/Schaible: Social Science Laboratory Units, Chicago 1969 (Science Research Associates), Band: The Teacher's Role in Social Science Investigation

Loewenthal, Richard: Demokratie und Leistung, in: Berliner Stimme — Sozialdemokratisches Forum, Nr. 6, 26. Februar 1972

Meadows, Donella H./Meadows, Dennis L./Randers, Jørgen/Behrens, William W.: The Limits to Growth, New York 1972 (Signet Books)

Minssen, Friedrich: Die Arbeitsgemeinschaft für Bürgerinitiative, in: Partizipation (siehe dort)

Ophuls, William: Leviathan or Oblivion? in: CIDOC-Dokument 72.03 72/1

Partizipation, Aspekte politischer Kultur, Heft Nr. 101 von: Offene Welt, Opladen 1970 (Westdeutscher Verlag)

Picht, Georg: Die Grenzen der Meadows-Studie, in: Merkur 299, März 1973

Platon: Kriton; Protagoras

Platon: Politeia

Projektentwicklungsplan von Laborschule und Oberstufen-Kolleg (PEP), II/3, 4 vom 30. 3. 1973, internes Arbeitspapier

Ravitch, Diane: Community Control Revisited, in: Commentary, Februar 1972

Reves, Emery: The Anatomy of Peace, New York, London 1947 (Penguin)

Richta, Radovan u. a. (Hrsg.): Richta-Report, Politische Ökonomie des 20. Jahrhunderts — Die Auswirkungen der wissenschaftlich-technischen Revolution auf die Produktionsverhältnisse, Frankfurt 1971 (Makol-Verlag)

Rousseau, Jean Jacques: Emile, Paderborn 1958 (Schöningh)

Rohrmoser, Günter: Die Krise der Institutionen, München 1972 (Goldmann)

Schelsky, Helmut: Mehr Demokratie oder mehr Freiheit?, in: FAZ vom 20. 1. 1973 (zitiert als Schelsky I)
Schelsky, Helmut: Gewaltenteilung in der Universität, in: FAZ vom 9. 3. 1973 (zitiert als Schelsky II)
Schindler-Rainman, Eva/Lippitt, Ronald: Team Training for Community Chance: Concepts, Goals, Strategies and Skills, Riverside/Calif. 1972 (University of California Extension)
Seminar on „Tools for Conviviality“, Januar/Februar 1973, CIDOC, Cuaderno Nr. 1025
Skinner, F. B.: Beyond Freedom and Dignity, New York 1971 (Alfred A. Knopf), deutsch: Jenseits von Freiheit und Würde, Reinbek 1973 (Rowohlt)
Schmidt, Giselher: Zwei unversöhnliche Modelle der Demokratie, in: FAZ vom 10. 3. 1973 (Rezension des Buches von K. O. Hondrich)
Schnelle, Eberhard: Metaplanung, Zielsuche ... Lernprozeß der Beteiligten und Betroffenen, Metaplan-Reihe 1, Quickborn 1973 (Metaplan GmbH)
Schumpeter, Joseph A.: Kapitalismus, Sozialismus und Demokratie, 2. Auflage, Bern 1950 (Francke)
Spaemann, Robert: Die Utopie der Herrschaftsfreiheit, in: Merkur 292, August 1972
Stahl, Karl-Heinz: Teilhabe, Kommunikation und Partizipation unserer Gesellschaft, Ein Tagungsbericht, Freiburg 1970 (Rombach)
Taylor, Greer: Law and Nature, CIDOC-Dokument 72.03 I/V 72/11
Tomberg, Friedrich: Polis und Nationalstaat, Eine vergleichende Überbauanalyse im Anschluß an Aristoteles, Darmstadt, Neuwied 1973 (Luchterhand)
Tuchel, Klaus: Kultur im Werden, in: Partizipation, S. 15 ff.
Vogel, Heinz Hartmut: Erhaltung der freiheitlichen Demokratie durch Gewaltenteilung, in: Fragen der Freiheit, Heft 101, Februar 1973
Wassermann, Miriam: Deschooling Society: The Respectable Revolution, in: New Politics, IX, 3, 1972
Weinrich, Harald: System, Diskurs und die Diktatur des Sitzfleisches, in: Merkur 292, August 1972, S. 809
Wünsche, Konrad: Die Wirklichkeit des Hauptschülers, Köln 1972 (Kiepenheuer & Witsch)
Wunschel, Siegfried, Hrsg.: Tyrannei der Minderheit? Was kann Demokratisierung zur Reform von Institutionen leisten? — Zur Demokratie in Kirche, Staat, Gesellschaft, Stuttgart (Radius)